Akten des V. Internationalen Germanisten-Kongresses Cambridge 1975

Heft 1

Herausgegeben von
Leonard Forster und Hans-Gert Roloff

Herbert Lang Bern
Peter Lang Frankfurt/M. und München
1976

Gedruckt mit freundlicher Unterstützung des
Bundesministeriums für Wissenschaft und Forschung und des
Bundesministeriums für Auswärtige Angelegenheiten der
Republik Österreich

ISBN 3 261 01876 3

©

Herbert Lang & Cie AG, Bern (Schweiz)
Peter Lang GmbH, Frankfurt/M. und München (BRD)
1976. Alle Rechte vorbehalten.

Druck: E.Voytjech, Wien (Österreich)

Inhaltsverzeichnis

Begrüßungsworte des Präsidenten

Leonard Forster, Cambridge

Meine sehr verehrten Damen und Herren,

Ich habe heute die Ehre und die Freude, Sie zum V. Kongreß der Internationalen Vereinigung für germanische Sprach- und Literaturwissenschaft hier in Cambridge willkommen zu heißen. Wir alle, die wir an den Vorbereitungen dieses Kongresses beteiligt waren, begrüßen Sie und wünschen, Sie mögen hier angenehme und fruchtbare Tage verbringen.

"Wer zählt die Völker, nennt die Namen, die gastlich hier zusammenkamen?" Wir haben es getan; die Teilnehmer an diesem Kongreß sind 403 an der Zahl; Sie kommen aus allen Kontinenten, mit Ausnahme der Antarktis, wo die Germanistik noch nicht Fuß gefaßt hat, und aus 34 Ländern. "Von Asiens entlegener Küste, von allen Inseln kommen Sie" – gerade die japanische Germanistik ist hier gut vertreten. Unter Ihnen befinden sich offizielle Vertreter zahlreicher Universitäten und Akademien, nationaler Germanistenverbände und gelehrter Gesellschaften, die wir hier alle gerne willkommen heißen. Erfreulich ist, daß die Akademie der Wissenschaften der UdSSR mit fünf Mitgliedern vertreten ist.

Ich begrüße herzlichst meine Vorgänger im Amt, Herrn Herman Meyer und Herrn Victor Lange. Herr Louis Hammerich kann leider nicht bei uns sein; ich möchte Sie bitten, mich zu ermächtigen, in Ihrem Namen ihm einen Gruß und einen Glückwunsch zu schicken: Er wurde vor wenigen Tagen 83 Jahre alt. Aus Gründen, auf die ich später zu sprechen komme, wird dieser Kongreß wohl etwas weniger glanzvoll sein als die denkwürdigen Kongresse in Kopenhagen, Amsterdam und Princeton, auf die wir nicht ganz neidlos zurückblicken. Ein Trauerfall hat leider unseren Vizepräsidenten Zdenko Škreb verhindert zu kommen[1]; Herr Paul Böckmann, der zu den Gründern der IVG gehört und noch keinen Kongreß versäumt hat, läßt sich ebenfalls entschuldigen.

Mit besonderer Freude begrüße ich meinen Amtsvorgänger an der University College London, einen alten Kollegen und Freund, den Nestor der Germanistik hierzulande, Leonard A. Willoughby, der vor genau acht Wochen seinen neunzigsten Geburtstag beging und den wir englische Germanisten ganz besonders gerne bei uns sehen. [*Herr Willoughby erhob sich*

1 Erst später wurde bekannt, daß auch der andere Vizepräsident, Hugo Kuhn, aus gesundheitlichen Gründen verhindert war zu kommen.

und nahm begeisterten Beifall entgegen]. "Though last, not least in love" — denn so hat Shakespeare das meist falsch zitierte Wort tatsächlich geprägt — begrüßen wir die drei "grandes dames" unserer Wissenschaft: Elizabeth M. Wilkinson, Elida Maria Szarota und Katharina Mommsen.

Ein flämischer Schriftsteller, Karel Jonckheere, schrieb vor einigen Jahren, Kongresse bestünden aus zweierlei Leuten — aus denen, die am liebsten zu Hause geblieben, und aus denen, die besser nicht gekommen wären. Ich hoffe, meine Damen und Herren, wir werden durch den guten Ablauf unseres Kongresses dieses bon mot widerlegen.

[Es folgte eine kurze Begrüßung in deutscher Sprache durch den Stellvertreter des Rektors der Universität Cambridge, Professor Dr. Lord Todd, Professor Emeritus der organischen Chemie, Master of Christ's College, Nobelpreisträger und Ritter des Ordens pour le mérite. Anschließend erhoben sich alle Teilnehmer von ihren Sitzen, um die in den vergangenen fünf Jahren verstorbenen Mitglieder der IVG zu ehren].

Eröffnungsrede des Präsidenten

Zweifellos erwarten Sie alle, meine Damen und Herren, einen Rechenschaftsbericht über das Zustandekommen dieses Kongresses, und es ist sinnvoll, wenn ich jetzt gleich am Anfang Bericht erstatte. Einige von Ihnen werden schon wissen, daß die Jahre seit dem Princetoner Kongreß für unsere Vereinigung keine leichten Jahre waren, besonders in finanzieller Hinsicht. Ich erbte von meinem Amtsvorgänger ein sehr gesundes Guthaben in Dollar. Ehe diese sehr willkommene Summe nach England überwiesen werden konnte, verfügte Präsident Nixon eine Abwertung des Dollars um 8%. Mit diesem reduzierten Guthaben waren hauptsächlich die Verlagskosten für die Acta zu bestreiten; das Plenum in Princeton hatte die Veröffentlichung dem Athenäum Verlag in Frankfurt am Main anvertraut, der natürlich seine Rechnung in D-Mark vorlegte. Mittlerweile war das Princetoner Dollar-Guthaben in Pfund umgesetzt worden. Ehe die Rechnung des Athenäum Verlags vorlag, hatte Premierminister Heath das Pfund um 12% abgewertet. Damit war die IVG, ohne daß auch nur ein einziger Scheck geschrieben wurde, um 20% ärmer geworden, und sie mußte dazu mit abgewertetem Pfund die Verlagsrechnung in immer noch stahlharten D-Mark begleichen. Dazu kommt noch folgendes: Bei den bisherigen Kongressen in Rom, Kopenhagen und Amsterdam wurden grundsätzlich nur die Hauptreferate veröffentlicht. In Princeton beschloß das Plenum in einer zweifellos an sich löblichen Anwandlung von Weitherzigkeit, alle Referate, auch die Sektionsreferate, zu veröffentlichen. Das steile Ansteigen der Druckkosten wurde nicht vorausgesehen und ließ sich damals wohl auch nicht in seinem vollen Umfang voraussehen. Es wurde erst deutlich, als die ersten Korrekturbogen vorlagen, als praktisch nichts mehr zu ändern war. Die IVG mußte also diese zusätzlichen Kosten tragen. Sie werden aber nicht vergessen haben, meine Damen und Herren, daß seit der Gründung der IVG jedes Mitglied den Kongreßbericht gratis erhält. Es waren also keine Eingänge zu erwarten, die die Lage irgendwie hätten erleichtern können. Ein Vergleich der Verlagsrechnung mit dem Guthaben auf der Bank zeigte, daß nach Begleichung der Rechnung nur recht wenig übrig bleiben würde. Es war selbstverständlich, daß jedem Mitglied ein Exemplar der Acta geschickt wurde. In Anbetracht der schlechten Finanzlage wurde jedoch schweren Herzens beschlossen, die Mitglieder doch zu einer freiwilligen Spende von DM 30 aufzufordern, und zwar aus der Überlegung heraus, daß niemand dazu gezwungen wurde und daß diejenigen, die der Aufforderung nachkamen, den Band immer noch zum halben Ladenpreis erhalten würden. Und so mußte meine erste öffentliche Handlung als Präsident ein Bettelbrief sein. Darauf haben Sie, meine Damen und Herren, sehr unterschiedlich reagiert. Ein älterer und hochverehrter Kollege schrieb postwendend, er denke nicht daran zu zahlen; mehr als das, er wolle seine Kollegen auffordern, auch nicht zu zahlen. Zum Glück waren die meisten von Ihnen einsichtsvoller. Die IVG hat allen Grund, denjenigen Mitgliedern herzlich dankbar zu sein, die ihr aus dieser ersten Patsche geholfen haben. Es ist wichtig, daß wir an der Sitte, den Kongreßbericht allen Mitgliedern unentgeltlich zugehen zu lassen, festhalten, denn für Mitglieder an entlegenen Orten, die nur selten oder vielleicht gar nicht in der Lage sind, einem Kongreß beizuwohnen, bedeuten die Kongreßacta einen lebendigen Kontakt mit der fortschreitenden Entwicklung unserer Wissenschaft.

Aber auch nach dieser "Ersten Hilfe" war unser Bankkonto noch nicht gesund. Meine beiden Amtsvorgänger hatten es besser. Herr Lange konnte in seiner Eröffnungsrede mehrere amerikanische Stiftungen dankend erwähnen, die der IVG so reichlich geholfen hatten, daß der Princetoner Kongreß ohne Rückgriff auf Vereinsgelder finanziert werden konnte. Hier in England gibt es solche Stiftungen nicht. Herr Meyer führte 1965 aus: "Ohne die großzügige finanzielle Unterstützung durch die niederländische Regierung und die Stadt Amsterdam hätten wir nichts anfangen können. Das liberale Entgegenkommen unserer Obrigkeit zeugt von weitsichtiger Weisheit und verpflichtet uns zu aufrichtigem Dank." Von der britischen Regierung wie von der Stadt Cambridge eine ähnliche Unterstützung zu erhoffen, wäre utopisch gewesen. So mußten wir anderswo suchen; und ich muß gestehen, ich habe viele Bettelbriefe geschrieben. Wir konnten freilich mit ziemlicher Sicherheit auf eine Zuwendung von $ 2500 von der UNESCO rechnen; mit solchen Summen kann man jedoch keinen Kongreß lancieren. Gottseidank habe ich nicht vergebens gebettelt.

Ganz besonders verständnisvoll hat der Deutsche Akademische Austauschdienst unser Anliegen behandelt, und ich möchte die Gelegenheit nicht vorbeigehen lassen, ohne unserem Mitglied, Herrn Peter Wapnewski, in seiner Eigenschaft als Vizepräsident des DAAD ganz besonders herzlich dafür zu danken. Herr Martin Mruck von der Londoner Dienststelle des DAAD stand uns von Anfang an mit Rat und Tat zur Seite. Zum Beispiel übernahm er gleich die Porto- und Versandspesen für die Rundschreiben an unsere Mitglieder. Das war vor fünf Jahren schon ein beträchtlicher Posten, und erst recht heute; ein Rundbrief an alle 700 Mitglieder in aller Welt per Luftpost kostete damals etwa £ 70; auf der Bank hatten wir £ 300; vier solche Rundschreiben und wir stünden vor dem Bankrott. Später hat Herr Mruck sich erboten, nicht nur den Versand, sondern auch noch die Drucklegung der Programme und Rundschreiben zu übernehmen. Es wird niemandem entgehen, welche Erleichterung das hochherzige Angebot für uns war. Und noch später kam es zur sehr willkommenen Zuwendung von DM 30.000. Es wird Ihnen allen deutlich sein, wieviel wir ihm verdanken. Und so begann unser Bankkonto, etwas gesunder auszusehen.

Auch die österreichischen Instanzen haben Verständnis für unsere Situation gezeigt. Es traf sich günstig für uns, daß der Direktor des Österreichischen Kulturinstitutes in London, Dr. Wilhelm Schlag, der unser Anliegen wärmstens befürwortete, gerade an das Ministerium in Wien versetzt wurde, wo er weiterhin unsere Sache betreute. Und so kam es zu einer Zuwendung von öS 70.000, freilich unter der Bedingung, daß das Geld in Österreich selbst verausgabt werde. Unserem Ausschußmitglied, Herrn Alfred Kracher, der auch an den früheren Stadien dieser Verhandlungen beteiligt war, ist es zu verdanken, daß wir diese Summe zur Drucklegung der Acta verwenden können. Es waren ja gerade die Druckkosten für die Acta, die uns das letzte Mal so schwer bedrückten. Der Einsicht und dem Wohlwollen der österreichischen Instanzen haben wir es zu verdanken, daß diese Gefahr wenigstens vorläufig abgewendet ist.

Auch an die Schweizer Botschaft habe ich mich gewendet. Dort habe ich warmes Verständnis gefunden. In Bern, so warnte man jedoch, würde es freilich anders beurteilt werden, denn es sei noch nie vorgekommen, daß die eidgenössischen Instanzen einen solchen Kongreß unterstützt hätten, nicht einmal der Amtsweg sei eindeutig festgelegt. Aber der gute Wille hat gesiegt, das Wunder hat sich ereignet, und gerade vor Torschluß haben die Schweizer Instanzen unseren Kongreß bis zur beachtenswerten Summe von Fr. 10.000 gegen Verlust garantiert.

Seit zwei Jahren gibt es zwischen dem Vereinigten Königreich und der Deutschen Demokratischen Republik eine Reihe von Verträgen, und es besteht eine Botschaft der DDR in London. Unter dem Eindruck dieser erfreulichen Entwicklungen wandte ich mich hoffnungsfroh an die neuerrichtete Botschaft. Trotz der Unterstützung wohlgesinnter Mitglieder unserer Vereinigung in der DDR selbst ist es mir aber nicht gelungen, die Botschaft für unser Anliegen zu interessieren.

Sie sehen, meine Damen und Herren, wir haben sparen müssen. Herr Lange war in der glücklichen Lage, drei Sekretärinnen anstellen zu können, eine auf Kosten seiner Universität. Uns reichten die Mittel nicht, mit Vereinsgeldern auch nur eine Sekretärin zu bezahlen, und im gegenwärtigen finanziellen Klima hat uns die Universität Cambridge auch nicht helfen können. Die sehr anspruchsvolle Arbeit, die in Princeton von drei Personen geleistet wurde, hat hier die Sekretärin unseres German Departments, Irmgard Kapner, neben den laufenden Amtsgeschäften her allein bewältigt. Ihr gebührt unser ganz besonderer Dank. [*Stürmischer Beifall*].

Während der Monate Juli und August hat uns der DAAD eine erfahrene Sekretärin von der Londoner Dienststelle in dankenswertester Weise zur Verfügung gestellt. Sie werden gemerkt haben, daß wir nicht einmal eigenes Briefpapier angeschafft haben, sondern in parasitischer Weise wie eine Laus vom Briefkopf der Faculty of Modern Languages gelebt haben.

Dieser Kongreß ist der erste, der kein überwölbendes Gesamtthema hat. Es wurde absichtlich darauf verzichtet, und zwar deswegen, weil die Erfahrung bei früheren Kongressen gezeigt hat, daß man sich in der Praxis doch nicht daran hält. Zweckmäßiger schien es uns, die Mitglieder aufzufordern, über das zu berichten, was sie für mitteilenswert hielten. In dieser Weise müßte sich ein Bild der Forschungslage unserer Wissenschaft ergeben, wobei sich wie von selbst bestimmte Schwerpunkte ergeben würden. Nicht vergessen wurden die Wünsche, die viele Mitglieder in Princeton zum Ausdruck brachten, "bei der Programmgestaltung künftiger Kongresse methodologische und wissenschaftspolitische Probleme stärker als bisher zu berücksichtigen". Im ersten Rundschreiben wurde ausdrücklich darauf hingewiesen, daß eine Sparte "Selbstverständnis der Germanistik" eingerichtet würde; die Mitglieder wurden aufgefordert, sich daran zu beteiligen.

Sehr viele Mitglieder boten Referate an, so viele, daß eine sinnvolle Auswahl nicht zu treffen war. So wurde beschlossen, nach Möglichkeit für alle Platz zu finden, um auf diese Weise eine Übersicht über den Stand und die Aufgaben der Forschung auf den verschiedenen Gebieten entstehen zu lassen. Für die in Princeton hinzugekommenen Interessengebiete Afrikaans und Jiddistik wurde auch gesorgt. Freilich verliefen Versuche, mit Vertretern der afrikaansen Forschung Kontakt aufzunehmen, nicht sehr befriedigend, was wohl den etwas gespannten politischen Beziehungen zwischen England und der RSA zuzuschreiben ist. In der Tat bildeten sich zwanglos gewisse Schwerpunkte, nicht immer diejenigen, die zu erwarten gewesen wären. Gerade die wissenschaftspolitischen Probleme und die Überlegungen zum Selbstverständnis der Germanistik fanden weniger starken Widerhall, als erwartet wurde. Da dies aber Themen sind, bei denen die zwanglose mündliche Diskussion fruchtbarer ist als das formelle Referat, haben wir deshalb eine Podiumsdiskussion eingerichtet in der Hoffnung auf lebhafte Teilnahme. Hier hat sich eine Programmänderung günstig ausgewirkt: Herr Claus Träger ist leider erkrankt und kann nicht kommen; er sollte am Freitagmorgen ein Hauptreferat halten. So wird eine Plenarsitzung frei; wir haben daher die Gelegenheit ergriffen, die Podiumsdiskussion dorthin zu verlegen und sie so allen Teilnehmern zugänglich zu machen.

Das Ergebnis dieser flexiblen Prozedur sehen Sie auf dem Programm, das Sie in der Hand haben. Es ist im Wesentlichen Ihr Werk, meine Damen und Herren, und ich gratuliere Ihnen zum weiten Spektrum unserer Studien.

Was dabei zur Geltung kommt, das ist Ihr Verdienst. Ich darf aber vielleicht den Spieß auch umdrehen und Sie daran erinnern, daß es auch Ihre Schuld sein könnte, wenn der Kongreß sich als langweilig herausstellt. Sie müssen selber dafür sorgen, durch lebhafte Diskussion im Hörsaal wie auch sonst, daß die Langeweile hier nicht Fuß faßt.

Langweilig oder nicht, meine Damen und Herren, Sie sind, über 400 an der Zahl, doch hierhergekommen, offenbar nicht in der Erwartung, gelangweilt zu werden. Sie werden mir hoffentlich beistimmen: Eine sehr viel größere Zahl wäre kaum zu bewältigen gewesen. Durch gesteigerte Publicity wäre es wohl nicht schwer gewesen, diesen unhaltbaren Zustand herbeizuführen. In Princeton und in den Berichten darüber, besonders in der bundesdeutschen Presse, wurde die Ansicht vertreten, man hätte Studenten in größerem Maße als bisher hinzuziehen sollen. Es war schon immer der Fall, daß man nicht Mitglied der IVG zu sein braucht, um einen von unseren Kongressen zu besuchen. Den Studenten steht also die Teilnahme nach wie vor frei. Es wurde vorgeschlagen, Information über den bevorstehenden Kongreß auch an Astas und sonstige studentische Organe in aller Welt zu schicken. Hier darf eine grundsätzliche Erwägung nicht vergessen werden: Die IVG ist ein Verein wie jeder andere und hat daher wohl die Verpflichtung, ihre Mitglieder über ihre Tätigkeit auf dem Laufenden zu halten; sie hat jedoch keine Verpflichtung, darüber hinaus überhaupt jemanden zu informieren. Daß wir es trotzdem getan haben, zeigt der Umstand, daß viele von Ihnen hier sitzen, die nicht Mitglied der IVG sind und die wir gerne bei uns willkommen heißen. Tatsächlich haben wir durch Vermittlung des DAAD alle dem DAAD bekannten Germanistischen Seminare und Institute in aller Welt informiert und mit Rundschreiben beliefert, und darüber hinaus alle Zweigstellen des Goethe-Institutes — also mehrere Hundert Instanzen. Trotzdem ist es gelegentlich vorgekommen, daß Kollegen nicht rechtzeitig informiert wurden; das Netz hat offenbar Risse gehabt, besonders in Frankreich und Italien, wo die Post gestreikt hat; wir bitten um Entschuldigung und Verständnis.

Die Satzungen verpflichten uns, meine Damen und Herren, gleich in dieser Eröffnungssitzung drei Kommissionen einzusetzen: die Finanzkommission, die Arbeitskommission und die Kongreßkommission. Die Obliegenheiten der Finanzkommission werden jedem einleuchten; außerdem wurde in Princeton eine permanente Finanzkommission geschaffen, die getagt und gearbeitet hat. Es wäre sinnvoll, wenn wir dem Buchstaben der Satzung genügten und die drei schon amtierenden Mitglieder für die Dauer des Kongresses wiederwählten; es sind Herr Rupp aus Basel, Herr Kracher aus Graz und Herr Wisbey aus London. Die Arbeitskommission dient "zur Erörterung der bisherigen und künftigen Arbeiten und Aufgaben der IVG

sowie eventueller Satzungsänderungen". Das Präsidium empfiehlt die Namen
von Herrn Roloff (Berlin), Herrn Meyer (Amsterdam) und Herrn Soetemann
(Leiden). Aufgabe der Kongreßkommission ist es, die Wahlen des Aus-
schusses und des nächsten Präsidenten vorzubereiten. Hierzu schlägt das
Präsidium wie in früheren Jahren sechs Namen vor: Herrn Brinkmann
(Tübingen), Herrn Gerritsen (Utrecht), Herrn Konstantinović (Innsbruck),
Herrn Hermand (Wisconsin), Herrn Rosenthal (São Paulo) und Herrn Wilkie
(Leeds). Zwei von ihnen, Herr Gerritsen und Herr Konstantinović, haben
von Princeton her Erfahrung in dieser besonders delikaten Angelegenheit.

Das sind, meine Damen und Herren, alle sehr selbstlose Kollegen, denn
während Sie im dunklen Wald der Schrift auf subtile Jagd nach Sinn und
Relevanz des Wortes losgehen, müssen diese für Sie die durch unsere
Satzungen vorgeschriebene vereinstechnische Arbeit leisten, damit am
Schluß des Kongresses die nötigen Geschäfte schnell und sinnvoll abge-
wickelt werden können. Ich möchte jetzt, denn die Zeit drängt, um Ihre
Zustimmung zur Einsetzung der drei Kommissionen bitten sowie zur Er-
nennung der einzelnen Mitglieder. Hier noch einmal die Namen: Finanz-
kommission: Rupp, Kracher, Wisbey; Arbeitskommission: Roloff, Meyer,
Soetemann; Kongresskommission: Brinkmann, Gerritsen, Konstantinović,
Hermand, Rosenthal, Wilkie. *[Beschlossen durch Akklamation]*. Am Sams-
tag Vormittag erstatten Ihnen im Plenum die drei Kommissionen Bericht.

Noch ein letztes kurzes Wort zu der praktischen Seite unseres Kongresses. Sie haben alle eine Mappe erhalten mit Informationen über das
Geplante. Die jungen Damen und Herren, die kenntlich sind, stehen als
Helfer zur Verfügung, als Stewards und Stewardessen. Sie geben Auskunft,
Rat und Hilfe. Alle sprechen Deutsch, darüber hinaus sprechen eine Dame
und ein Herr auch noch Niederländisch. Damit wäre das Geschäftliche
erledigt.

In den wenigen Minuten, die mir noch bleiben, möchte ich einen
Gedankengang skizzieren, der bei der Arbeit unseres Kongresses berücksichtigt zu werden verdient. Ganz kurz und epigrammatisch gefaßt lautet
er: Vorsicht vor Evangelisten — und vor solchen, die es werden wollen!

Wer eine Reihe von Kongressen wie die unsrigen über sich ergehen läßt,
der erlebt gewissermaßen ein Défilé der jeweils modischen Arten der Litera-
turbetrachtung. Alle sind an sich in ihrem besonderen Anwendungsbereich
löblich und nützlich; vor den Augen des Betrachters relativieren sie sich
aber. Sehr lehrreich ist es zu beobachten, wie jedesmal die neue Betrachtungsweise in ein alleingültiges Evangelium verwandelt wird, das sogleich
einen Totalitätsanspruch erhebt, und wie dann dieses Evangelium nach einer
fast berechenbaren Zeitspanne von einem anderen abgelöst wird. Jedes
Evangelium wird stillschweigend als Fortschritt betrachtet — jetzt endlich

habe man die adäquate Literaturbetrachtungsweise gefunden. Ein herz-
erwärmender und erhebender Gedanke.

Es lohnt sich jedoch, den Spieß dialektisch umzudrehen und zu fragen:
handelt es sich jeweils etwa nicht um den Fortschritt, sondern statt dessen
um eine Flucht? Eine Flucht wovor? Und wohin flieht man? Natürlich in
die Sicherheit, oder was man dafür hält. So gesehen wäre der Positivismus
als Flucht vor einer brüchig gewordenen Romantik in die Sicherheit der
rational faßbaren und formulierbaren Ergebnisse nach dem Muster der
alleinseligmachenden Naturwissenschaften zu verstehen, die Geistesgeschichte als Flucht vor dem belanglosen irrelevanten Detail — was man
damals "Unterrockschnüffelei" nannte — in die Beschäftigung mit großen,
angeblich den ganzen Menschen erfassenden geistigen Problemen. Diese
Flucht hatte Kurt Tucholsky gleich durchschaut; er sprach verächtlich von
Leuten, die nur "Proppleme wälzten". Typisch für deutsche Verhältnisse ist
der Umstand, daß er, der Berliner, sie in Wien beheimatet fand. Aber seine
Erkenntnis, daß es sich dabei um eine Flucht in die unverbindliche Abstraktion handelte, war richtig. Diese Abstraktion wurde bald anrüchig,
wurde manipuliert, um eine üble politische Wirklichkeit zu verdecken und
die dazugehörige Ideologie zu bemänteln. Nach dem Zweiten Weltkrieg
flüchtete man begreiflicherweise vor dieser Ideologie, vor dem politischen
Engagement überhaupt; wohin? In die werkimmanente Interpretation, d.h.
in eine existentielle Konfrontation mit dem Kunstwerk als Gegenstand
außerhalb von Raum und Zeit. Dies hört sich gut an, doch bald erwies sich
die existentielle Konfrontation als eine gutgetarnte Flucht in den Elfenbeinturm, wo ein heiliges Kunstwerk angebetet wurde, das, jeder schäbigen
Geschichtlichkeit enthoben, im Forscher ein läuterndes Hochgefühl entstehen ließ.

Jetzt erleben wir den panischen, eben fluchtartigen Ausbruch aus den
Elfenbeintürmen. Man drängt aus der aseptischen Isolation in die Gesellschaft und betrachtet die Literatur in ihrer sozialen Relevanz. Hier endlich
sei das Gesunde, nichts wird verabsolutiert, alles mit Menschenmaß ge-
messen. Aber auch das ist eine Flucht, diesmal eine Flucht zurück in die
Ideologie — in eine Ideologie, die feste Richtlinien vorschreibt, die erlernbar
sind. Dort ist Sicherheit, eine Sicherheit, die es im Elfenbeinturm nicht
gibt, denn im Elfenbeinturm erlebt man nun einmal doch die Konfrontation mit dem Kunstwerk, das letzten Endes ideologiegefährdend ist. In
der Gemeinschaft der Rechtgläubigen kann es einem warm ums Herz
werden, es gibt eine sektiererische Nestwärme. Vor dem Kunstwerk muß
man sich jedoch bewähren. Rilke hatte so unrecht nicht: "Du musst dein
Leben ändern". Etwas moderner drückt Hans Magnus Enzensberger einen
ähnlichen Gedanken aus: "Das Gedicht ist seinem Wesen nach subver-

siv" — also ideologiefeindlich. Man flüchtet demnach in die alleinselig-
machende und gerade deshalb letztlich unverbindliche abstrakte Doktrin; es
ist eine Flucht vor dem Text, denn Beschäftigung mit konkreten Texten
könnte die Doktrin in Frage stellen oder gar torpedieren.

Im Ganzen also jedesmal eine Flucht, jedesmal in die vermeintliche Sicherheit, d.h. in die Unverbindlichkeit. Aus Angst; aus Angst wovor? Hat unsere Wissenschaft etwa Angst vor dem Gegenstand ihrer Studien? Haben Literaturwis-
senschaftler Angst vor der Literatur? Man will alles mit der Literatur machen,
so scheint es manchmal, alles, nur nicht Literatur lesen, Literatur genießen
und diesen Genuß anderen vermitteln. Um dies zu tun, müßte man freilich
Literatur verstehen. Als unser Kongreß vor 15 Jahren in Kopenhagen tagte,
da sagte Heinrich Henel in einer Diskussion, die Hauptaufgabe des Literatur-
forschers sei: Verstehen und zum Verständnis verhelfen. Er hat sicher nicht
Verständnis mit Einverständnis verwechselt. Mir scheint, gerade das Verstehen haben die Literaturforscher nur allzuselten gewollt. Das ist vielleicht
so verwunderlich nicht, denn — wir wissen es ja alle nur allzugut — Verstehen ist s e h r s c h w e r . Deshalb die wiederholten Ausweich-
manöver, die man gar zu gern jeweils für der Weisheit letzten Schluß hält.
Aber was das ist, der Weisheit letzter Schluß, wissen wir ja: Nur der
verdient die Freiheit wie das Leben, der täglich sie erobern muß. Das
berühmte Wort behält auch hier sinngemäß seine Gültigkeit.

Man wirft der Germanistik wie den anderen literaturwissenschaftlichen
Disziplinen häufig vor, sie sei nicht gegenwartsbezogen. Aus dem, was ich
Ihnen darzulegen versucht habe, meine Damen und Herren, scheint mir
hervorzugehen, sie sei schon immer nur allzu gegenwartsbezogen gewesen,
sie habe die Sorgen und Ängste der jeweiligen Generation genau wiedergegeben; ihre wechselvolle Geschichte wiederholter Fluchtversuche ist ja der
Beweis, wie sehr sie von der jeweiligen Gegenwart abhängig ist, im guten
wie im schlechten. Wir wollen es hier an diesem Kongreß mit unserer
Gegenwart im Guten aufnehmen.

Interpretation als Wissenschaft

Oskar Seidlin
zum 65. Geburtstag

Von Heinrich Henel, Yale University

Die Zeit, in der die Literaturwissenschaft ihre vornehmste Aufgabe in der Interpretation einzelner Dichtungen sah, liegt hinter uns. Sie umfaßte etwa die Jahre von 1940 bis 1960, obwohl die Grundlagen schon früher gelegt wurden und das Verfahren auch heute noch angewandt wird. Was die Gegner der Interpretation vorgebracht haben, soll hier nicht untersucht werden. Sie haben die Bewegung zu Fall gebracht, aber sie haben ihre Ziele und Methoden weder überwunden noch in die Literaturwissenschaft einbezogen, sondern einfach beiseite geschoben und durch andere ersetzt[1]. Die Interpretation hatte jedoch auch mit inneren Widerständen zu kämpfen. Mit diesen Schwierigkeiten, speziell mit dem Anspruch auf Wissenschaftlichkeit des Verfahrens, möchte ich mich beschäftigen. Daß diese Fragen von einem Angehörigen der Bewegung, der ihr noch immer anhängt, erwogen werden, scheint mit nicht notwendig ein Nachteil. "Nur insofern wir mitempfinden, haben wir Ehre, von einer Sache zu reden", sagt Werther[2]. Um die Ehre geht es hier nicht, wohl aber um den Gewinn, und der ist eher von der kritischen Sichtung durch einen Wohlgesinnten als durch einen grundsätzlich Ablehnenden zu erhoffen.

Bei mehrfach veröffentlichten Büchern und Aufsätzen wird das Jahr des Erstdrucks in Klammern hinter dem Titel und vor dem zitierten Fundort angegeben. Die folgenden Siglen werden gebraucht:

Enders Horst Enders (Hrsg.), Die Werkinterpretation. Darmstadt 1967.
Grimm/Hermand Reinhold Grimm und Jost Hermand (Hrsg.), Methodenfragen der deutschen Literaturwissenschaft. Darmstadt 1973.
Patrides Milton's Lycidas. The Tradition and the Poem. Edited by C. A. Patrides. New York 1961.
Wellek/Warren René Wellek and Austin Warren, Theory of Literature. New York 1949.
Wimsatt W. K. Wimsatt, Jr., The Verbal Icon. Studies in the Meaning of Poetry (1954). Lexington (Kentucky) 1967.

1 Ausnahmen bestätigen die Regel. Egon Schwarz tritt in seinem Vortrag "Ist Germanistik lehrbar?" für Kontinuität der Methoden, nicht der Ziele, der Literaturwissenschaft ein; das genaue Lesen sei die methodische Errungenschaft von Jahrzehnten und dürfe nicht verlorengehen. Und David H. Miles schreibt in "Literary Sociology: Some Introductory Notes" (In: The German Quarterly XLVIII [1975], S. 28f.): "The literary sociologist, *before* he can be a sociologist, must also be a good formalist, a person who is able to read literary texts sensitively and who can respond to the 'intrinsic' message".
2 Brief vom 12. August.

Zwei Bemerkungen seien der Untersuchung der genannten Fragen voraus-
geschickt. Während die geistesgeschichtliche Richtung der Zeit nach dem
Ersten Weltkrieg fast ganz auf Deutschland beschränkt blieb (denn
Arthur Lovejoys Ideengeschichte hat nichts mit ihr zu tun), hat sich die
Interpretation in vielen Ländern, obwohl nicht überall gleich stark, durchgesetzt. Emil Staiger, der anerkannte Meister unter den Interpreten des
deutschen Sprachgebiets, hat Werkinterpretation getrieben; gegen die werkimmanente Interpretation hat er sich ausdrücklich verwahrt[3]. Die amerikanischen New Critics waren viel radikaler. Ihr Anführer, John Crowe
Ransom, hat die prinzipielle Anonymität des Gedichts behauptet[4]. (Wie
Ransom werde ich im Folgenden das Wort "Gedicht" oft kurzweg für
Dichtungen aller Gattungen gebrauchen.) Und Wimsatt und Beardsley haben
in ihrem Aufsatz "The Intentional Fallacy" (1946) die These aufgestellt,
die Absicht des Autors sei nur insoweit relevant, als sie in seinem Werk
verwirklicht und daran zu erkennen ist[5]. Ein weiterer Unterschied bestand
darin, daß man sich in Deutschland mehr auf Husserls Phänomenologie und
die Arbeiten seiner Schüler Heidegger und Ingarden stützte, während sich in
England und Amerika Dichter (besonders T. S. Eliot), Kritiker und Gelehrte
zusammenfanden und Hand in Hand mit der Praxis die Theorie er-
arbeiteten. Gemeinsam war allen Strömungen die Bemühung, die Literatur
als eine Kunst zu verstehen und Literaturwissenschaft als Kunstwissenschaft
zu betreiben[6]. Die Interpretation war also keine Sondererscheinung der

3 Die Kunst der Interpretation (1951). In: Enders, S. 153.
4 "Anonymity, of some real if not literal sort, is a condition of poetry". Ransom, A
  Poem Nearly Anonymous (1933). In: Patrides, S. 65. Vgl. René Wellek, John Crowe
  Ransom's Theory of Poetry. In: Literary Theory and Structure. Essays in Honor of
  William K. Wimsatt. Edited by Frank Brady, John Palmer, and Martin Price. New
  Haven and London 1973, S. 179—198.
5 In: Wimsatt, S. 2—18.
6 "Die Literaturwissenschaft darf nicht vergessen, daß sie eine Kunstwissenschaft ist."
  Peter Szondi, Über philologische Erkenntnis (1962). In: Grimm/Hermand, S. 254. Es
  ist mir ein Rätsel, warum Szondis Aufsatz in eine Anthologie aufgenommen worden
  ist, die das Zerbröckeln der Interpretation seit 1955 dokumentieren will, denn Szondi
  behauptet sogar, "daß die Literaturwissenschaft wie alle Kunstwissenschaft von der
  Historie durch dieselbe Kluft getrennt wird wie von den Naturwissenschaften"
  (ebenda, S. 243) — was ich nicht unterschreiben würde. Szondis Bemerkungen
  (ebenda, S. 235) über den Unterschied zwischen dem angelsächsischen *literary
  criticism* und der deutschen Literaturwissenschaft treffen die Sache nicht recht.
  Criticism richtet sich vordringlich auf die kognitiven und poetischen Werte der
  Dichtung. Er charakterisiert und wertet. Darin gleicht er den kritischen Arbeiten aus
  der Zeit der deutschen Klassik, wie schon der Titel "Charakteristiken und Kritiken"
  (1801) zeigt, den die Brüder Schlegel ihrer Aufsatzsammlung gaben. Die deutsche
  Interpretation im 20. Jahrhundert dagegen bemühte sich mehr um Verstehen und
  Deuten. Es scheint mir deshalb ungenau, sie als Wiederaufnahme einer lange
  vernachlässigten Tätigkeit zu beschreiben und zu rechtfertigen. Siehe Erich Trunz,
  Literaturwissenschaft als Auslegung und als Geschichte der Dichtung (1954). In:
  Grimm/Hermand, S. 23. Staiger, a.a.O. In: Enders, S. 146.

Germanistik, so daß sich ihre vermeintlichen oder wirklichen Gebrechen nicht auf die Nachwirkung der deutschen Romantik oder die unpolitische Gesinnung des deutschen Bürgertums zurückführen lassen.

Die zweite Vorbemerkung bezieht sich auf die Anziehungskraft der neuen Richtung auf eine Reihe von hervorragenden Gelehrten der älteren Generation. Die meisten Träger der Bewegung wurden im ersten Jahrzehnt unseres Jahrhunderts geboren, aber zehn bis zwanzig Jahre ältere Männer wie Leo Spitzer, Josef Körner, Erich Auerbach und Karl Viëtor haben sich ihr mit Freude und Überzeugung angeschlossen. Spitzer proklamierte schon 1930 die Annahme einer prästabilierten Harmonie zwischen Wortausdruck und Werkganzem zum Axiom der neuen Betrachtungsweise und erklärte, daß die Stilforschung, die er bei Karl Voßler gelernt hatte, in der Zusammenschau aller Aspekte des Wortkunstwerks aufzugehen habe[7]. Körner, hochverdient als Historiker, Herausgeber und Bibliograph, gab 1937 in Prag ein Übungsbuch mit dem Titel *Wortkunst ohne Namen* heraus. Auerbach stellte 1946 in seiner *Mimesis* die Geschichte des abendländischen Realismus anhand von Einzelinterpretationen dar. Und Viëtor sagte 1945 in seiner Grabrede auf die Geistesgeschichte: "Die Interpretation . . . wird wieder zur Haupt- und Grundkunst des Literaturwissenschaftlers. Literatur*geschichte* aber rückt damit an die zweite Stelle[8]." Die Berufung auf diese unbestritten gelehrten Männer entkräftet den oft erhobenen Vorwurf, mit der Interpretation habe man es sich leicht gemacht, denn ihre Ausübung verlange nur wenig Wissen.

Während man früher von "Sprachdenkmälern" gesprochen hatte, setzte Oskar Walzel schon 1926 die Bezeichnung *Das Wortkunstwerk* als Titel über ein Buch. Wolfgang Kaysers *Das sprachliche Kunstwerk* folgte 1948, und alsbald erschien eine Reihe wissenschaftlicher Arbeiten mit dem Namen *Literatur als Kunst.* Was heißt das nun aber, eine Dichtung als Kunstwerk betrachten? Es heißt hinsehen und hinhören, wie sie gemacht ist. Keinem Musikwissenschaftler wird es einfallen, nach dem Sinn einer Fuge zu fragen, und keinem Kunstwissenschaftler, nach dem Sinn eines Gemäldes. Sie fragen nach der Technik. Eben das unternahm die neue Literaturwissenschaft. Nach dem Gehalt einer Dichtung fragte sie nur, insofern er sich an der Machart ablesen läßt. Richard Alewyn hat seinen Essay über den Roman des Barock (1963) mit der Devise "Gestalt als Gehalt" überschrieben und kategorisch erklärt: "Dieser [der Sinn] ergibt sich bei

---

7 Leo Spitzer, Zur sprachlichen Interpretation von Wortkunstwerken (1930). In: Enders, S. 34f., 40. Siehe die Würdigung Spitzers in René Wellek, Discriminations. New Haven and London 1970, S. 187–224.
8 Karl Viëtor, Deutsche Literaturgeschichte als Geistesgeschichte – Ein Rückblick. In: PMLA LX (1945), S. 915. Zitiert von Horst Rüdiger in Grimm/Hermand, S. 122, Anm. 29.

Kunstwerken allein und zwanglos aus der Beobachtung der Gestalt[9]."
Oskar Seidlin hat 1947 eine einzige Periode Thomas Manns analysiert, und
Alewyn zehn Jahre später ein einziges Sätzchen Eichendorffs[10]. Beide
versprachen sich von dem intensiven Eindringen in die Weise der Darbietung
ein besseres Verständnis der Eigenart ihrer Autoren als von einer breit
angelegten Übersicht über deren Werke. Durch solche Arbeiten wurde ein
reiches und subtiles Instrumentarium zur Beschreibung von Dichtungen
entwickelt, und zwar Beschreibungen, in denen die Deutung und Wertung
mitenthalten ist. Daß das Urteil über eine Dichtung sich während der
Tätigkeiten des Analysierens und Deutens einstellt und aus ihnen hervorgeht, haben schon Wellek und Warren in ihrer *Theory of Literature* (1949)
gesagt[11]. John Ellis kommt in seiner *Theory of Criticism* (1974) zu demselben Schluß, obwohl sich sein Buch im Ansatz und in der Beweisführung
entschieden von Wellek und Warren trennt. Ich zitiere Ellis: "Descriptive
analysis is an investigation of the value of a text purely as that, and that is
the only possible kind of investigation of value[12]."

Vor einigen Jahren erzählte mir ein vergnügter und gesprächiger Taxi-
fahrer in Frankfurt, ein Türke, von seinem Leben. Er war in Amerika
gewesen, es hatte ihm gefallen, die Menschen waren freundlich, er verdiente
gutes Geld. Aber — es war zu weit von seiner Heimat. Seine abschließende
Bemerkung gebe ich wörtlich: "So ist das Leben: im Strandbad ohne
Strohhut." Das ist ein Stückchen mündliche Poesie. Das Fazit der Lebenserfahrung wird nicht umständlich bewiesen, sondern durch ein Bild veranschaulicht; und die Schlagkraft des Bildes wird verstärkt durch die Allitera-
tion von "Strand" und "Stroh". Der Gedanke ist uns nicht fremd: "O daß
dem Menschen nichts Vollkommnes wird, / Empfind' ich nun." Aber ist es
wirklich derselbe Gedanke? Die Erinnerung an seinen teuflischen Gefährten
scheucht Faust aus "der Betrachtung strenger Lust" auf. Daß er keinen
Strohhut hat, verdirbt dem Türken das Faulenzen im Strandbad. Jener
spricht die gemessene Sprache des jambischen Pentameters, dieser die
knappe Prosa des Volkswitzes. Wir bemerken, daß Stoff und Form der
Erzählung den Gehalt modifizieren, ja eigentlich erst konstituieren. Und
noch etwas bemerken wir: Weder bei Goethe noch bei dem Türken läßt
sich nach der Wahrheit ihrer Behauptungen außerhalb des Gedichts fragen.
Was vollkommenes Glück an sich ist, ob es das gibt, ob wir es wirklich nie

---

9 Richard Alewyn, Probleme und Gestalten. Frankfurt am Main 1974, S. 125.
10 Oskar Seidlin, Von Goethe zu Thomas Mann. Göttingen 1963, S. 148—161. Alewyn,
　a.a.O., S. 203—231.
11 Wellek/Warren, S. 262.
12 John M. Ellis, The Theory of Literary Criticism: A Logical Analysis. Berkeley, Los
　Angeles, London 1974, S. 92.

erreichen, und falls nein, warum wir es nicht erreichen – das alles sind
außerliterarische Fragen. Die beiden Bemerkungen verhalten sich wie die
zwei Seiten einer Münze.

Bisher haben wir uns auf den Standpunkt der Interpreten gestellt, ihre
Leistungen anerkannt und ihre Meinungen übernommen. Fragen wir sie nun
aber, was denn die Richtigkeit, also die Wissenschaftlichkeit, ihrer Deutungen verbürge, so antworten sie wie aus einem Mund: die Evidenz[13]. Sie
meinen mit dem Wort nicht immer genau dasselbe. Für Staiger besteht die
Evidenz in der Stimmigkeit aller Einzelbeobachtungen an dem Gedicht. Für
Hugo Friedrich ist sie der vollkommene Einklang des Verstehens mit seinem
Gegenstand. Und für Peter Szondi geht sie einerseits aus dem Text-
zusammenhang, andrerseits aus dem Zusammenhang des Gesamtwerks des
betreffenden Autors hervor. Was immer gemeint ist, Evidenz, Offen-
sichtlichkeit, läßt keinen Widerspruch zu. Sie erzwingt Zustimmung, Ein-
stimmigkeit, Konsens. Donald Hirsch sagt in seinem Buch *Validity in Interpretation* (1967): "The practical goal of every genuine discipline is
consensus – the winning of firmly grounded agreement that one set of
conclusions is more probable than others[14]." Man braucht kaum daran zu
erinnern, wie selten dies Ziel erreicht wird. Entweder ist also Interpretation
keine Wissenschaft, oder Evidenz ist kein ihr angemessenes Kriterium.

Staiger hat es vermieden, die Interpretation eine Wissenschaft zu nennen,
aber am Ende seiner berühmten Rede *Die Kunst der Interpretation* erklärte
er, daß zwei Auslegungen sich nicht widersprechen können, wenn jede wahr
ist, d.h. auf einem überprüften Gefühl für das Gedicht beruht. Es ist eine
schmerzliche Ironie, daß gerade das in dieser Rede dargebotene Inter-
pretationsbeispiel heftigen Widerspruch hervorrief. Die Diskussion, an der
außer Staiger auch Heidegger, Spitzer, Ilse Graham, Werner von Nordheim
und Sigurd Burckhardt teilnahmen, drehte sich um die Deutung von
Mörikes Gedicht "Auf eine Lampe[15]." Über den beschreibenden Teil des

13 Staiger, a.a.O. In: Enders, S. 155. Hugo Friedrich, Dichtung und die Methoden ihrer
Deutung (1957). In: Enders, S. 296. Szondi, a.a.O. In: Grimm/Hermand, S. 239, 248.
14 E. D. Hirsch, Jr., Validity in Interpretation. New Haven and London 1967, S. IX.
Vgl. S. 17, 128, 142, 170. Vgl. auch Ellis, S. 208.
15 Emil Staiger, Zu einem Vers von Mörike. Ein Briefwechsel mit Martin Heidegger;
Leo Spitzer, Wiederum Mörikes Gedicht "Auf eine Lampe". In: Trivium IX (1951),
S. 1–16; 133–147. Ilse Appelbaum Graham, Zu Mörikes Gedicht "Auf eine Lampe".
In: Modern Language Notes LXVIII (1953), S. 328–334. Werner von Nordheim, Die
Dingdichtung Eduard Mörikes. Erläutert am Beispiel des Gedichtes "Auf eine
Lampe". In: Euphorion L (1956), S. 71–85. Sigurd Burckhardt, Kinder-Spiel. Noch
einmal Mörikes "Auf eine Lampe". In: Wirkendes Wort, Jg. 8 (1957/58),
S. 277–280. Die ganz oder teilweise dem Gedicht gewidmeten Arbeiten von
Enzinger, Guardini, Heselhaus, Höller, Politzer, Pollack, Wilhelm Schneider und
Stahlmann konnten nicht berücksichtigt werden. Maurice Benn (In:
Grimm/Hermand, S. 259–261) berichtet über die Kontroverse zwischen Staiger und
Heidegger. Er meint: "Das Unbefriedigende an Staigers Methode scheint von einer
falschen Auffassung des Verhältnisses des Dichters zur Wirklichkeit herzurühren."
Wie ein Interpret mit der richtigen Auffassung das Gedicht erklären muß, sagt er
vorsichtigerweise nicht.

Gedichts, also die ersten acht Verse, haben die Interpreten nicht gestritten. Staiger hob die Anmut der Lampe hervor, Spitzer ihre Rundheit, Burckhardt ihren Schmuck. Viele Beobachtungen wurden von mehr als einem Ausleger gemacht, und die anderen ergänzten sich. Auch die abweichenden Meinungen über den Aufbau des Gedichts wogen nicht schwer. Staiger und Spitzer wollten ein terzinenartiges Gebilde erkennen (3 + 3 + 3 + 1 Verse) — Heidegger, von Nordheim und Burckhardt ein verkürztes Sonett (3 + 3 + 2 + 2 Verse). Wieder handelt es sich mehr um Ergänzung als um Widerspruch, denn manche Gedichte erschließen sich erst dann dem Verständnis, wenn zwei übereinander gelagerte, sich überschneidende Gliederungen an ihnen erkannt werden[16]. Der Streit entzündete sich an Mörikes letztem Vers

Was aber schön ist, selig scheint es in ihm selbst,

insbesondere an dem Wort "scheint". Bedeutet es *videtur*? Oder *apparet*? Oder *lucet*? Oder bedeutet es gar, wie Mrs. Graham und Burckhardt wollten, zugleich *videtur* und *lucet*? Die Fragen bezeichnen echte Alternativen, die mit Ja oder Nein zu beantworten sind. Die Antworten schließen einander aus.

Es ist nicht die Aufgabe dieses Vortrags, den Streit zu schlichten oder zu entscheiden, sondern aus ihm zu lernen[17]. Meyer H. Abrams möchte Interpretationen als Hypothesen verstehen, und Hirsch, der ihm beipflichtet, bemerkt scharfsinnig, daß Hypothesen ihre eigenen Beweise erzeugen[18]. Wir dringen bis zu einem gewissen Punkt in einen Text ein, wir sammeln Beobachtungen und fassen sie in einem vorläufigen Urteil über den Sinn des Ganzen zusammen. Aber sobald die Hypothese gefaßt ist, beherrscht sie alle weiteren Beobachtungen. Was ihr entspricht, wird erkannt und hervorgehoben, was ihr widerspricht, wird übersehen oder ihr angepaßt. Einzelheiten des Textes, die sich als Beobachtungen friedlich miteinander vertragen, werden plötzlich zu Beweispunkten für radikal verschiedene,

---

16 C. F. Meyers Gedicht "Stapfen" ist ein Beispiel. Siehe meinen Aufsatz in Benno von Wieses Die deutsche Lyrik. Düsseldorf 1956, S. 234 f., 504.
17 Hirsch, a.a.O., S. 182 verweist auf M. H. Abrams' Versuch, bereits vorliegende Deutungen gegeneinander abzuwägen; er wünscht sich mehr Untersuchungen dieser Art. Abrams selbst jedoch nennt es ironisch, daß er unter der Hand aus einem Richter zum Anwalt einer neuen, eigenen Interpretation geworden ist. Siehe Abrams, Five Types of Lycidas (1957). In: Patrides, S. 212—231, besonders S. 230.
18 Abrams in Patrides, S. 230; Hirsch, a.a.O., S. 261. Hirschs skeptische Bemerkung macht auf die praktische, d.h. psychologische Schwierigkeit bei der Anwendung von Diltheys hermeneutischem Zirkel aufmerksam, auf den sich die meisten neueren Theoretiker berufen. Hirsch (S. 76 f.) hält es deshalb für nötig, den Zirkel anders zu definieren.

einander ausschließende Deutungen. Staiger, der dem "Spätling" Mörike nur eine zögernde, zweifelnde Aussage über das Wesen des Schönen zutraut, findet seine Deutung bestätigt in der Anmut (im Gegensatz zur klassischen Schönheit) des beschriebenen Gegenstandes und in dem sanften Tonfall der Verse. Nach Spitzer spricht der letzte Vers von der Geschlossenheit und Selbstgenügsamkeit der Kunst, von ihrem In-Sich-Ruhen. Spitzer hat keine Mühe, dasselbe Prinzip in der Rundheit der Lampe, der Abgeschlossenheit ihres Ortes, dem dantesken Bau des Gedichts, ja sogar in den Alliterationen des letzten Verses nachzuweisen. Und Burckhardt, der die Seligkeit des Schönen im Überflüssigen und Spielerischen findet, entdeckt die große Zahl schmückender, scheinbar entbehrlicher Wörter in den ersten acht Versen. Was Mörike zuerst zeige und dann sententiös ausspreche, sei der Unterschied zwischen Alltagssprache und Dichtersprache. In der Kunst sei der Ornatus eben nicht bloßer Schmuck, sondern das Wesen.

René Wellek hat noch vor kurzem bemerkt, der Begriff der Stimmigkeit habe Staiger bei seinen Interpretationen gute Dienste geleistet[19]. Aber ist Stimmigkeit wirklich ein brauchbareres Kriterium als Evidenz? Allen Interpreten Mörikes ist es gelungen, die Stimmigkeit ihrer Bemerkungen über Stoff, Form und Gehalt des Gedichts aufzuzeigen. Sogar ihre weitergreifenden Argumente erwiesen sich als stimmig. Hegel, Fr. Th. Vischer, Schiller, die schwäbische Mundart wurden bemüht, aber die geistige und die sprachliche Heimat von Dichter und Gedicht zeigten sich ebenso gefällig wie der Text: Sie paßten sich der jeweiligen Deutung an. Dennoch war die Diskussion keineswegs unfruchtbar. Hirsch sagt, zweideutiges, unsicheres Wissen sei nicht wissenschaftlich, aber Wissen um die Zweideutigkeit eines Textes sei durchaus wissenschaftlich[20]. Erst durch das genaue Hinsehen wurde der Text in allen seinen Feinheiten erhellt, und erst dadurch wurde seine Mehrdeutigkeit zutage gefördert. Und noch etwas ergab sich, nämlich die Unterscheidung zwischen verantwortbaren und unverantwortbaren Auslegungen. "Scheint" kann ja auch "Es sieht so aus, aber ist nicht so" (wie in den Kompositis "scheintot" und "scheinheilig") bedeuten. Heidegger und Staiger haben diese Bedeutung erwogen, aber ausgeschlossen. Daß die anderen Interpreten sie nicht beachtet, vielleicht nicht einmal bemerkt haben, spricht fast noch entschiedener dafür, daß der beschreibende Teil des Gedichts die Bedeutung *simulat* nicht zuläßt[21].

19 René Wellek, Poetics, Interpretation, and Criticism. In: The Modern Language Review LXIX (1974), S. 6 des Anhangs.
20 Hirsch, a.a.O., S. IX.
21 Spitzer (Trivium, S. 140) und Burckhardt (a.a.O., S. 279) wollen noch eine fünfte Deutung gelten lassen: "Was aber schön ist" = "Aber das Schöne an der ganzen Sache ist". Wenn diese Deutung zulässig wäre, so dürfte man auch sagen, "unverrückt" im ersten Vers bedeute, die Lampe sei nicht wahnsinnig.

"Das W a s bedenke, mehr bedenke W i e [22]." Das Wie ist die Machart; sie steht dem Dichter frei. Das Was ist die Sprache; an sie ist er gebunden. In ihrer Entdeckerfreude haben die Interpreten den Rat des Homunculus zu einseitig ausgelegt. Sie wollten die Dichtung als Kunst begreifen und vergaßen den einschränkenden Charakter ihrer eigenen Ausdrücke W o r t kunstwerk oder s p r a c h l i c h e s Kunstwerk. Anders als die anderen Künste hat die Literatur kein eigenes, nur ihr gehöriges Material. Das ist keine Neuigkeit. Aber die Folge, daß sich die Sprache zwar meistens dem gestaltenden Willen des Dichters fügt, sich ihm aber manchmal entzieht oder widersetzt, wurde erst allmählich eingesehen. Mit anderen Worten: Die Autonomie der Dichtung als Kunst wird begrenzt durch die Autonomie der Sprache; und die Zuverlässigkeit einer Interpretation ist begrenzt, wenn ein Wort, ein Satz, ein Absatz oder ein ganzes Werk durch das Gefüge des Werkes nicht eindeutig bestimmt wird. Das Beispiel von Mörikes Gedicht könnte den Eindruck erwecken, daß der Fall nur eintritt, wenn eine Dichtung von der Darstellung zur Mitteilung übergeht. Aber so ist es nicht. Rilkes berühmter Imperativ, "Du mußt dein Leben ändern", ist sprachlich völlig eindeutig, freilich auf Kosten einer Vereinfachung des Gedichts. Er sagt nur, daß die Statue eine Veränderung des Beschauers fordert, aber nicht welche. Die Schlußverse von Schillers "Die Götter Griechenlands"

> Was unsterblich im Gesang soll leben
>
> Muß im Leben untergehen

dagegen bereiten weder als Mitteilung noch als Fazit der vorhergehenden Darstellung die geringste Schwierigkeit.

Ein einfaches, aber häufiges Beispiel für die Widerspenstigkeit der Sprache sind die Homonyme. "Allein der Vortrag macht des Redners Glück", sagt der Schulfuchs Wagner. Die Sprache stellt die Bedeutungen "Aber" und "Nur" für "Allein" zur Verfügung, und der Zusammenhang der Stelle läßt beide zu. Die Erklärung, daß Wagner beides zugleich meint, wäre eine klägliche Ausflucht. Obwohl nur eine Bedeutung gemeint ist, kann der Interpret die richtige nicht erkennen, weil die Besonderheit des Werks an dieser Stelle die Allgemeinheit der Sprache nicht entschieden beschränkt. Zum Glück ist das Problem trivial. Wie man auch liest, sowohl Wagners

---

22 Unter dem "Was" in den oft zitierten Versen wird meist der Gehalt, unter dem "Wie" die Ausdrucksweise verstanden. Ellis (a.a.O., S. 183, Anm. 31) zeigt, daß diese Auslegung Goethes Denken unangemessen ist. Im Zusammenhang (Faust, Vers 6990—2) lautet der Rat des Homunculus s o :

> Nach Vorschrift sammle Lebenselemente
> Und füge sie mit Vorsicht eins ans andre.
> Das W a s bedenke, mehr bedenke W i e .

Ich erlaube mir eine scherzhafte Analogie zwischen Alchemie und Dichtung: Der Dichter muß bedenken, welche Elemente der Sprache er gebraucht und wie er sie zusammenfügt.

Charakter wie der Sinn seiner Rede bleiben sich ziemlich gleich. Anders steht es mit einem Sätzchen in dem feierlichen Schlußchor des *Faust*:

> Das Unzulängliche,
>
> Hier wird's Ereignis.

Müßte es nicht heißen: "Was sich noch nie ereignet hat, hier ereignet es sich", oder: "Was sonst nicht genügt, hier genügt es"? Wir alle haben uns mit einer lässigen Deutung der Verse zufriedengegeben[23], bis Verena Haefeli 1959 vorschlug, "unzulänglich" in dem älteren Sinne von "nicht zu erlangen", "unfassbar" zu verstehen[24]. Gleichgültig, ob ihr Hinweis auf die "unzulängliche Mauer" (oder "unzugängliche Mauer") der Faust-Burg bei Sparta beweiskräftig ist oder nicht, das in dem Chorus mysticus folgende Wort "Das Unbeschreibliche" gibt ihr zweifellos recht. Hier siegt die Individualität des Gedichts über die Allgemeinheit der Sprache, so daß der Interpret weiß, welches der Homonyme gemeint ist.

Schwieriger und meist schwerwiegender ist die Deutung von Metaphern. Der Interpret muß entscheiden, ob ein Ausdruck wörtlich oder bildlich zu verstehen ist, und falls bildlich, welche Art Metapher vorliegt. Allemann und Szondi haben es wahrscheinlich gemacht, daß die "Tische" in Hölderlins "Friedensfeier" als "Berge" zu verstehen sind, aber Beissners wörtliche Lesart ist keineswegs restlos widerlegt[25]. Beissner beruft sich auf den für Hölderlin typischen Gebrauch von Metaphern, Szondi auf den Gedichtzusammenhang, aber keinem gelingt der Beweis, daß das Gedicht die Möglichkeiten der Sprache auf eine reduziert. Noch ärgerlicher ist die Krux in Miltons *Lycidas* (Vers 130), wo von einer "two-handed engine", einem zweihändigen Gerät, die Rede ist. Besteht die Metapher aus dem ganzen Ausdruck, oder ist "zweihändig" wörtlich und nur "Gerät" bildlich zu verstehen? Bei Milton wie bei Hölderlin geht es um mehr als den Sinn der betreffenden Stelle, so daß der Interpret sich in dem Dilemma befindet,

---

23 "Such is the power of reputation justly acquired, that its blaze drives away the eye from nice examination". Samuel Johnson (1779). In: Patrides, S. 57.
24 Verena Haefeli, Eine Anmerkung zu den Schlußversen des "Faust". In: Schauspielhaus Zürich 1958/59, S. 3–5. Woher Dr. Haefeli die Variante "hoher Feste / unzulängliche Mauer" (Faust, Vers 9082 f.) hat, weiß ich nicht. Die Lesarten der WA bieten nur den Text: "Vor uns der Veste / Unersteigbare Mauer" (H 36). In der Haupthandschrift (H) steht: "Ragender Veste / Unzugängliche Mauer".
25 Szondi in Grimm/Hermand, S. 237–242. Zur Unterscheidung von wörtlichen und bildlichen Aussagen und von Arten der Metapher vgl. Christine Brooke–Rose, A Grammar of Metaphor. London 1958, sowie meinen Aufsatz "Metaphor and Meaning". In: The Disciplines of Criticism [Wellek Festschrift], hrsg. von Peter Demetz, Thomas Greene, and Lowry Nelson. New Haven and London 1968, S. 98 f., 108–113.

sie deuten zu müssen, obwohl er sie nicht überzeugend deuten kann. Für Miltons Metapher sind über vierzig Lösungen vorgeschlagen worden — eine zugleich lächerliche und peinigende Situation[26].

Am vertracktesten ist vielleicht das Problem der Gattungszugehörigkeit. Tschechow hat seine Dramen *Die Möwe* und *Der Kirschgarten* als Komödien bezeichnet, aber Stanislawski und die meisten späteren Regisseure haben sie als Tragödien aufgeführt[27]. Die Mütterszene im *Faust* kann eine Allegorie oder ein Lügenmärchen sein, und Kafkas *Die Sorge des Hausvaters* eine Groteske oder eine Parabel. Die Ausrede, Tschechows Stücke seien Tragikomödien, macht die Sache nur schlimmer, denn nun bestehen drei Möglichkeiten, und obendrein werden der Autor sowie der Regisseur der Einseitigkeit bezichtigt. Im *Faust* steht nur fest, daß der Gang zu den Müttern gefährlich ist. Was Mephistopheles sonst von ihnen erzählt, mag, wie einige Stellen des Dramas nahelegen, purer Schwindel sein. Weiß er aber wirklich über die Mütter Bescheid, so kann ihr Reich als die Vergangenheit, die Poesie, die platonischen Ideen oder Goethes eigene Ideen (die "offenbaren Geheimnisse" seiner Naturlehre und seiner Weltanschauung) ausgelegt werden. Und in der Kafka-Kritik streitet sich ein Lager um die richtige Deutung seiner Erzählungen; ein zweites hält sie für bloße Umrisse, die jede spezielle Füllung aufnehmen; und ein drittes behauptet, daß sie rein formalen Charakter haben und keinerlei sachliche Aussagen machen. Auch bei der Frage nach der Gattungszugehörigkeit steckt der Interpret also oft in der Klemme. Wenn er sich nicht entscheidet, welcher Gattung das Gedicht angehört, kann er überhaupt keine Aussagen darüber machen — nicht einmal die Aussage, daß es keine Aussagen macht. Und wenn er sich entscheidet, läßt es ihn im Stich. Als dichterisches Gebilde strebt das Gedicht nach Konsequenz, also nach Bestimmtheit und Bestimmbarkeit. Aber die Sprache schlüpft oft gewissermaßen durch die Maschen des Gewebes und stellt die Bestimmung durch das Wie, durch die Machart, in Frage.

Wilhelm Emrich hat von dem Verweisungscharakter aller Elemente der Dichtung gesprochen[28]. Laute, Metren, Rhythmen, aber auch rhetorische Figuren und stilistische Fügungen, schließlich auch Bilder und Beschreibungen, Charaktere, Vorgänge, Probleme, Gedanken und Lehren haben entweder keine Bedeutung an sich, oder ihre Bedeutung an sich ist für die Dichtung irrelevant. Für die Dichtung sind sie allesamt bloßes Material. Erst durch ihre Verbindung, durch ihre wechselseitige Verweisung

---

26 Patrides, S. 240 zählt 23 Deutungen auf und verweist auf weitere. Northrop Frye (ebenda, S. 206) hält keine der Deutungen für vollkommen befriedigend.
27 Siehe Tschechows Briefe vom 15. und 21. September 1903 und vom 10. April 1904.
28 Emrich, Das Problem der Symbolinterpretation im Hinblick auf Goethes "Wanderjahre" (1952). In: Enders, S. 169—197, besonders S. 174, 181.

in einem bestimmten Gedicht werden sie aus trägem Stoff zu einander erregenden, Sinn erzeugenden Elementen. Als Beispiel sei der barocke Alexandriner genannt. Erich Trunz hat sehr fein bemerkt, daß der Alexandriner im *Faust* (Vers 10849–11042) pomphaft, konventionell und leer klingt[29]. Von Opitzens Vers (nach Ronsard) "Ich gleiche nicht mit dir des weißen Mondes Licht" kann man das gewiß nicht sagen. Die Bestimmung einer Textstelle durch die interne Verweisung ist die Regel. Wäre es nicht so, müßte der Interpret bei jedem Satz, jedem Wort, jedem Klang fragen, was sie überhaupt, d.h. in allen erdenklichen Zusammenhängen bedeuten können[30]. Aber es gibt auch Ausnahmen. Die Sprache läßt sich ihr Recht nicht nehmen, auf die ganze Welt der Dinge und Bezüge außerhalb des vorliegenden Gedichts zu verweisen. Die Ausnahmen kommen also an den Textstellen vor, wo das Gedicht seines Materials, der Sprache, nicht Herr wird. Anders gesagt: Emrichs Begriff der inneren Verweisung muß durch den der äußeren Verweisung ergänzt werden. Wird die letztere durch die erstere nicht gehörig beschränkt, so entsteht eine Undeterminiertheit, die kein Scharfsinn des Interpreten beseitigen kann. Kein mir bekannter Kritiker hat eindringlicher als Sigurd Burckhardt dargestellt, wie sehr sich die Dichtung bemüht, durch Mittel wie Metrum, Reim und Metapher den Wortsinn ihres Materials zu dämpfen[31]. Auslöschen kann sie ihn nicht, ja sie darf und will es nicht, denn sonst wäre sie unverständlich.

Es gibt zwei Grenzfälle, zwei Arten Dichtung, die schon an sich nicht auf Determiniertheit abzielen. Mallarmé soll zu seinem Freund Degas gesagt haben, Gedichte würden aus Wörtern, nicht aus Gedanken gemacht. Und Archibald MacLeish hat erklärt: "A poem should not mean but be." Beide Aussprüche werden oft zitiert, obwohl sie unechte Alternativen aufstellen: Wörter und Gedanken bilden keinen logischen Gegensatz, und Sein und Bedeuten auch nicht. Trotzdem wissen wir, was die beiden Dichter meinen. Sie denken an eine Art Dichtung, die den Wortsinn so sehr dämpft oder so offen läßt, daß die Wörter eines Gedichts kaum anders fungieren als die Töne eines Musikstücks oder die Farben eines Gemäldes. Die französischen Symbolisten schrieben Gedichte dieser Art. Ihre Wörter sind gewissermaßen Metaphern, bei denen dem Gesagten kein Gemeintes, dem Bild keine Sache,

---

29 Trunz in HA, Bd. 3, S. 487.
30 Es braucht kaum gesagt zu werden, daß diesen Überlegungen Saussures Unterscheidung zwischen *langue* und *parole*, zwischen den Möglichkeiten der Sprache und der Verwirklichung e i n e r Möglichkeit in der Rede, zugrunde liegt.
31 Sigurd Burckhardt, The Poet as Fool and Priest. In: ELH. A Journal of English Literary History XXIII (1956), S. 279–298.

dem *vehicle* kein *tenor* entspricht[32]. Wenn es das Ziel aller Dichtung wäre,
die Sprache zum völlig frei verfügbaren, nicht schon bedeutungsgeladenen
Material zu machen, so wäre der Symbolismus der Gipfel der Dichtung — abgesehen allerdings von noch weitergehenden Experimenten der
neueren und neusten Lyrik. Erst hier ist die Gestalt fast kongruent mit dem
Gehalt, erst hier hinkt der Vergleich der Dichtung mit den anderen Künsten
kaum mehr, und erst hier deckt sich die Analyse der Technik fast völlig mit
der Analyse des Werks. Die Frage nach dem Was ist beinahe gegenstandslos
geworden; nur die Frage nach dem Wie zählt noch.

Der zweite Grenzfall liegt am entgegengesetzten Ende des Spektrums
dichterischer Möglichkeiten. Auch Dichtungen dieser Art wollen nicht eindeutig sein, aber sie erreichen ihren Zweck auf umgekehrte Weise als die
Gedichte der Symbolisten. Statt die Sprache möglichst zu entleeren, geben
sie ihr die größtmögliche Fülle von Bedeutung. Der Effekt ist derselbe:
Gestalt und Gehalt sind sich fast gleich, und die Analyse der Technik ist
zugleich die Analyse des Werks. Früher sprach man bei dem zweiten
Grenzfall von absichtlicher Verdunkelung. Ein Anhänger der New Critics
wird lieber von der Unbestimmtheit des Textes sprechen. Alle Dichtung
enthält einen Unsicherheitsfaktor; bei den Grenzfällen herrscht prinzipielle
Unsicherheit.

Der zweite Grenzfall ist nicht identisch mit der vorhin besprochenen Art
Mehrdeutigkeit. Das "scheint" bei Mörike, die "Tische" bei Hölderlin, das
"allein" und die "Mütter" bei Goethe e r l a u b e n mehrere Deutungen;
die sogleich zu nennenden Beispiele v e r l a n g e n mehrere Deutungen.
Die bloß zugelassene Mehrdeutigkeit braucht nicht vom Leser beachtet zu
werden; wird sie beachtet, so stiftet sie Verwirrung. Die geforderte Mehrdeutigkeit muß beachtet werden; wird sie nicht beachtet, so wird der Text
nicht vollständig, also nicht richtig verstanden. Jene ist ein Ärgernis für den
Interpreten, denn er soll eine Entscheidung treffen, die er nicht treffen
kann. Diese ist eine Gefahr für ihn, denn sie verführt dazu, möglichst viele
und verborgene Bedeutungen aufzuspüren — auch da noch, wo nichts ver-
borgen und nichts zu finden ist.

Das beste Beispiel für geforderte Mehrdeutigkeit sind rätselhafte Vor-
kommnisse. Es sind Geheimnisse, die respektiert, nicht auf die eine oder
andere Weise erklärt werden wollen. Als Schauerballade ist Goethes

---

32 Die Bezeichnungen "Bild" und "Sache" stammen von Hugo Friedrich, "vehicle" und
   "tenor" von I. A. Richards. Merkwürdig ist Friedrichs nachdrückliche Feststellung
   (in: Enders, S. 299), die Sprache bestehe nicht aus Wörtern, sondern aus Worten als
   Trägern eines Sinnablaufs. Von einem Romanisten, und gar von dem Verfasser des
   Buches Die Struktur der modernen Lyrik (1956), würde man eine Formulierung
   erwarten, die Mallarmé weniger radikal widerspricht.

"Erlkönig" weit weniger gruselig als Bürgers "Lenore". Als Darstellung der Fieberträume eines sterbenden Kindes und ihrer ansteckenden Wirkung auf einen Erwachsenen ist das Gedicht medizinisch und psychologisch banal. Was uns erschüttert, ist das leibhafte Gestaltwerden innerer Ängste. In der deutschen Literatur hat E. T. A. Hoffmann die Meisterstücke der grundsätzlichen Undeterminiertheit geschaffen, in der amerikanischen (wenn mein bescheidenes Wissen das Urteil erlaubt) ist Henry James's *The Turn of the Screw* unübertroffen. Hoffmanns Erzählungen reizen den Leser dazu, die Ereignisse als Halluzinationen, Sinnestäuschungen oder abergläubische Vorstellungen der beteiligten Personen zu erklären, aber die Rechnung geht nie auf. Seine Erzählungen sind zugleich psychologische Novellen und Geistergeschichten. Wären sie eindeutig, so wären sie trivial. *The Turn of the Screw* erschien 1898 und wurde jahrzehntelang einfach als Gespenstergeschichte, als "thriller" gelesen. Daß die Hauptperson, eine junge Erzieherin, nervös überreizt ist und daß nur sie die Gespenster sieht, wurde zwar schon früh bemerkt, aber erst Goddards Studie vom Jahre 1920 erklärte sie für wahnsinnig, und erst Edmund Wilsons Aufsatz vom Jahre 1934 fand die Ursache ihrer Neurose in der Verdrängung sexueller Wünsche. Seitdem tobt der Streit der Interpreten. Noch 1964 und 1965 erschienen hintereinander zwei Bücher, von denen das eine nur die übernatürliche, das andere nur die psychologische Deutung gelten ließ[33].

In Wirklichkeit ist der Streit längst hinfällig geworden durch die Feststellung, daß die Ereignisse nur aus Aufzeichnungen der Erzieherin bekannt sind. Durch diesen Kunstgriff, durch die Erzählperspektive, hat Henry James es unmöglich gemacht, die Mehrdeutigkeit zu beseitigen. Goddard bemerkte, so wie später Hirsch, daß der Urheber einer Hypothese sie überall bestätigt findet[34]. Er war weise genug einzuräumen, daß der Text es offen läßt, ob die Gespenster nur Hirngespinste sind oder nicht. Und Wilson mußte unter dem Druck seiner Kritiker seine einsinnige Deutung mehr und mehr verklausulieren. Virginia Woolf hat schon 1921 das Richtige gesagt. Nur wenn die Gespenster ernst genommen werden, ist auch die Angst vor ihnen ernst. Sie erzeugen Angst und sind Erzeugnisse der Angst. Übrigens folgte auf die zwei Tragödien (Tötung eines Kindes durch Gespenster oder durch eine Wahnsinnige) das Satyrspiel. Eric Solomons Interpretation (1964) machte die Erzählung zu einer Detektivgeschichte, indem sie die

---

33 Henry James, The Turn of the Screw, hrsg. von Robert Kimbrough, New York 1966. Das Buch enthält eine kritische Ausgabe des Texts, Tagebucheinträge und sonstige Mitteilungen des Autors, Aufsätze über die Erzählung und eine Bibliographie. Eine knappe Zusammenfassung der Rezeption steht auf S. 211—214. Die Aufsätze von Goddard, Wilson, Woolf und Solomon sind abgedruckt. Ein Artikel von Ignace Feuerlicht (S. 235—237) vergleicht den Erlkönig mit The Turn of the Screw. Leon Edels Aufsatz (S. 228—234) befaßt sich besonders mit der Erzählperspektive.

34 Hirsch, a.a.O., S. 261; Goddard in Kimbroughs Ausgabe, S. 184.

scheinbar einfältige, zuverlässige Haushälterin als kaltblütige Verbrecherin entlarvte. Seine Argumente sind nicht weniger bestechend als die der anderen Interpreten, aber seine Beteuerung, er liefere die endgültige, unwiderlegliche und einzig richtige Deutung, klingt ironisch. Meinte er es ernst? Oder wollte er zeigen, daß jede einsinnige Auslegung an der Undurchsichtigkeit der Erzählung scheitert? Dann entspräche die Ironie der Interpretation genau der Ironie der Erzähltechnik[35].

Von den Grenzfällen kehren wir zu der Mitte des Spektrums zurück, also zu der großen Masse der Literatur. Gemälde und Musikstücke, so sagten wir, haben keinen Sinn. Gedichte dagegen haben einen Sinn, und zwar kraft ihres Materials, der Sprache. Bisher haben wir von den Schwierigkeiten gesprochen, die sich daraus ergeben, daß sich der Sinn der Sprache in einem Gedicht nicht notwendig deckt mit ihrem Sinn außerhalb des Gedichts. Diese Inkongruenz haben wir als zugelassene Mehrdeutigkeit bezeichnet. Jetzt wenden wir uns der Frage zu, was die Sprache für die Dichtung leistet. Am Anfang seines Essays über Winckelmann (1805) sagt Goethe, Kunstwerke seien unaussprechliche Wesen; nur das Anschauen ihres besonderen Ganzen hätte wahren Wert, obwohl man immer wieder versuche, ihnen durch Reflexion und Wort etwas abzugewinnen. Goethe denkt hier speziell an Skulpturen. In einem der ersten Gespräche mit Eckermann (29. Oktober 1823) dagegen spricht er von der Dichtung. Auch hier heißt es zunächst: "Die Auffassung und Darstellung des Besonderen ist auch das eigentliche Leben der Kunst", aber dann folgt die paradoxe Behauptung, jedes Besondere habe Allgemeinheit. Ich interpretiere diese Sätze so: Kunstwerke aller Art stellen etwas Besonderes auf solche Weise dar, daß sie ein Allgemeines offenbaren. Plastiken lassen sich nur anschauen und beschreiben; das in ihnen enthaltene Allgemeine läßt sich nicht in Worte fassen. Für sie gilt der Satz: individuum est ineffabile. Gedichte dagegen sprechen mit dem Besonderen zugleich ein Allgemeines aus. Sie lassen sich nicht nur beschreiben, sondern auch nach ihrem Sinn befragen. Da jedoch ihr Sinn, ihre Allgemeinheit, aus der Darstellung des Besonderen hervorgeht und daran gebunden bleibt, hat eine Deutung, ja schon eine Paraphrase immer bloß Näherungswert. Sie übersetzt notgedrungen die Sprache des Gedichts in die Sprache der Begriffe und bietet somit zugleich weniger und mehr als der Text[36].

---

35 Solomon in Kimbroughs Ausgabe, S. 238.
36 Das Vorhergehende sowie der folgende Absatz ist einem grundlegenden Aufsatz von W. K. Wimsatt stark verpflichtet. Siehe "The Structure of the 'Concrete Universal' in Literature" (1947). In: Wimsatt, S. 69—83. Wellek zeigt auf S. 10 des oben in Anm. 19 zitierten Aufsatzes, daß Hegels Ausdruck, den Wimsatt sich zu eigen macht, schon früher von Josiah Royce und später von Georg Lukács aufgegriffen worden ist.

Sowohl in dem Essay wie in dem Gespräch vergleicht Goethe die Kunst mit dem menschlichen Charakter. Auch der Charakter ist ein besonderes Ganzes. Er ist besonders, insofern er einmalig, d.h. von allen anderen Charakteren verschieden ist. Und er ist ein Ganzes, insofern ungleichartige, oft dem Begriff nach unverträgliche Eigenschaften (z.B. Mut und Faulheit, aber auch Fleiß und Faulheit) in ihm Platz finden. Seine Allgemeinheit besteht in der Vereinigung des Heterogenen. Der Verstand erfaßt das Gleichartige an v i e l e n Dingen der Erfahrung und schafft so homogene Klassen oder Begriffe. Die Dichtung erfaßt das Zusammenbestehen des Ungleichartigen in e i n e m Ding der Erfahrung und schafft so heterogene Klassen oder Individuen. Ein Individuum ist eine Klasse mit nur einem Mitglied, aber es ist dennoch eine Klasse, weil es vieles in sich versammelt. "Kein Lebendiges ist ein Eins, / Immer ist's ein Vieles[37]."

Von der Dichtung gilt dasselbe wie von dem Charakter. Nachdem das Wort "existentiell" kein Modewort mehr ist, darf man wohl, ohne Anstoß zu erregen, sagen, die Dichtung mache weder prinzipielle noch praktische Aussagen, sondern existentielle. Wenn sie nur Feststellungen wie "Der Mensch ist sterblich" oder "Sein Bruder ist gestorben" treffen könnte, so wäre die Dichtung überflüssig. Aber sie sagt ja auch Dinge wie: "Was läge am ganzen Leben, wenns kein End nähme; was läge am Leben, wenn es nicht ewig wäre!". Im Munde der alten Großmutter in Brentanos *Kasperl und Annerl* ist der logische Widerspruch eine existentielle Wahrheit. Er ist sinnvoll, so wie ihr Charakter sinnvoll ist, im Zusammenhang ihrer Lebensgeschichte und als Ergebnis ihrer Lebenserfahrung. Bezeichnenderweise war es kein Romantiker, sondern Samuel Johnson, der Konvention und Natürlichkeit, Gelehrsamkeit und Leidenschaft, ererbten Stoff und persönliche Empfindung für unvereinbar hielt und deshalb Miltons *Lycidas* verdammte[38]. Seither haben wir einiges gelernt. Leonard Forster hat seine Aufsätze über petrarkistische Dichtung unter dem Titel *The Icy Fire* gesammelt, und Herman Meyer hat eine Studie über *Faust II* mit Goethes Wort "Diese sehr ernsten Scherze" überschrieben[39]. Alle echte Dichtung stellt existentielle Wahrheiten dar, die sich in der Analyse oft nur durch paradoxe Formeln wiedergeben lassen.

Dichtungen interpretieren sich manchmal selber, meist am Ende oder gegen das Ende. Arnims *Toller Invalide* endet mit dem Spruch:

> Gnade löst den Fluch der Sünde,
>
> Liebe treibt den Teufel aus.

37 Goethe, "Epirrhema" (HA I, 358).
38 Johnson in Patrides, S. 56 f.
39 L. W. Forster, The Icy Fire. Five Studies in European Petrarchism. London 1969.
   Herman Meyer, Diese sehr ernsten Scherze. Eine Studie zu Faust II. Heidelberg 1970.

In Schillers "Bürgschaft" steht der Satz:

> Und die Treue, sie ist doch kein leerer Wahn.

Goethes *Faust* erklärt bekanntlich:

> Wer immer strebend sich bemüht,
> Den können wir erlösen.

Und Kleists *Erdbeben in Chili* endet mit einer Betrachtung des Helden (Don Fernando) über den Verlust seines leiblichen Kindes (Juan) und den Gewinn eines Pflegesöhnchens (Philipp): "Wenn Don Fernando Philippen mit Juan verglich, und wie er beide erworben hatte, so war es ihm fast, als müßte er sich freuen." Arnims Spruch verflacht die existentielle Wahrheit seiner Erzählung zu einem moralischen Kochrezept. Beim Kochen kommt es aber auf den Koch oder die Köchin an. "Liebe bringt den Teufel ins Haus" wäre ebenso wahr. Schiller ist vorsichtiger. Oft genug ist die Treue ein leerer Wahn, aber in dem einen Fall war sie es nicht. Die Wahrheit des Satzes ist existentiell, nicht kategorisch: Sie hängt von der vorhergehenden Erzählung ab. Aus dem gleichen Grund schreibt Goethe "können", nicht "müssen wir erlösen"[40]. Am genauesten spricht Kleist. Sein Wort "fast" verwehrt es noch entschiedener als Schillers Wort "doch", eine aus einer einmaligen Verkettung von Umständen gewonnene Einsicht zu einer allgemeingültigen Maxime zu machen.

Wie also ist es mit der Wissenschaftlichkeit der Interpretation von Dichtungen bestellt? Erstens, Interpretieren ist wissenschaftlich, d.h. seinem Gegenstand angemessen, weil es sich auf die Besonderheit des Gedichtes richtet. Es ist darauf gefaßt, einem völlig Fremden, Neuen zu begegnen, das nicht mit Hilfe bereits besessenen Wissens erkannt werden kann. Friedrich Schlegel verlangte vom Leser oder Kritiker, daß er sich von allen früheren literarischen Eindrücken befreit, um ein neues Werk rein aufzufassen. "Wer nicht selbst ganz neu ist, der beurteilt das Neue, wie alt; und das Alte wird einem immer wieder neu, bis man selbst alt wird[41]." I. A. Richards hat für

---

40 Eckermanns Gespräche vom 6. Mai 1827 und vom 6. Juni 1831 widersprechen sich diametral. Nach der früheren Aufzeichnung soll Goethe bestritten, nach der späteren behauptet haben, sein Faust lasse sich in e i n e r Idee zusammenfassen. Mir scheint das erste Gespräch mehr zur Erhellung der zitierten Verse beizutragen als das zweite. Julius Petersens positivistische Untersuchung der Glaubwürdigkeit der Gespräche (2. Aufl., Frankfurt 1925) bedarf der Ergänzung durch eine kritische Studie, die die sachliche Wahrscheinlichkeit der einzelnen Goethe zugeschriebenen Aussagen prüfen müßte.

41 Lyceum, Fragment Nr. 99 (Minor II, 196).

dieses Fahren in gewohnten Gleisen den Ausdruck "stock response" – zu deutsch etwa: "vorrätiges Reagieren" – geprägt. Es ist der häufigste Fehler beim Lesen und das größte Hindernis des Verstehens.

Interpretieren ist aber auch darin wissenschaftlich, daß es die Allgemeinheit des Besonderen, also seine existentielle Wahrheit erfaßt. Es vermeidet das unleidliche Moralisieren und Dogmatisieren, wie es früher üblich war und jetzt wieder überhandnimmt. Es versteht, daß Mynheer Peeperkorn zugleich ein dummer alter Mann und eine Persönlichkeit ist – daß die Vereinigung des Heterogenen im literarischen Werk eine Einsicht erschließt, die dem begrifflichen Denken nicht zugänglich ist.

Drittens ist Interpretieren wissenschaftlich durch seine Konzentration auf den Text. Quellen, Entwürfe, ältere Fassungen – alles derartige ist interessant, aber es kann ebensoleicht irreführen wie auf die rechte Spur bringen. Insbesondere weiß der Interpret, daß eine Dichtung nicht durch die Ausführung eines Planes entsteht, sondern sich erst bildet, indem sie gemacht wird. Was ein Dichter plant und was – wortwörtlich: unter der Hand – aus seinem Plan wird, ist zweierlei[42]. Wer die betreffenden Paralipomena (besonders Nr. 99) liest, erschrickt über Goethes kitschigen Gedanken, Helena und Gretchen zu konfrontieren. Die Ausführung, die sogenannte Wolkenvision, ist ein Triumph.

Viertens und letztens hat Interpretieren wenigstens die negative Fähigkeit der Wissenschaft, kapriziöse Deutungen ausschließen und völlig verfehlte widerlegen zu können. Hans M. Wolff glaubte, daß in Goethes *Iphigenie* Erlebnisse aus der Wertherzeit durchschimmern: das Verhältnis Orest – Pylades entspreche genau dem Verhältnis Goethe – Kestner, Iphigenie sei ursprünglich ein poetisches Abbild von Charlotte Buff gewesen, und das mythische Freundespaar bewerbe sich wie das menschliche um die gleiche Geliebte[43]. Kein späterer Interpret ist Wolff gefolgt. Die Zahl verfehlter und widerlegbarer Interpretationen ist so groß, daß es ein grobes Unrecht wäre, ein einziges schwarzes Schaf zum Sündenbock zu machen. Ich verstecke mein Beispiel in eine Anmerkung[44].

Freilich geraten wir hier schon in das Grenzgebiet der Wissenschaftlichkeit, denn selbst die klügste Interpretation ist, wenn nicht widerlegbar, so doch auch nicht restlos beweisbar. Hugo Friedrich meint, vor der Unver-

---

42 Szondi (Grimm/Hermand, S. 251) spricht für alle Anhänger der Interpretation, wenn er die Meinung verwirft, "daß ein poetischer Text die Wiedergabe von Gedanken oder Vorstellungen ist".

43 Hans M. Wolff, Goethes Weg zur Humanität, Bern 1951, S. 225 und 260 f. (Anm. 9–11).

44 Geri D. Greenway, "Schweig Herz! Kein Schrei!" By Clemens Brentano. In: Monatshefte LXVI (1974), S. 166–172. Die Interpretation kennt nicht einmal den authentischen Text in der seit 1968 vorliegenden wissenschaftlichen Ausgabe.

bindlichkeit gebe es keinen anderen Schutz, als das Verstehen zur Methode zu machen[45]. Das ist eine petitio principii, denn wenn es eine solche Methode gäbe, so würde sie von allen befolgt, und es gäbe keine unverbindlichen Deutungen. Die Erklärung von Naturphänomenen läßt sich durch das Experiment überprüfen. In den Geisteswissenschaften gibt es nichts dem Experiment Entsprechendes. Daß Napoleon den Rußlandfeldzug verlor, steht fest. Wie das Ereignis zu deuten ist, unterliegt dem Zweifel. Die deutschen Freiheitskämpfer hielten es für ein Glück, August von Platen hielt es für ein Unglück. Staiger sagt, wer an so etwas wie Literaturwissenschaft glaube, müsse sie auf einem Grund errichten, der dem Wesen des Dichterischen gemäß ist — auf unserer Liebe und Verehrung, auf unserem unmittelbaren Gefühl[46]. Und Szondi warnt davor, um einer vermeintlichen Objektivität willen das erkennende Subjekt auszuklammern, denn der Gegenstand der philologischen Erkenntnis sei selber subjektiv geprägt[47]. Dann lautet die Frage: Welches erkennende Subjekt ist dem zu erkennenden Objekt kongenial? "Die Götter bleiben stumm[48]."

Der alte Matthias Claudius schrieb:

> Ein Umstand ist bei solchen Auslegungen noch zu bemerken, der manchem sonderbar dünken möchte, der nämlich: daß der letzte Ausleger allemal der klügste ist, und daß seine Vorgänger immer herhalten müssen. Dafür muß er aber zu seiner Zeit wieder herhalten, und so ist das Gleichgewicht hergestellt. Wollen es denn auch so machen, und zu seiner Zeit wieder über uns ergehen lassen, was Recht ist[49].

Die hausbackene Bemerkung trifft ins Schwarze. Die Interpretation ist ein kollektives, sich selbst ständig berichtigendes und verfeinerndes Unternehmen. Es gibt völlig widersprüchliche, einander ausschließende Deutungen. Es gibt andererseits verträgliche, einander ergänzende Deutungen. Beide Fälle sind selten. Die meisten Auslegungen sind teils unvereinbar, teils vereinbar. Jedoch hat Abrams gewiß recht, wenn er bestreitet, daß sich die beste Interpretation dadurch herstellen läßt, daß man die Tugenden der vorliegenden Interpretationen herausklaubt und ihre Untugenden ausscheidet[50]. So wenig wie die ideale Übersetzung ist die ideale Interpretation ein Mosaik der vorhergehenden[51], obwohl sie von ihnen gelernt hat oder

---

45 Friedrich in Enders, S. 297.
46 Staiger in Enders, S. 149.
47 Szondi in Grimm/Hermand, S. 237.
48 Goethe, Gott, Gemüt und Welt, Spruch 8.
49 Sämmtliche Werke des Wandsbecker Boten, Vierter Teil. In: Mathias Claudius, Werke. Neue, vollständige Ausgabe. Wien 1844. Dritter Band, S. 11.
50 Abrams in Patrides, S. 221.
51 H. Henel, Faust-Translations and Faust-Mosaics. In: Monatshefte XXX (1938), S. 71—79.

gelernt haben sollte. Jede wertvolle Interpretation geht von einem subjektiven Standpunkt aus und zielt auf das Zentrum ihres Gegenstandes. Sie ist ein Ganzes und macht Anspruch auf Alleingültigkeit. Ein besseres Bild als das Mosaik wäre ein Kreis, von dessen Peripherie Pfeile auf das Zentrum gerichtet sind. Manche Pfeile sind kurz, andre lang; keiner erreicht den Mittelpunkt. Oder, um Wimsatts Bild zu gebrauchen, Interpretationen sind irrationale Zahlen, wie die Wurzel von Zwei oder die Größe π [52]. Selbst 3,1415926 ist nicht gleich π. Es bleibt immer ein Rest. Daß sich Interpretationen widersprechen, ist ein notwendiges Übel, denn nur durch den Widerspruch können sie einander korrigieren. Ein vermeidbares Übel dagegen ist es, wenn das bereits Erreichte von späteren Interpreten außer Acht gelassen wird. Dies ist das Übel, das die Interpretation in Mißkredit gebracht hat. Wer heute bei einer Erzählung von Kafka, oder auch einem Roman von Goethe, die Rolle des Erzählers, die Erzählperspektive, das Verhältnis von Erzählzeit und erzählter Zeit nicht in Rechnung stellt, ist einfach rückständig.

Wir wissen heute, am Ende der Interpretation, unendlich viel mehr und unendlich viel Feineres als vor vierzig Jahren — nicht nur über einzelne Gedichte, sondern auch über die Dichtung überhaupt. Aber der Unsicherheitsfaktor, der dadurch entsteht, daß die Dichtung die Sprache zugleich als Material eines Kunstwerks und als Träger einer Mitteilung gebraucht, läßt sich nicht beseitigen. Das Stimmengewirr sich überschneidender und sich widersprechender Deutungen beschuldigt die Interpretation der Unwissenschaftlichkeit. Daß aus der babylonischen Verwirrung dennoch ein Turm aufgestiegen ist, wenn auch kein in den Himmel reichender, bezeugt ihr Streben nach Wissenschaftlichkeit [53].

---

52 Wimsatt, S. 83.
53 Nachtrag: René Wellek erinnert mich an die Bedeutung der Ikonographie in der Kunstwissenschaft. Ich glaube nicht, daß meine Behauptung, die Kunstwissenschaft frage nicht nach dem Sinn eines Gemäldes (S. 19), davon berührt wird. Die weißen Lilien bei der Verkündigung, die abgestreiften Schuhe des Hl. Hieronymus bei der Bibelübersetzung, allegorische Werke wie Dürers Melencolia I, gewisse Gemälde von Brueghel und Bosch und Picassos Friedenstaube beziehen ihren in Worte zu fassenden Sinn von ihrem Stoff. Der Stoff und der manchmal durch Konvention daran geknüpfte Sinn ist dem Künstler vorgegeben. Er wird nicht vom Künstler geschaffen und ist kein Charakteristikum des Kunstwerks als solches. (Ausnahme: die moderne abstrakte Kunst.) Porträts, Landschaften, Stilleben haben keinen Sinn. Sie machen es deutlich, daß die Leistung des Künstlers in der B e h a n d l u n g des Gegenstands besteht. Nach ihr fragt der Kunstwissenschaftler auch bei allegorischen Werken, wenn er den Kunstwert, nicht den dargestellten Gegenstand bestimmen will. So wie es Programmusik gibt, gibt es auch Programmalerei. Aber sie liegen am Rand der Musik und der bildenden Kunst. Es sind nicht ganz legitime Anleihen der anderen Künste bei der Dichtung. Jedenfalls ist die künstlerische Bedeutung eines Gemäldes völlig unabhängig von seiner ikonographischen.

Nietzsches Nachlaß von 1885 bis 1888
oder
Textkritik und Wille zur Macht

Von Mazzino Montinari, Florenz

1. Zwei Betrachtungsweisen von Nietzsches Nachlaß sind möglich. Die eine versteht das Ganze der handschriftlichen Aufzeichnungen — abgesehen von ihrer Verwendung im Werk — als den werdenden, mehr oder weniger einheitlichen Ausdruck von Nietzsches Denken. Die andere hebt Nietzsches literarische Absichten, d.h. seine Veröffentlichungspläne hervor, insofern sie ausgeführt wurden: Sie sucht deshalb nach den Vorstufen eines Werkes und bemüht sich, dessen Werdegang zu rekonstruieren. Was von Nietzsche in sein Werk aufgenommen, was einfach verworfen oder aber im Blick auf spätere Verwendung zurückgelegt, was schließlich nicht benutzt wurde und warum — das alles versucht diese andere Betrachtungsweise der uns erhaltenen Aufzeichnungen Nietzsches zu eruieren. Beide Weisen müssen einander ergänzen in einer Gesamtdeutung von Nietzsches Denken. Die zweite jedoch ist die eigentliche Weise der kritischen Ausgabe, deren Ziel es ist, mit "technischen" Mitteln die Differenziertheit der Aufzeichnungen in ihrem Verhältnis zu den veröffentlichten Werken bzw. fertig hinterlassenen Schriften widerzuspiegeln. Dies geschieht durch die Veröffentlichung der verworfenen oder unbenutzt gebliebenen Aufzeichnungen im Nachlaß und die Auswertung der Vorstufen zum Werk im kritischen Apparat.

2. Wenn wir vom "Willen zur Macht" sprechen, so beziehen wir uns zunächst auf einen philosophischen Lehrsatz, sodann auf ein literarisches Projekt Nietzsches, endlich aber auch auf die unter diesem Titel bekannte Kompilation aus dem Nachlaß, die 1906 in ihrer endgültigen, zum Teil auch heute noch kanonischen Form erschien, herausgegeben von Heinrich Köselitz (alias Peter Gast) und Elisabeth Förster-Nietzsche, der Schwester des Philosophen. Die begriffliche Bestimmung des "Willens zur Macht" war seit 1880 durch die Reflexionen über das "Gefühl der Macht" vorbereitet, die ihren Niederschlag in der *Morgenröte* (Frühjahr 1881) und in nachgelassenen Fragmenten aus dem Sommer/Herbst 1880 fanden. Im zweiten Teil von *Also sprach Zarathustra*, und zwar im Kapitel "Von der Selbst-Überwindung", niedergeschrieben im Sommer 1883, finden wir die erste ausführliche Beschreibung vom Willen zur Macht:

Wo ich Lebendiges fand, da fand ich Willen zur Macht; und noch im Willen des Dienenden fand ich den Willen, Herr zu sein ... Und dieses Geheimniss redete das Leben selber zu mir. "Siehe, sprach es, ich bin das w a s s i c h i m m e r s e l - b e r ü b e r w i n d e n m u ß ... Und auch du, Erkennender, bist nur ein Pfad und Fußstapfen meines Willens: wahrlich, mein Wille zur Macht wandelt auch auf den Füßen deines Willens zur Wahrheit! Der traf freilich die Wahrheit nicht, der das Wort nach ihr schoß vom 'Willen zum Dasein': diesen Willen giebt es nicht! Denn: was nicht ist, das kann nicht wollen; was aber im Dasein ist, wie könnte das noch zum Dasein wollen! Nur, wo Leben ist, da ist auch Wille: aber nicht Wille zum Leben, sondern ... Wille zur Macht! Vieles ist dem Lebenden höher geschätzt, als Leben selber; doch aus dem Schätzen selber heraus redet – der Wille zur Macht!"

Ein Sentenzenbuch vom Herbst 1882 bringt als ersten Spruch:

Wille zum Leben? Ich fand an seiner Stelle immer nur Wille zur Macht.

3. Behalten wir die Hauptzüge dieser Charakterisierung des Willens zur Macht im Auge, die für Nietzsche bis zuletzt gültig bleibt: der Wille zur Macht ist der "unerschöpfte, zeugende Lebens-Wille", er ist der "Wille, Herr zu sein", er ist Nietzsches "Wort vom Leben und von der Art alles Lebendigen", er ist das Leben selber. Dieser Wille zur Macht ist kein metaphysisches Prinzip wie der Schopenhauersche Wille zum Dasein oder zum Leben, er "erscheint" nicht, sondern er ist ganz einfach eine andere Art, "Leben" zu sagen, "Leben" zu bezeichnen; das Leben ist somit "das, was sich immer selber überwinden muß", Spannung zwischen Stärkerem und Schwächerem: das Kleinere gibt sich dem Größeren hin, "daß es Lust und Macht am Kleinsten habe", aber auch das Größte gibt sich hin und "setzt um der Macht willen – das Leben dran". Und auch der Wille zur Wahrheit – das, was Nietzsche zur Zeit der *Morgenröte* "Leidenschaft der Erkenntnis" nannte – ist, als "Wille zur Denkbarkeit alles Seienden", das sich den "Weisesten" "fügen und biegen" soll, als "Spiegel und Widerbild" des Geistes: Wille zur Macht. Was "vom Volke als gut und böse geglaubt wird", verrät den "alten Willen zur Macht" der Schöpfer der Werte.

4. Wir wenden jetzt unsere Aufmerksamkeit der Entstehung von Nietzsches literarischem Projekt zu, ein Werk unter dem Titel *Der Wille zur Macht* zu schreiben. Dieser Titel taucht zum ersten Mal in seinen Manuskripten vom Spätsommer 1885 auf. Er ist gleichsam vorbereitet durch eine Reihe von Aufzeichnungen vom Frühjahr desselben Jahres an. Selbstverständlich findet man das Thema des Willens zur Macht auch in früheren Manuskripten (ab 1882), so wie auch dieses Thema in den erwähnten Manuskripten vom Jahre 1885 nicht allein besteht. Der historische Sinn, die Erkenntnis als

Fälschung zur Ermöglichung des Lebens, die Kritik der modernen moralischen Tartufferie, der Philosoph als Gesetzgeber und Versucher neuer
Möglichkeiten, die sogenannte "große Politik", die Charakterisierung des
"guten Europäers": all diese Themen und auch andere noch finden wir in
den Heften und Notizbüchern aus dieser Zeit ausgeführt. Nietzsches Nachlaß gibt sich auch in diesem Falle als das, was er im wesentlichen ist: ein
intellektuelles Tagebuch, in das all die Versuche der theoretischen Aus-
arbeitung von Intuitionen und Begriffen, die Lektüre (oft in Gestalt von
Exzerpten), Briefentwürfe, Pläne und Titel von beabsichtigten Schriften
niedergeschrieben werden. Wichtig ist dabei, daß man den Versuchs-
charakter dieser Aufzeichnungen, ihre Komplexität, vor allem ihre Kom-
plexivität, ihre Gesamtheit nicht aus dem Auge verliert.

5. Erwähnenswert ist in diesem Zusammenhang ein Titel, der in die Zeit
unmittelbar vor der Abfassung des vierten Teils von *Also sprach Zarathustra*
zu datieren ist. In einem Heft vom Sommer/Herbst 1884 heißt es:

> **P h i l o s o p h i e   d e r   e w i g e n   W i e d e r k u n f t .**
> **Ein Versuch der Umwerthung aller Werthe**

Die "Vorrede" zur "Philosophie der ewigen Wiederkunft", unter dem Titel
"Die neue Rangordnung" bzw. "von der Rangordnung des Geistes", ist "im
Gegensatz zur Moral der Gleichheit" entworfen. Nietzsche spricht hierin
von "Rangordnung der Werthe-Schaffenden (in Bezug auf das Werthe-
setzen)" — das sind: die Künstler, die Philosophen, die Gesetzgeber, die
Religionsstifter, die "höchsten Menschen" (als "Erd-Regierer" und "Zu-
kunfts-Schöpfer", die zuletzt sich selber "zerbrechen"). Alle werden als
"mißrathen" aufgefaßt (unverkennbar wird hier das Leitmotiv vom vierten
Zarathustra präludiert). Diese Vorrede kulminiert in der Beschreibung der
"dionysischen Weisheit":

> Die höchste Kraft, alles Unvollkommene, Leidende als nothwendig (e w i g – w i e -
> d e r h o l e n s w e r t h) zu   f ü h l e n aus einem Überdrange der schöpferischen
> Kraft, welche immer wieder zerbrechen muß und die übermüthigsten schwersten
> Wege wählt (Princip der größtmöglichen Dummheit, Gott als Teufel und Über-
> muth-Symbol)
> Der bisherige Mensch als E m b r y o n , in dem sich alle gestaltenden Mäch-
> te d r ä n g e n – Grund seiner tiefen U n r u h e

Wenige Seiten später entwickelt Nietzsche eine Problematik des Willens zur
Macht: der Wille zur Macht in den Funktionen des Organischen, im
Verhältnis zu Lust und Unlust, im sogenannten Altruismus (Mutterliebe
und Geschlechtsliebe), als vorhanden auch in der unorganischen Materie. Es

folgt der Entwurf der eigentlichen Philosophie der ewigen Wiederkunft, in dem nacheinander die Lehrsätze von der ewigen Wiederkunft des Gleichen, von der Umwertung aller Werte und vom Willen zur Macht in Verbindung gesetzt werden. Der Gedanke der ewigen Wiederkunft des Gleichen ist der "schwerste Gedanke"; um ihn zu ertragen, tut eine "Umwertung aller Werte" not; worin besteht aber diese? daß man — so lautet Nietzsches Antwort — nicht mehr Lust an der Gewißheit, sondern an der Ungewißheit hat, daß man nicht mehr "Ursache und Wirkung" sieht, sondern das "beständig Schöpferische", daß man anstelle des Willens der Erhaltung den "Willen der Macht" setzt, daß man nicht mehr demütig sagt: "es ist alles nur subjektiv", sondern "es ist auch unser Werk, seien wir stolz darauf!"

Die Vorrede zur Philosophie der ewigen Wiederkunft kommt dann wieder unter anderen Titeln vor (die wichtigsten sind: "Die neue Aufklärung" und "Jenseits von Gut und Böse"), bis sie selbst zum Untertitel wird und einen neuen Haupttitel erhält: "Mittag und Ewigkeit. / Eine Philosophie der ewigen Wiederkunft." Von "Umwertung aller Werte" wird lange Zeit keine Rede mehr in Nietzsches Büchertiteln sein. "Neue Aufklärung" und "Jenseits von Gut und Böse" werden wenig später zu Hauptstücken eines neuen Plans, unter dem Haupttitel: "Die ewige Wiederkunft. / Eine Wahrsagung." Am Schluß dieses Planes steht das Hauptstück über die Wiederkunft, und zwar unter dem Titel "Der Hammer und der große Mittag".

6. Die Vollendung des *Zarathustra* durch Veröffentlichung (Anfang 1885) eines vierten Teils auf Nietzsches eigene Kosten war eine durch und durch private Tat. Dieser letzte Teil erschien in nur 40 Exemplaren, von denen eine kleine Anzahl engeren Freunden und Bekannten zukam — um Nietzsche war es immer stiller geworden. Seit 1884 war er in einen langwierigen Kampf um seine Bücher und einen Teil seines kleinen Vermögens mit dem Verleger Ernst Schmeitzner verwickelt. Noch im Herbst 1884 hegte Nietzsche den Plan, als Dichter in die Öffentlichkeit zu treten — Zeugnis davon: ein bisher unbekannter Briefentwurf an Hans Rodenberg, den Redakteur der "Deutschen Rundschau". Die Jahre 1885 und 1886 sind gekennzeichnet durch Nietzsches wiederholte Versuche, einen Verleger zu finden, der dazu bereit gewesen wäre, sowohl die noch vorhandenen Bestände seiner früheren Werke von Ernst Schmeitzner zu kaufen als auch seine neuen Schriften zu drucken. Die Lösung wurde erst im Sommer 1886 gefunden: Sein allererster Verleger, Ernst Wilhelm Fritzsch, kaufte die früheren Schriften, von der *Geburt der Tragödie* bis zum dritten *Zarathustra*, Schmeitzner ab, und Nietzsche entschloß sich, seine neuen Schriften auf eigene Kosten beim Drucker Carl Gustav

Naumann in Leipzig erscheinen zu lassen. Diese Sorgen um das eigene Werk dürfen bei einer Beurteilung der verschiedenen literarischen Pläne, denen man so häufig in Nietzsches Manuskripten aus dieser Zeit begegnet, nicht vergessen, wenn auch nicht überschätzt werden. Unter dem Gesichtspunkt einer Rückkehr in die Öffentlichkeit soll meines Erachtens der breit angelegte Versuch einer Umarbeitung von *Menschliches, Allzumenschliches* begriffen werden, den Nietzsche im Frühjahr und Sommer 1885 unternahm. Dieselbe Richtung in die Öffentlichkeit zeigen die kurz voran-, dann auch parallelgehenden Entwürfe, in denen Nietzsche sich an die Deutschen bzw. an die "guten Europäer" wendet. Nicht zu übersehen sind auch die fortwährenden Pläne eines neuen Zarathustra-Werks (meistens unter dem Titel "Mittag und Ewigkeit"). Abgesehen von den evidenten Umarbeitungen der Aphorismen von *Menschliches, Allzumenschliches* wäre es jedoch falsch, die Fülle der Aufzeichnungen unter die betreffenden Pläne zu teilen und zu subsumieren: Das Gegenteil ist richtig, d.h. Nietzsche kommt im Laufe seiner Reflexionen zu bestimmten Titeln und Entwürfen, welche nun, sozusagen gleichberechtigt, das Ganze seiner Notizen betreffen, jeweils unter einem anderen literarischen (aber auch philosophischen) Standpunkt. Die Pläne wechseln miteinander, lösen einander ab, beleuchten jeweils das Ganze der Aufzeichnungen von einer bestimmten Absicht Nietzsches aus. Das Einheitliche, wenn auch nicht Systematische im überkommenen Sinne, von Nietzsches Versuch erhellt aus der Gesamtheit des Nachlasses, welcher schon deshalb in seiner wirklichen, unsystematisierten Gestalt bekannt werden muß.

7. Die Fragmente, in ihrem scheinbaren Chaos nacheinander gelesen, so wie sie Nietzsche niederschrieb, gewähren somit aufschlußreiche Einblicke in die Bewegung seines Denkens; die hier und da verstreuten Pläne dienen gleichsam zur periodischen Rast, zur Besinnung inmitten der Spannung, die sich auf den Leser überträgt, indem er das Werden von Nietzsches Denken, sein labyrinthisches Kreisen (nach einem treffenden Wort Eckhard Heftrichs) verfolgt. Der Gedanke, den man als Träger der Aufzeichnungen aus dieser Zeit bezeichnen darf, ist der der "ewigen Wiederkunft", und die Häufigkeit der Zarathustra-Pläne (die alle nicht zur Ausführung kamen) bedeutet ebenfalls die Zentralität jenes Gedankens, als dessen Verkünder Zarathustra — im dritten Teil von *Also sprach Zarathustra* (Anfang 1884) —, schon aufgetreten war. Wenn wir in einem Heft aus dem Sommer 1885 lesen: "Zarathustra kann nur beglücken, nachdem die Rangordnung hergestellt wird. Zunächst wird diese gelehrt", so dürfen wir diesen Satz dahin interpretieren, daß der Gedanke der ewigen Wiederkunft des Gleichen erst dann beglücken kann, wenn die Rangordnung hergestellt ist:

so verstehen wir auch, warum in dem erwähnten Entwurf vom Sommer 1884 die "Philosophie der ewigen Wiederkunft" als Versuch einer Umwertung aller Werte durch eine Vorrede über die neue Rangordnung, die Rangordnung des Geistes, eingeleitet wird. Auch während der Umarbeitung von *Menschliches, Allzumenschliches* finden wir inmitten der Notizen als eine weitere Chiffre der ewigen Wiederkunft die "Philosophie des Dionysos". Der Versuch mit dem Buch für freie Geister scheiterte: Aus der fleißigen Arbeit jenes Sommers entstanden später zahlreiche Aphorismen im *Jenseits von Gut und Böse* — insbesondere die, in denen der Versucher-Gott Dionysos sich zu Worte meldet. Aus diesem selben Material stammt — wie wir beiläufig bemerken wollen — der letzte Aphorismus (Nr. 1067) in der Kompilation von Elisabeth Förster-Nietzsche und Heinrich Köselitz. Doch nicht unter dem Gesichtspunkt einer Umwertung aller Werte und der ewigen Wiederkunft begegnen wir dem Entwurf, in dem zum ersten Mal der Wille zur Macht als Titel eines von Nietzsche geplanten Werkes vorkommt. Dieser Titel heißt in einem Notizbuch aus dem August 1885:

Der Wille zur Macht

Versuch
einer neuen Auslegung
alles Geschehens.

Von
Friedrich Nietzsche.

Es handelt sich um eine Akzentverschiebung: Auf den Willen zur Macht als letzte feststellbare Tatsache führt Nietzsche in den darauffolgenden Aufzeichnungen zurück: Ernährung, Zeugung, Anpassung, Vererbung, Arbeitsteilung. Der Wille zur Wahrheit ist eine Form des Willens zur Macht, so wie der Wille zur Gerechtigkeit, der Wille zur Schönheit, der Wille zum Helfen es sind. Zu diesem Entwurf gehören eine Vorrede und eine Einleitung. In der Vorrede wird die neue Auslegung umrissen:

> Wie naiv tragen wir unsere moralischen Werthschätzungen in die Dinge, z.B. wenn wir von N a t u r g e s e t z e n reden! Es möchte nützlich sein, einmal den Versuch einer v ö l l i g v e r s c h i e d e n e n Ausdeutungsweise zu machen: damit durch einen erbitterten Widerspruch begriffen werde, wie sehr unbewußt u n s e r m o r a l i s c h e r K a n o n (Vorzug von Wahrheit, Gesetz, Vernünftigkeit usw.) in unserer g a n z e n s o g e n a n n t e n W i s s e n - s c h a f t r e g i r t. Populär ausgedrückt: Gott ist widerlegt, aber der Teufel nicht: und alle göttlichen Funktionen gehören mit hinein in sein Wesen: das Umgekehrte gieng nicht!

Und in der Einleitung lesen wir Gedanken, die die ganze Problematik antizipieren von dem, was Nietzsche später als Nihilismus bezeichnen wird:

Nicht der Pessimismus (eine Form des Hedonismus) ist die große Gefahr, die Abrechnung über Lust und Unlust, und ob vielleicht das menschliche Leben einen Überschuß von Unlustgefühlen mit sich bringt. Sondern die S i n n l o s i g - k e i t alles Geschehens! Die moralische Auslegung ist zugleich mit der religiösen Auslegung hinfällig geworden: das wissen sie freilich nicht die Oberflächlichen! Instinktiv halten sie, je unfrommer sie sind, mit den Zähnen an den moralischen Werthschätzungen fest. Schopenhauer als Atheist hat einen Fluch gegen den ausgesprochen, der die Welt der moralischen Bedeutsamkeit entkleidet. In England bemüht man sich, Moral und Physik zu verbrüdern, Herr von Hartmann Moral und die Unvernünftigkeit des Daseins. Aber die eigentliche große Angst ist: d i e   W e l t   h a t   k e i n e n   S i n n   m e h r. Inwiefern mit "Gott" auch die bisherige Moral weggefallen ist: sie hielten sich gegenseitig. Nun bringe ich eine neue Auslegung, eine "unmoralische", im Verhältnis zu der unsere bisherige Moral als Spezialfall erscheint. Populär geredet: Gott ist widerlegt, der Teufel nicht.

(Bemerken wir es nebenbei: Diese beiden Fragmente wurden nicht in die Kompilation aufgenommen!)

8. Im nächstfolgenden Heft finden wir eine Disposition, in die das Motiv der Sinnlosigkeit schon aufgenommen ist; sie hat einen systematischen, sehr allgemeinen Charakter, in einer Art, wie Nietzsche nie seine Bücher geschrieben hat:

> D e r   W i l l e   z u r   M a c h t
> Versuch einer neuen Auslegung alles Geschehens.
> (Vorrede über die drohende "Sinnlosigkeit". Problem des
> Pessimismus)
> Logik.
> Physik.
> Moral.
> Kunst.
> Politik.

Bemerkenswert ist hierbei die bewußte Opposition zu Schopenhauers pessimistischer Metaphysik, die ihren Anfang schon in der zu Beginn unserer Betrachtungen zitierten Zarathustra-Stelle hatte, als Nietzsche den Willen zur Macht dem Willen zum Leben entgegenstellte. Nun geht es um eine Auslegung, die nach Nietzsche keine Erklärung ist. Die Auseinander-setzung mit Gustav Teichmüller und Afrikan Spir bzw. mit ihren Büchern *Die wirkliche und die scheinbare Welt* (1882) und *Denken und Wirklichkeit* (1877) ist Bestandteil von Nietzsches erkenntnistheoretischen Meditationen, die sich alle gegen eine Geringschätzung der sogenannten Erscheinungswelt richten, als Wurzel des Pessimismus. "Die Welt des Denkens nur ein zweiter Grad der Erscheinungswelt" notiert sich Nietzsche noch einmal unter einem identisch formuliertem Entwurf vom Willen zur Macht als "neue Auslegung alles Geschehens", und gegen das Wort "Erscheinungen" selbst nimmt er Stellung wie folgt:

> S c h e i n wie ich es verstehe, ist die wirkliche und einzige Realität der Dinge, — das, dem alle vorhandenen Prädikate erst zukommen und welches verhältnismäßig am besten noch mit allen, also auch mit den entgegengesetzten Prädikaten zu bezeichnen ist. Mit dem Worte ist aber nichts weiter ausgedrückt als seine U n - z u g ä n g l i c h k e i t für die logischen Prozeduren und Distinktionen: also "Schein" im Verhältnis zur "logischen Wahrheit" — welche aber selber nur an einer imaginären Welt möglich ist. Ich setze also nicht "Schein" in Gegensatz zur "Realität" sondern nehme umgekehrt Schein als die Realität, welche sich der Verwandlung in eine imaginative "Wahrheitswelt" widersetzt. Ein bestimmter Name für diese Realität wäre "der Wille zur Macht", nämlich von Innen her bezeichnet und nicht von seiner unfaßbaren flüssigen Protheus-Natur aus.

(Auch dieses Fragment wurde von den Kompilatoren nicht für würdig gehalten, in ihr Machwerk aufgenommen zu werden!)

9. Eine gewisse Zeit lang wird der Titel "Der Wille zur Macht" als neue Auslegung alles Geschehens gleichberechtigt neben anderen Titeln bestehen, von denen der bedeutendste "Mittag und Ewigkeit" (als "Zarathustra-Werk") bleibt. Auch die Entwürfe eines Vorspiels der Philosophie der Zukunft als vorbereitendes Werk fehlen in dieser Zeit (Sommer 1885 bis Sommer 1886) nicht. Der häufigste Titel hierzu ist "Jenseits von Gut und Böse", zu dem Nietzsche ein Druckmanuskript im Winter 1885/86 fertigte. Halten wir also an der Tatsache fest, daß "Jenseits von Gut und Böse" als parallellaufender Plan zu anderen Werken ("Der Wille zur Macht" und "Mittag und Ewigkeit") konzipiert wurde. In einem wichtigen Manuskript, das die meisten Reinschriften zu *Jenseits* enthält, findet sich ein Plan unter der Aufschrift "Die Titel von 10 neuen Büchern", der von Nietzsche "Frühling 1886" datiert ist. Die Titel werden in dieser Reihenfolge aufgezeichnet: 1. "Gedanken über die alten Griechen", 2. "Der Wille zur Macht. Versuch einer neuen Welt-Auslegung", 3. "Die Künstler. Hintergedanken eines Psychologen", 4. "Wir Gottlosen", 5. "Mittag und Ewigkeit", 6. "Jenseits von Gut und Böse. Vorspiel einer Philosophie der Zukunft", 7. "Gai Saber. Lieder des Prinzen Vogelfrei", 8. "Musik", 9. "Erfahrungen eines Schriftgelehrten", 10. "Zur Geschichte der modernen Verdüsterung". Eine ins Einzelne gehende Prüfung dieser Titel würde uns zu weit führen und weg von unserem Hauptanliegen; begnügen wir uns mit der Feststellung, daß zu jedem dieser Titel eine bestimmte Reihe von Notizen in den Manuskripten vorhanden ist, daß vielmehr durch jeden dieser Titel frühere Aufzeichnungen unter ein bestimmtes Licht gestellt werden, so wie die Titel selber mit ihrer Betonung einiger besonderer Themen den Ausgang

zu weiteren Ausführungen bilden (etwa, um nur ein Beispiel anzuführen, die "Geschichte der modernen Verdüsterung", die Nietzsche einige Seiten weiter beschreibt: der Niedergang der Familie, der gute Mensch als Symptom der Erschöpfung, Geilheit und Neurose, die "schwarze Musik", die nordische Unnatürlichkeit — Stichworte einer Aufzeichnung über die moderne Verdüsterung). Ein Titel bezieht sich sogar auf ein schon fertiges Druckmanuskript ("Jenseits von Gut und Böse"), und die späteren Lieder des Prinzen Vogelfrei waren seit Herbst 1884 (z.T. seit 1882) abgefaßt. Nietzsche abzukanzeln, weil er nicht bei diesem Plan blieb, sondern sich "im Kampf mit einem systematischen Hauptwerk verzehrte" — wie es Erich F. Podach 1963 in seinem *Blick in Notizbücher Nietzsches* tat —, scheint uns ein merkwürdig ungerechtes Ansinnen Nietzsche gegenüber. Zum einen geht Podach die Einsicht in die wirkliche Bedeutung der Entwürfe, Dispositionen, Pläne und Titel ab, welche man als durchaus provisorische, nicht auf immer verbindliche Überblicke über das vorhandene Material und Ausblicke zu weiteren Projekten zu betrachten hat, zumal sie selber meistens Fragmente sind, die eine bestimmte Aussage Nietzsches verdeutlichen und erst innerhalb der gesamten werdenden Masse der Aufzeichnungen verständlich sind. (Deshalb gehören sie in den Text einer kritischen Ausgabe.) Zum anderen wird von Podach ein Kampf mit einem Hauptwerk postuliert, der nie stattgefunden hat: Nietzsches Nachlaß stellt im Ganzen einen Versuch dar; dieser Versuch wurde durch die Krankheit abgebrochen. Zu behaupten, daß dadurch Nietzsches Lebenswerk unvollendet geblieben ist, ist, wie wir bald sehen werden, beinahe eine Naivität, verursacht durch den mehr als dubiosen Begriff "Hauptwerk".

10. Einige Wochen später — inzwischen war *Jenseits von Gut und Böse* erschienen — verfaßte Nietzsche einen neuen Entwurf; er datierte ihn "Sils-Maria, Sommer 1886". Der Entwurf lautete:

Der Wille zur Macht

Versuch
einer Umwerthung aller Werthe.
In vier Büchern.

Erstes Buch: die Gefahr der Gefahren (Darstellung des Nihilismus) (als der nothwendigen Consequenz der bisherigen Werthschätzungen)

Zweites Buch: Kritik der Werthe (der Logik usw.)

Drittes Buch: das Problem des Gesetzgebers (darin die Geschichte der Einsamkeit) W i e müssen Menschen beschaffen sein, die umgekehrt werthschätzen? Menschen, die alle Eigenschaften der modernen Seele haben, aber stark genug sind, sie in lauter Gesundheit umzuwandeln.

Viertes Buch: der Hammer ihr Mittel zu ihrer Aufgabe

Darstellung der Gefahr der Gefahren, d.h. "daß alles keinen Sinn hat", d.h. des Nihilismus, Kritik der bisherigen Werte und der Kultur, Umwertung der Werte als Problem des Gesetzgebers, endlich: die ewige Wiederkunft des Gleichen als Hammer, als eine Lehre, "welche durch Entfesslung des todtsüchtigsten Pessimismus eine Auslese der Lebensfähigsten bewirkt": Diese vier Momente werden von Nietzsche in den zahlreichen darauffolgenden Ausführungen variiert. Nihilismus, Kritik der Werte, Umwertung der Werte im Sinne des Willens zur Macht, ewige Wiederkunft: wir finden hier noch einmal Motive, die uns aus früheren Notizen bekannt waren. Allerdings sind sie nun verdeutlicht, und zwar gerade durch die Viergliederung des Werkes, die ihrerseits den Gang der folgenden Reflexionen bestimmt. Zu bemerken ist auch, daß Nietzsche auf den Untertitel der "Philosophie der ewigen Wiederkunft" aus dem Jahre 1884 zurückgreift. Von diesem Zeitpunkt an ist man berechtigt, von einem in vier Büchern geplanten Werk zu sprechen, das Nietzsche unter dem Titel "Der Wille zur Macht. Versuch einer Umwerthung aller Werthe" veröffentlichen wollte. Er kündigt es auf der vierten Umschlagseite des *Jenseits* (Sommer 1886) an, und nach einem Jahr weist er darauf hin im Text der *Genealogie* (Sommer 1887). *Jenseits von Gut und Böse* löst sich auf gar keine Weise (wie die Kompilatoren des *Willens zur Macht* behaupten) vom "Willen zur Macht" ab, sondern es ist nichts weiter als die Zusammenstellung alles dessen, was Nietzsche aus dem Material der Zarathustra-Zeit (1881–1885) und des darauffolgenden Versuchs einer Umarbeitung von *Menschliches, Allzumenschliches* für mitteilenswert, als Vorspiel einer Philosophie der Zukunft, hielt. Dieses Vorspiel wurde, wie gesagt, im Winter 1885/86 druckfertig gemacht. Auch die Vorreden und die verschiedenen Ergänzungen zu den neuen Auflagen von *Geburt der Tragödie, Menschliches, Allzumenschliches, Morgenröte, Fröhliche Wissenschaft*, zwischen Sommer 1886 und Frühjahr 1887 abgefaßt, stammen aus Aufzeichnungen, die Nietzsche zu eben jenem literarischen Zweck einer Neuauflage niederschrieb. Sie lösen sich ebenfalls nicht aus einer angeblich zum *Willen zur Macht* bestimmten Sammlung von Aufzeichnungen. Natürlich lassen sich wechselseitige Beziehungen zwischen diesem Material und dem Entwurf zum *Willen zur Macht* feststellen (– es spielt sich ja alles in ein und demselben Kopf ab! –); man muß jedoch das Spezifische der literarischen Intention, so wie wir sie in dem Entwurf vom Sommer 1886 kennengelernt haben, zu unterscheiden wissen von allen vorangegangenen Aufzeichnungen oder parallellaufenden Ausarbeitungen anderer Art. Was Nietzsche von seinem früheren Material nicht aus dem Gedächtnis verlieren wollte, notierte er sich in einer Rubrik von 53 Nummern, die er sich im Frühjahr 1887 anlegte. Diese Rubrik ist kein Plan oder Entwurf, sondern ganz einfach ein Verzeichnis von eventuell brauchbaren Notizen. Bemerkenswert ist die Tatsache, daß der berühmte letzte Aphorismus der Köselitz-Förster-Kompilation, ihre Nummer 1067, n i c h t in die Rubrik kam. Wenn Nietzsches literarische Intentionen irgendeinen Wert haben sollen, so müssen wir aus dieser Tatsache zwangsläufig schließen, daß jener Aphorismus in den Augen Nietzsches seine Funktion erfüllt hatte, indem er eine andere Fassung davon im *Jenseits* (Aph. 36) veröffentlicht hatte. Selbstverständlich behält er seinen philosophischen Wert, soll er im Nachlaß veröffentlicht werden, aber er gehört nicht zu den Aufzeichnungen, die Nietzsche im Frühjahr 1887 retten wollte. Aus dieser selben Zeit stammt ein anderer Plan zum *Willen zur Macht*. Daß er zum *Willen zur Macht* gehört, können wir — allerdings mit größter Wahrscheinlichkeit — nur vermuten, denn das Blatt ist am oberen Rand abgeschnitten, so daß wir lesen:

[+++] aller Werthe

Erstes Buch
Der europäische Nihilismus

Zweites Buch
Kritik der höchsten Werthe

Drittes Buch
Princip einer neuen Werthsetzung

Viertes Buch
Zucht und Züchtung

entworfen den 17. März 1887, Nizza

Dieser Plan ist insofern wichtig, als die Kompilatoren Köselitz und Förster-Nietzsche ausgerechnet ihn als den am besten geeigneten für ihr Machwerk hielten — mit wieviel Recht, soll aus den noch folgenden Ausführungen erhellen. Er unterscheidet sich kaum vom Plan aus dem Sommer 1886. Auch hier bilden Nihilismus, Kritik der Werte, Umwertung der Werte, ewige Wiederkunft (als Hammer und somit als Prinzip der Zucht und Züchtung, wie wir es aus dem Plan vom Sommer 1886 kennen) die vier Motive der vier Bücher.

11. Nachdem Nietzsche mit der Arbeit an den neuen Auflagen seiner früheren Werke fertig geworden war, widmete er sich mit besonderer Intensität der Meditation über ein zentrales Problem seiner Entwürfe vom Sommer 1886 und Frühjahr 1887: das Problem des Nihilismus, dem er — wie wir gesehen haben — das erste Buch seines Werkes bestimmt wissen wollte. Diese Meditationen kulminieren in dem eindrucksvollen, von ihm "Lenzer Heide, den 10. Juni 1887" datierten Fragment unter dem Titel *Der europäische Nihilismus*. Es handelt sich um eine kleine Abhandlung in

16 Abschnitten. Man sollte es kaum für möglich halten, aber in der kanonischen Kompilation der Förster-Nietzsche und des Heinrich Köselitz wurde dieser Text zerstückelt (im ersten *Willen zur Macht* aus dem Jahr 1901 war er dagegen als Ganzes veröffentlicht worden). Nur die Leser des Apparates von Otto Weiss (1911) im XVI. Band der Großoktav-Ausgabe erfuhren, daß die sogenannten Aphorismen 4, 5, 114, 55 (in dieser Reihenfolge gelesen) einer organischen Abhandlung angehörten. Die Moral – so kann man diesen Text vielleicht zusammenfassen – hat die Wahrhaftigkeit großgezogen, diese aber erkennt die Haltlosigkeit der Moral, und das führt zum Nihilismus, als Einsicht in die Sinnlosigkeit des Geschehens. Das Sinnlose, sich ewig wiederholend, ist nun die extremste Form des Nihilismus. Wenn aber der Grundcharakterzug des Geschehens gutgeheißen werden könnte, unter der Voraussetzung, daß man den eigenen Grundcharakterzug darin erkenne, so könnte man das sinnlose Wiederkehren bejahen. Das geschieht, wenn der bestgehaßte Grundcharakterzug im Leben, der Wille zur Macht, bejaht werden kann. Nun müssen auch die Schlechtweggekommenen, diejenigen, die unter dem Willen zur Macht leiden und deshalb den Willen zur Macht hassen, davon überzeugt werden, daß sie nicht anders als ihre Unterdrücker sind, indem in ihrem "Willen zur Moral" (weil Moral Verneinung des Willens zur Macht ist) doch ein Machtwille verkappt ist, ihr Hassen somit Wille zur Macht ist. Der Terminus "schlechtweggekommen" hat keinen politischen Sinn, die Schlechtweggekommenen finden sich in allen Ständen der Gesellschaft. Die Unmöglichkeit der Moral wird wiederum Nihilismus bei den Schlechtweggekommenen. Daraus entsteht eine Krise, die einer Rangordnung der Kräfte, vom Gesichtspunkt der Gesundheit, den Anstoß gibt: "Befehlende als Befehlende erkennend, Gehorchende als Gehorchende. Natürlich abseits von allen bestehenden Gesellschaftsordnungen", bemerkt ausdrücklich Nietzsche. Die Stärksten in dieser Krise werden die Mäßigsten sein, d.h. die, welche keine extremen Glaubenssätze nötig haben, die, welche einen guten Teil Zufall, Unsinn nicht nur zugestehen, sondern lieben. "Menschen die ihrer Macht sicher sind, und die die erreichte Kraft des Menschen mit bewußtem Stolz repräsentieren". Das Fragment schließt mit einem Fragezeichen ab: "Wie dächte ein solcher Mensch an die ewige Wiederkehr? ", d.h. wie dächten die Stärksten an die ewige Wiederholung des Sinnlosen?

12. Nach Veröffentlichung der *Genealogie* arbeitete Nietzsche ab Herbst 1887 auf sehr konzentrierte Weise am *Willen zur Macht*. Diese Arbeit gipfelte gegen Mitte Februar 1888 in der Rubrizierung von 372 Aufzeichnungen, die Nietzsche bis dahin in zwei Quarthefte und ein Folioheft geschrieben hatte. Für seine Rubrizierung benutzte er ein weiteres Heft, in

das er die 372 Fragmente (in Wirklichkeit waren es deren 374, weil zwei
Nummern zweimal vorkommen) stichwortartig eintrug. Die ersten
300 Stichworte wurden auch auf 4 Bücher verteilt, indem Nietzsche mit
Bleistift neben die stichwortartigen Inhaltsangaben seiner Aufzeichnungen
die römischen Ziffern I, II, III oder IV schrieb. Diese Ziffern bezogen sich
auf einen Plan ohne Überschrift, der sich im Rubrikheft findet. Er ist in
vier Bücher gegliedert; aber auch die Überschriften der vier Bücher fehlen:

<zum ersten Buch>
  1. Der Nihilismus, vollkommen zu Ende gedacht.
  2. Cultur, Civilisation, die Zweideutigkeit des "Modernen".

<zum zweiten Buch>
  3. Die Herkunft des Ideals.
  4. Kritik des christlichen Ideals.
  5. Wie die Tugend zum Siege kommt.
  6. Der Heerden-Instinkt.

<zum dritten Buch>
  7. Der "Wille zur Wahrheit".
  8. Moral als Circe der Philosophen.
  9. Psychologie des "Willens zur Macht" (Lust, Wille, Begriff usw.)

<zum vierten Buch>
  10. Die "ewige Wiederkunft".
  11. Die große Politik.
  12. Lebens-Recepte für uns.

Bemerkenswert an diesem Plan ist wiederum die Tatsache, daß die Bewegung
nach den vier Hauptmotiven — Nihilismus, Kritik der Werte, Umwertung der
Werte, ewige Wiederkunft — beibehalten bleibt. Die vier Bücher gliedern sich
allerdings in Kapitel, welche ihrerseits eine besondere Betonung der Haupt-
motive beinhalten.

Eine nähere Betrachtung der rubrizierten Fragmente, vor allem im
Hinblick auf ihr Schicksal in der Kompilation von Frau Förster-Nietzsche
und Heinrich Köselitz tut hier, als ein Beispiel für viele aus ihrer
editorischen Praxis, not. Die vier Bücher des Plans, nach dem Nietzsche
diese Fragmente rubrizierte, entsprechen genau den vier Büchern des von
den Herausgebern der Kompilation ausgewählten Plans vom 17. März 1887.
Man dürfte also erwarten, daß sie Nietzsches Anweisungen gefolgt wären —
zumindest in diesem einzigartigen Falle, in dem er ausdrücklich solche
hinterließ. Doch hielt sich Köselitz manchmal für einen besseren Philosophen und Schriftsteller als Nietzsche, und gar die Schwester hatte sich
von Rudolf Steiner in der Philosophie unterweisen lassen ... Hier unsere
Ergebnisse:

1. Von den 374 von Nietzsche im Blick auf den *Willen zur Macht* numerierten Fragmenten sind 104 nicht in die Kompilation aufgenommen worden; davon wurden 84 überhaupt nicht veröffentlicht, 20 in die Bände XIII und XIV sowie in die Anmerkungen von Otto Weiss in Band XVI der Großoktavausgabe verbannt. Im Vorwort zu Band XIII der Großoktavausgabe schrieb aber Frau Förster-Nietzsche: "Die Bände XIII und XIV bringen also die unveröffentlichten Niederschriften ... mit Ausnahme alles Dessen, was von dem Autor unbedingt zum Willen zur Macht selbst bestimmt worden ist."

2. Von den übrigen 270 Fragmenten sind 137 unvollständig bzw. mit willkürlichen Textänderungen (Auslassung von Überschriften, oft auch von ganzen Sätzen, Zerstückelung von zusammenhängenden Texten usw.) wiedergegeben; von diesen sind wiederum

   a) 49 in den Anmerkungen von Otto Weiss verbessert; der normale Verbraucher des *Willens zur Macht*, d.h. zum Beispiel der Leser der auch neuerdings verlegten Krönerschen Ausgabe (hg. von Alfred Bäumler), wird diese Verbesserungen niemals kennenlernen;

   b) 36 nur mangelhaft in jenen Anmerkungen verbessert, z.T. macht Weiss ungenaue Angaben über den Text, oft irrt er bei der Entzifferung der ausgelassenen Stellen;

   c) 52 endlich entbehrten jeglicher Anmerkung, obwohl sie ähnliche Fehler enthalten wie andere Fragmente, für die Otto Weiss eine Anmerkung für nötig hielt.

3. Bis Nummer 300 — wie gesagt — sind die Fragmente von Nietzsche selbst auf die vier Bücher seines Planes verteilt worden. Nicht einmal diese Verteilung wurde, in mindestens 64 Fällen, von den Kompilatoren beibehalten.

13. Nietzsche war mit den Ergebnissen seiner Arbeit keineswegs zufrieden. "Ich habe die erste Niederschrift meines 'Versuchs einer Umwerthung' fertig: es war, Alles in Allem, eine Tortur, auch habe ich durchaus noch nicht den Muth dazu. Zehn Jahre später will ich's besser machen", schrieb er am 13. Februar 1888 an Heinrich Köselitz. Und dreizehn Tage später: "Auch dürfen Sie ja nicht glauben, dass ich wieder 'Litteratur' gemacht hätte: diese Niederschrift war für m i c h ; ich will alle Winter von jetzt ab hintereinander eine solche Niederschrift f ü r m i c h machen, — der Gedanke an 'Publizität' ist eigentlich ausgeschlossen." Im selben Brief berichtete Nietzsche über seine Lektüre von Baudelaires Œuvres posthumes, die vor kurzem erschienen waren. Tatsächlich finden wir im Folioheft — gleich nach dem letzten numerierten Fragment (372) — 20 Seiten Exzerpte aus Baudelaire, denen — ab und zu von eigenen Meditationen unter-

brochen — andere umfangreiche Exzerpte folgen, und zwar aus: Tolstoi, *Ma religion*; Gebrüder Goncourt, *Journal* (Bd. 1); Benjamin Constant, die Einleitung zur eigenen Übersetzung von Schillers *Wallenstein*; Dostojewski, *Die Besessenen* (in französischer Übersetzung); Julius Wellhausen, *Prolegomena zur Geschichte des Volkes Israel*; Renan, *Vie de Jésus*. Wichtige, zum Teil versteckte Spuren dieser Lektüre sind in den Schriften des Jahres 1888 nachzuweisen. Während bis jetzt die Auseinandersetzung mit dem Nihilismus, vor allem mit dem Christentum, von Nietzsche vorwiegend auf historischem und psychologischem Boden geführt wurde (wir beziehen uns natürlich auf die drei erwähnten Hefte mit den numerierten Fragmenten), tritt von neuem gleich zu Beginn des nächstfolgenden Foliohefts, dessen erste Aufzeichnungen "Nizza, den 25. März 1888" datiert sind, der metaphysische Aspekt in den Vordergrund, und zwar — bezeichnenderweise — in der Form einer Fragment gebliebenen, aber umfangreichen Abhandlung über Kunst und Wahrheit in der *Geburt der Tragödie*. Diese Abhandlung ist von den Kompilatoren Köselitz und Förster-Nietzsche arg verstümmelt worden; das ist um so bedauerlicher, als in ihr das wichtige Problem der "wahren" und der "scheinbaren" Welt noch einmal aufgegriffen wird, das zu einem der Hauptpunkte der darauffolgenden Aufzeichnungen zum *Willen zur Macht* wird. Der Glaube an eine wahre, der scheinbaren entgegengesetzten Welt bedingt nach Nietzsche jenen Komplex von Erscheinungen, den er sukzessive mit dem Namen Pessimismus, Nihilismus, von nun an auch décadence bezeichnet. Das Stichwort "Die wahre und die scheinbare Welt" finden wir tatsächlich als erstes Kapitel in dem Plan zum *Willen zur Macht*, nach dessen Überschriften Nietzsche die meisten Notizen dieses wichtigen Folioheftes klassifizierte. Die Pläne nehmen jetzt eine ziemlich andere Gestalt an als die bisher erwähnten.

14. Bemerkenswert ist die Tatsache, daß vom Herbst 1887 bis zum Sommer 1888 Titelentwürfe anderer Art als die für den *Willen zur Macht* in den Manuskripten kaum vorkommen. Auch dieser äußere Umstand besagt, daß Nietzsche sich in dieser Zeit viel intensiver als irgendwann früher dem *Willen zur Macht* gewidmet hatte (allerdings mit Ausnahme — ab Frühjahr 1888 — der Niederschrift vom *Fall Wagner*, dem Pamphlet, in welchem Nietzsche einen besonderen Fall der modernen décadence behandelte). Einige Pläne zeigen eine gewisse kompositorische Schwankung: Nietzsche scheint einer Fassung in 8 bis 12 Kapiteln den Vorzug zu geben gegenüber der Gliederung eines Werkes in 4 Bücher. Besonders wichtig ist folgender Plan in 11 Kapiteln:

1. Die wahre und die scheinbare Welt.
2. Der Philosoph als Typus der décadence.
3. Der religiöse Mensch als Typus der décadence.
4. Der gute Mensch als Typus der décadence.
5. Die Gegenbewegung: die K u n s t . Problem des Tragischen.
6. Das Heidnische in der Religion.
7. Die Wissenschaft gegen Philosophie.
8. Politica.
9. Kritik der Gegenwart.
10. Der Nihilismus und sein Gegenbild: die Wiederkünftigen.
11. Der Wille zur Macht.

Nach diesen Kapitelüberschriften klassifizierte Nietzsche die Aufzeichnungen des erwähnten umfangreichen Folioheftes, beginnend mit dem Datum des 25. März 1888. In dem Plan werden, gemäß dem Inhalt der vorangehenden Notizen, die Beziehungen zwischen dem Glauben an eine "wahre" Welt und der décadence sowie auch die Gegenbewegungen, d.h. die Bewegungen gegen jenen Glauben, veranschaulicht, so daß Nietzsche z.B. die Fragmente zur zitierten Abhandlung über die Geburt der Tragödie mit dem Stichwort "Gegenbewegung: die Kunst!" versah, das auch die Überschrift vom 5. Kapitel in diesem und einem anderen ähnlichen Plan ist. Nietzsches Versuch einer Anordnung der Fragmente nach diesem Plan ist ebenso bedeutend wie der Versuch vom Februar 1888; er ist auch ebenso fragmentarisch, da er sich bloß auf die Aufzeichnungen eines allerdings sehr umfangreichen Heftes beschränkt, und wurde später ebenfalls aufgegeben. Selbstverständlich fand er keine Berücksichtigung in der Kompilation. In Turin benutzte Nietzsche zwei weitere größere Hefte. Die Aufzeichnungen waren inzwischen durch die vielen Hinzufügungen und Überarbeitungen unübersichtlich geworden. Nietzsche schrieb sie z.T. auf losen liniierten Blättern ab. Einige bildeten kleine abgeschlossene Abhandlungen, sonst wurden sie einfach in Reinschrift übertragen, ohne jegliche Anordnung. Diese Abschrift entstand in den letzten Wochen des Turiner Frühjahrs. Nietzsche brachte sie mit nach Sils-Maria, wo er zunächst an der Drucklegung des *Fall Wagner* arbeitete (diese Arbeit nahm mehr Zeit in Anspruch, als vorgesehen: Nietzsche mußte ein zweites Druckmanuskript fertigen, weil das erste unleserlich war).

15. In Sils-Maria hatte Nietzsche einen weiteren Teil seiner Aufzeichnungen ins Reine abgeschrieben. Er war jedoch mit dem Ergebnis seiner Arbeit, so wie es vor ihm lag, noch nicht zufrieden. Deshalb schrieb er an Meta von Salis (22. August): "Im Vergleich mit letztem Sommer ... erscheint d i e s e r Sommer freilich geradezu 'ins Wasser gefallen'. Dies thut mir außerordentlich leid: denn aus dem zum ersten Male wohlgerathnen

Frühlings-Aufenthalte brachte ich sogar m e h r Kraft mit herauf als voriges Jahr. Auch war alles für eine g r o ß e u n d g a n z b e - s t i m m t e Aufgabe vorbereitet." Von Meta von Salis hatte sich Nietzsche ein Exemplar seiner *Genealogie der Moral* erbeten (und auf dieses Werk machte er gerade in seinem Epilog zum *Fall Wagner* in eben diesen Tagen aufmerksam): die erneute Lektüre seines eignen Werks machte auf Nietzsche einen besonderen Eindruck, der nicht ohne Folgen bleiben sollte. Im selben Brief schrieb er: "Der erste Blick hinein gab mir eine Über- raschung: ich entdeckte eine lange Vorrede zu der 'Genealogie', deren Existenz ich v e r g e s s e n hatte ... Im Grunde hatte ich bloß den Titel der drei Abhandlungen im Gedächtniß: der Rest, das heißt der I n - h a l t war mir flöten gegangen. Dies die Folge einer extremen geistigen Thätigkeit, die diesen Winter und dies Frühjahr ausfüllte und die gleichsam eine M a u e r dazwischen gelegt hatte. Jetzt lebt das Buch wieder vor mir auf — und, zugleich, der Zustand vom vorigen Sommer, aus dem es entstand. Extrem schwierige Probleme, für die eine Sprache, eine Termino- logie nicht vorhanden war: aber ich muß damals in einem Zustande von fast ununterbrochener Inspiration gewesen sein, daß diese Schrift wie die natürlichste Sache von der Welt dahinläuft. Man merkt ihr keine Mühsal an. — Der Stil ist vehement und aufregend, dabei voller finesses; und biegsam und farbenreich, wie ich eigentlich bis dahin keine Prosa geschrie- ben." Diese nüchterne Bilanz spiegelt genau die letzte Phase der Arbeit Nietzsches wider: sie gewinnt jedoch ihre ganze Bedeutung, wenn man das Datum des Briefes — 22. August — mit zwei anderen Daten vergleicht: dem des letzten Planes zum *Willen zur Macht* und dem der Vorrede eines neuen Werkes: die *Umwerthung aller Werthe*.

16. Was den letzten Plan zum *Willen zur Macht* betrifft, so hat Erich F. Podach (*Friedrich Nietzsches Werke des Zusammenbruchs*, 1962, p. 63) lediglich das Datum, nicht aber den Plan, auf den sich das Datum bezieht, veröffentlicht, Otto Weiss wiederum (GA XVI, 432) den Plan ohne Datum. Den Plan veröffentlichte später (1963) auch Podach (*Ein Blick in Nietzsches Notizbücher*, 149—160), jedoch ohne ihn in Verbindung mit dem Datum zu stellen. Dies, weil Datum und Plan auf getrennten Blättern stehen: es kann aber kein Zweifel bestehen, daß beide Blätter zusammen- gehören (sie haben dasselbe Papier und Format, Tinte und Schrift sind identisch auf beiden Blättern, die Ränder beider Blätter zeigen, daß sie lange Zeit zusammenlagen). Dieser Plan lautet:

Entwurf des Plans zu:

Der Wille zur Macht
Versuch
einer Umwerthung aller Werthe
Sils-Maria
am letzten Sonntag des
Monat August 1888

Wir Hyperboreer. — Grundsteinlegung des Problems

Erstes Buch: "Was ist Wahrheit? "
    Erstes Capitel.   Psychologie des Irrthums.
    Zweites Capitel. Werth von Wahrheit und Irrthum
    Drittes Capitel. Der Wille zur Wahrheit (erst gerechtfertigt im Ja-Werth des Lebens).

Zweites Buch: Herkunft der Werthe
    Erstes Capitel.   Die Metaphysiker.
    Zweites Capitel. Die homines religiosi.
    Drittes Capitel. Die Guten und die Verbesserer.

Drittes Buch: Kampf der Werthe.
    Erstes Capitel.   Gedanken über das Christenthum.
    Zweites Capitel. Die Physiologie der Kunst.
    Drittes Capitel. Zur Geschichte des europäischen Nihilismus.

Psychologen-Kurzweil.

Viertes Buch: Der große Mittag.
    Erstes Capitel.   Das Princip des Lebens ("Rangordnung")
    Zweites Capitel. Die zwei Wege.
    Drittes Capitel. Die ewige Wiederkunft.

Das Problem der Wahrheit hat sich allmählich zum Thema des ersten Buches entwickelt. Das zweite Buch bleibt, wie in den früheren vierteiligen Plänen, der Kritik der Werte vorbehalten, aber im Sinne einer Geschichte dieser Werte selbst, und ihrer Träger. Im dritten Buch behandelt Nietzsche den Kampf der Werte, und seine Kapitelüberschriften entsprechen genau dem Inhalt der Aufzeichnungen über das Christentum, die Physiologie der Kunst, die Geschichte des europäischen Nihilismus. Nach einem "Intermezzo" (wahrscheinlich aus Sprüchen bestehend, deren Nietzsche eine ganze Sammlung niedergeschrieben hatte) kommt das vierte Buch, das wie in allen anderen Plänen der ewigen Wiederkunft gewidmet ist.

17. Der letzte Plan zum *Willen zur Macht* wurde also, wie Nietzsche schreibt, "am letzten Sonntag des Monat August 1888" niedergeschrieben, d.h. am 26. August, vier Tage nach der Klage über den mißlungenen Sommer in Sils-Maria. Nach diesem Plan ordnete Nietzsche eine gewisse Anzahl von früheren Aufzeichnungen, er blieb jedoch bei diesem Ansatz.

Am 30. August wiederholte er seine Klage in einem Brief an die Mutter: "Ich bin wieder vollkommen in Thätigkeit, — hoffentlich geht es noch eine Weile, da eine gut und lange vorbereitete Arbeit, die diesen Sommer abgethan werden sollte, wörtlich 'in's Wasser' gefallen ist." Doch war in diesen Zeilen die Hoffnung ausgesprochen, jetzt zu einem Erfolg zu kommen. Tatsächlich nahm die Ausführung der "gut und lange" vorbereiteten Arbeit eine ganz andere Form an als die in allen bisherigen Plänen vorgezeichnete. Seit Mitte August hatte Nietzsche, wie gesagt, wieder mit Abschreiben angefangen, und zwar indem er die z.T. schon in Reinschrift vorhandenen Aufzeichnungen durchgängig als einzelne, abgeschlossene Abhandlungen niederschrieb. Nietzsche entschloß sich nun für die Veröffentlichung von alledem, was er f e r t i g vor sich hatte. Ein loses Blatt, auf dessen Vorderseite nur noch der Titel "Umwerthung aller Werthe" steht, enthält — auf der Rückseite — eine Reihe von Titeln, die auf einen "Auszug" der Philosophie Nietzsches hindeuten:

G e d a n k e n   f ü r   Ü b e r m o r g e n

Auszug meiner Philosophie

und

W e i s h e i t   f ü r   Ü b e r m o r g e n

**Meine Philosophie
im Auszug**

endlich

M a g n u m   i n   P a r v o

**Eine Philosophie
im Auszug**

sind die Versuch-Titel des geplanten Auszugs. Noch wichtiger ist das Kapitel-Verzeichnis dazu (und zwar auf demselben Blatt):

1. W i r   H y p e r b o r e e r .
2. D a s   P r o b l e m   d e s   S o k r a t e s .
3. D i e   V e r n u n f t   i n   d e r   P h i l o s o p h i e .
4. W i e   d i e   w a h r e   W e l t   e n d l i c h   z u r   F a b e l   w u r d e .
5. M o r a l   a l s   W i d e r n a t u r .
6. D i e   v i e r   g r o ß e n   I r r t h ü m e r .
7. F ü r   u n s — w i d e r   u n s .
8. B e g r i f f   e i n e r   d é c a d e n c e - R e l i g i o n .
9. B u d d h i s m u s   u n d   C h r i s t e n t h u m .
10. A u s   m e i n e r   Ä s t h e t i k .
11. U n t e r   K ü n s t l e r n   u n d   S c h r i f t s t e l l e r n .
12. S p r ü c h e   u n d   P f e i l e .

Die Nr. 2, 3, 4, 5, 6, 12 sind die Titel von gleichnamigen Kapiteln, Nr. 11 der ursprüngliche Titel des Kapitels "Streifzüge eines Unzeitgemässen" in der *Götzen-Dämmerung*; die Nummern 1, 7, 8, 9 aber sind die Titel, welche man – gestrichen – auch heute noch im Druckmanuskript des Antichrist lesen kann, und zwar: "Wir Hyperboreer" für die jetzigen Abschnitte 1–7; "Für uns – wider uns" für 8–14; "Begriff einer décadence-Religion" für 15–19; "Buddhismus und Christenthum" für 20–23. Da Nietzsche eine Vorstufe für sein Vorwort zum "Müßiggang eines Psychologen" (später = *Götzen-Dämmerung*) "Anfang September" datierte und da er am 3. September auch das Vorwort zur "Umwerthung aller Werthe" verfaßte, und zwar nach dem Plan in vier Büchern, von dem das erste *Der Antichrist* sein sollte, so kann man daraus schließen, daß zwischen dem 26. August und dem 3. September folgendes geschehen sei:

1. Nietzsche verzichtete auf den bis dahin geplanten *Willen zur Macht*.
2. Eine kurze Zeit lang mag er die Möglichkeit erwogen haben, das schon ins Reine abgeschriebene Material als Umwerthung aller Werthe herauszugeben.
3. Jedoch entschloß er sich für die Veröffentlichung eines "Auszugs" seiner Philosophie.
4. Dem Auszug gab er den Namen *Müssiggang eines Psychologen* (später *Götzen-Dämmerung*).
5. Gleich darauf entfernte er vom "Auszug" die Kapitel "Wir Hyperboreer", "Für uns – wider uns", "Begriff einer décadence-Religion", "Buddhismus und Christenthum", welche zusammen 23 Paragraphen über das Christentum ergaben, nebst einer Einleitung ("Wir Hyperboreer").
6. Das Hauptwerk trug von nun an den Titel *Umwerthung aller Werthe* und wurde in vier Büchern geplant, davon war das erste Buch, *Der Antichrist* schon zu einem guten Drittel fertig (= die eben erwähnten ersten 23 Paragraphen).
7. Am 3. September 1888 schrieb Nietzsche ein Vorwort für die *Umwerthung*. Der "Müßiggang eines Psychologen" war für Nietzsche die "Zusammenfassung" seiner "wesentlichsten philosophischen Heterodoxien", wie er sich in seinen Briefen (12. September an Gast, 16. September an Overbeck) ausdrückte, war somit das mitteilungsreife Ergebnis seines Philosophierens im letzten Jahr. Er bestand aus lauter Aufzeichnungen, die im Blick auf den *Willen zur Macht* entstanden waren. Die *Umwerthung aller Werthe* in vier Büchern aber war sein neues Arbeitsprogramm. Das erste Buch, *Der Antichrist*, stammt zwar zu einer guten Hälfte aus den vorangegangenen Meditationen – diese Herkunft verstanden in dem einzigen hier erlaubten Sinne, dem der l i t e r a - r i s c h e n Herkunft, also Herkunft aus früheren Aufzeichnungen, "Vorstufen", – ja, es hatte sich "abgelöst" aus dem von Nietzsche schon

niedergeschriebenen "Auszug" seiner Philosophie, war jedoch nach seinen l i t e r a r i s c h e n Absichten ein n e u e r Anfang: Im *Antichrist* stellen tatsächlich die Abschnitte 1—7 eine Art Einleitung dar (so wie das Kapitel "Wir Hyperboreer" die Einleitung des "Auszugs" war), während die Abschnitte 8—23 eine durchgängige Abhandlung über das Christentum bildeten, die nun Nietzsche einheitlich — vor allem auch in stilistischer Hinsicht — weiterführen wollte. Er hatte damit die "Form" der Mitteilung für sein "Hauptwerk" gefunden. Und wir glauben, daß ihm dazu die erneute Lektüre der *Genealogie* verhalf, des Werkes, das in stilistischer Hinsicht dem *Antichrist* sehr nahesteht.

So schrieb Nietzsche am 7. September 1888 seiner Freundin, Meta von Salis: "Inzwischen war ich sehr fleißig, — bis zu dem Grade, daß ich Grund habe, den Seufzer meines letzten Briefes über den 'ins Wasser gefallene Sommer' zu widerrufen. Es ist mit sogar etwas m e h r gelungen, Etwas, das ich mir nicht zugetraut hatte ... Die Folge war allerdings, daß mein Leben in den letzten Wochen in einige Unordnung gerieth. Ich stand mehrere Male nachts um zwei auf, vom Geist getrieben und schrieb nieder, was mir vorher durch den Kopf gegangen war. Dann hörte ich wohl, wie mein Hauswirth, Herr Durisch, vorsichtig die Hausthür öffnete und zur Gemsenjagd davon schlich. Wer weiß! Vielleicht war ich auch auf der Gemsenjagd ... Der d r i t t e September war ein sehr merkwürdiger Tag. Früh schrieb ich die Vorrede zu meiner *Umwerthung aller Werthe*, die schönste Vorrede, die vielleicht bisher geschrieben worden ist. Nachher gieng ich hinaus — und siehe da! der schönste Tag, den ich in Engadin gesehn habe, — eine Leuchtkraft aller Farben, ein Blau auf See und Himmel, eine Klarheit der Luft, vollkommen unerhört ..." Und weiter: "Am 15. September gehe ich fort, nach T u r i n ; was den Winter betrifft, so wäre doch, aus Gründen tiefer Sammlung, wie ich sie nöthig habe, der Versuch mit Corsica ein wenig risquiert ... Doch wer weiß. — Im nächsten Jahre werde ich mich dazu entschließen, meine *Umwerthung aller Werthe*, das unabhängigste Buch, das es giebt, in Druck zu geben ... N i c h t ohne große Bedenken! Das erste Buch heißt zum Beispiel *Der Antichrist*."

18. Sechs Fassungen des neuen literarischen Plans, d.h. der *Umwertung aller Werte* in vier Büchern, sind uns bekannt. Die Bücherüberschriften verdeutlichen Nietzsches Absichten, sie mögen deshalb hier chronologisch zitiert werden:

(1) Erstes Buch.
Der Antichrist. Versuch einer Kritik des Christenthums.

Zweites Buch.
Der freie Geist. Kritik der Philosophie als einer nihilistischen Bewegung.

Drittes Buch.
Der Immoralist. Kritik der verhängnissvollsten Art von Unwissenheit, der Moral.

Viertes Buch.
Dionysos. Philosophie der ewigen Wiederkunft.

(2) Buch 1: der Antichrist.
Buch 2: der Misosoph.
Buch 3: der Immoralist.
Buch 4: Dionysos.

(3) Der Antichrist. Versuch einer Kritik des Christenthums.
Der Immoralist. Kritik der verhängnissvollsten Art von Unwissenheit, der Moral.
Wir Jasagenden. Kritik der Philosophie als einer nihilistischen Bewegung.
Dionysos. Philosophie der ewigen Wiederkunft.

(4) I   Die Erlösung   vom   Christenthum   :   der Antichrist
II   von   der Moral   :   der Immoralist
III   von   der Wahrheit   :   der freie Geist
IV   vom · Nihilismus   :
der Nihilismus als die nothwendige Folge von Christenthum, Moral und Wahrheitsbegriff der Philosophie. Die Zeichen des Nihilismus . . .
ich verstehe unter "Freiheit des Geistes" etwas sehr Bestimmtes: hundert Mal den Philosophen und anderen Jüngern der "Wahrheit" durch Strenge gegen sich überlegen sein, durch Lauterkeit und Muth, durch den unbedingten Willen, Nein zu sagen, wo das Nein gefährlich ist — ich behandle die bisherigen Philosophen als verächtliche libertins unter der Kapuze des Weibes "Wahrheit"

(5) IV. Dionysos Typus des Gesetzgebers

(6) Der freie Geist. Kritik der Philosophie als nihilistischer Bewegung.
Der Immoralist. Kritik der Moral als der gefährlichsten Art der Unwissenheit.
Dionysos philosophos.

Der letzte Plan wurde anscheinend nach Beendigung des *Antichrist* niedergeschrieben. Man bemerkt eine Schwankung, was die Reihenfolge des zweiten und dritten Buches betrifft: die Kritik der Philosophie kommt an zweiter Stelle, die der Moral an dritter im ersten, zweiten und sechsten Plan; im dritten und vierten Plan kommt zunächst die Kritik der Moral, dann die der Philosophie. Die Gesamtkonzeption bleibt sich gleich: Nach der Kritik des Christentums, der Moral, der Philosophie, beabsichtigt Nietzsche die Verkündigung seiner Philosophie. Diese ist die Philosophie des Dionysos, die Philosophie der ewigen Wiederkunft des Gleichen.

19. Damit wäre die Geschichte des *Willens zur Macht* als eines literarischen Projektes Nietzsches zu Ende. Daß Nietzsche spätestens vom 20. November 1888 an seinen *Antichrist* als die ganze *Umwertung* betrachtete, so daß nun der Haupttitel "Umwerthung aller Werthe" zum Untertitel wurde, wie er ausdrücklich an Paul Deussen schrieb (26. November 1888: "Meine Umwerthung aller Werthe, mit dem Haupttitel, der Antichrist ist fertig".), daß er gegen Ende Dezember auch den Untertitel änderte (nun hieß es: "Fluch auf das Christenthum"): das alles, zusammen mit der Geschichte seiner Autobiographie, des *Ecce homo*, der *Dionysos-Dithyramben* und der kleinen Schrift *Nietzsche contra Wagner* sowie seiner politischen Proklamationen gegen das Deutschland des jungen Kaisers Wilhelm II., gehört in den scheinbar verwirrenden Abschluß von Nietzsches Lebenswerk, der das Ende seines Geistes bedeutete. D i e   T u r i n e r   K a t a s t r o p h e   k a m , a l s   N i e t z s c h e   w o r t w ö r t l i c h   m i t   a l l e m   f e r t i g   w a r .

Uns bleibt neben seinen Schriften und Werken sein Nachlaß. Dieser Nachlaß ist im wahrsten Sinne des Wortes ein verpflichtendes Erbe, da Nietzsches Fragestellungen, sei es in seinen Werken, sei es in seinen fragmentarischen Aufzeichnungen — beides als Ganzes betrachtet — , auch heute noch bestehen bleiben. Im Sinne dieser Verpflichtung aber soll der handschriftliche Nachlaß Nietzsches in seiner authentischen Gestalt bekannt werden. Was den *Willen zur Macht* betrifft, so ist nach der philologischen Erschließung des Nachlasses von 1885 bis 1888 der Streit um das angebliche Hauptwerk gegenstandslos geworden: die Nietzsche-Forschung kann hier zur eigentlichen Tagesordnung übergehen.

Zitatnachweise

KGW = Nietzsche Werke, Kritische Gesamtausgabe, herausgegeben von Giorgio Colli und Mazzino Montinari. De Gruyter, Berlin 1967 ff.

Abschnitt 2. KGW VII/1, Fragment 5[1].

Abschnitt 5. KGW VII/2, Fragmente 26[259], 26[258], 26[243], 26[273], 26[274], 26[284], 26[293], 26[325], 26[465], 27[58], 27[80], 27[82].

Abschnitt 7. KGW VII/3, Fragmente 35[71], 35[75], 35[26], 35[47], 38[12], 39[1], 39[14], 39[15].

Abschnitt 8. KGW VII/3, Fragmente 40[2], 40[53].
KGW VIII/1, Fragment 1[36].

Abschnitt 9. KGW VIII/1, Fragmente 2[73], 2[122].

Abschnitt 10. KGW VIII/1, Fragmente 2[100], 7[64].

Abschnitt 11. KGW VIII/1, Fragment 5[71].

Abschnitt 12. KGW VIII/2, Fragment 12[2].

Abschnitt 13. KGW VIII/3, S. 9—191.

Abschnitt 14. KGW VIII/3, Fragmente 15[20], 16[51], 14[169].

Abschnitt 16. KGW VIII/3, Fragment 18[17].

Abschnitt 17. KGW VIII/3, Fragmente 19[2], 19[3], 19[4].

Abschnitt 18. KGW VIII/3, Fragmente 19[8], 22[14], 22[24], 23[8], 23[13];
KGW VIII/2, Fragment 11[416].

Konstituierendes in der
Herausbildung der niederländischen Sprache

Von Jan Goossens, Münster

In diesem Vortrag wird von einigen Erscheinungen die Rede sein, die in den Auffassungen der traditionellen historischen Sprachwissenschaft unter dem Terminus "Analogie" subsummiert werden können. Seitdem die generative Transformationsgrammatik auch in der historischen Linguistik ihren Siegeszug angetreten hat, ist die Verwendung des Ausdrucks "Analogie" sowie das Operieren mit den von ihm gedeckten Vorstellungen keine Selbstverständlichkeit mehr. In seinem Buch *Historical Linguistics and Generative Grammar* verteidigt Robert D. King die Meinung, sie seien überflüssig, weil die Vereinfachung der Grammatik nach den primären Änderungsregeln auch diesen Komplex umfasse: "For this reason ... we reject analogy. Grammar and simplification are enough[1]."

Ich habe nicht die Absicht, in diesem Vortrag einen Beitrag zur Beantwortung der Frage nach der operationalen Berechtigung der Annahme der Analogie zu liefern (durch das zunehmende Interesse für morphologische Probleme scheint sie mir in letzter Zeit wieder etwas besser gesichert zu sein), sondern werde einfach in "altmodischer" Weise einige konstituierende Entwicklungen in der Herausbildung der niederländischen Sprache als Analogien betrachten. Da sie immerhin "special cases of simplification" sind[2], steht diesem Verfahren wohl nichts Prinzipielles im Wege.

Die zu behandelnde Problematik ist in einem Kreis, der die Germanistik als das Studium der Gesamtheit der kontinentalwestgermanischen und der nordgermanischen Sprachen und ihrer Literaturen zu verstehen gewohnt ist, insofern von weitgehender Bedeutung, als hier die Ausgliederung eines Elements thematisiert wird, das innerhalb des genannten sprachlichen Komplexes dazu beiträgt, daß dieser unter synchronem Aspekt eine konglomeratartige Gestalt bekommen hat. Das Thema berührt also das Selbstverständnis unseres Kreises.

Nach Abschluß der Völkerwanderungszeit war zwischen Nordsee und Alpen ein geschlossenes Spracharieal zustande gekommen, in dem west- oder

---

1 R. D. King, Historical Linguistics and Generative Grammar. Eaglewood Cliffs, New Jersey 1969, S. 133–134.
2 King, S. 64.

südgermanische Dialekte gesprochen wurden. Die anfängliche sprach-
geographische Struktur dieses Gebiets mit ihrer Verteilung und relativen
Bedeutung von Bruchstellen und gleitenden Übergängen liegt weithin im
Dunkeln. Die Meinungen zu diesem Problem basieren auf unsicheren
Rekonstruktionen, deren Hilfsmittel sind: der moderne dialektgeographische
Befund, die Geographie kritisch zu bewertender linguistischer Merkmale in
volkssprachlichen Texten, die in der Regel erst seit dem späteren Mittelalter — meistens sogar nach dem 13. Jahrhundert — im erforderlichen Aus-
maß vorhanden sind, die spärlichen Aussagen in historischen Quellen.
Vermutlich haben sich im Laufe des Mittelalters, etwa an Territorial-
grenzen, Stellen herausgebildet, die mehr oder weniger Bruchcharakter
bekamen, während frühere scharf ausgeprägte Gegensätze, etwa an
Stammesgrenzen, in Staffelungen auseinanderfielen.

Wie dem auch sei, die neuzeitliche Aufteilung des betreffenden Raumes
nach der Verbreitung der Standardsprachen, die die Fortsetzungen der
mittelalterlichen Mundarten überdachen, in ein deutsches und ein nieder-
ländisches Sprachgebiet ist offenbar nicht die Folge eines scharf aus-
geprägten Gegensatzes der Zeit unmittelbar nach der Völkerwanderung oder
des Mittelalters. Die Forscher, die einen klaren niederländisch-hoch-
deutschen bzw. niederfränkisch-mittelfränkischen Gegensatz annehmen,
lassen ihre Grenzen aus guten Gründen keineswegs mit der heutigen
niederländisch-deutschen Sprachgrenze zusammenfallen, sondern ziehen sie
so, daß ein größerer oder kleinerer Teil des Südostens des heutigen
niederländischen Sprachgebiets hochdeutsch bzw. mittelfränkisch zu sein
scheint und ein größerer oder kleinerer Teil des heute deutschen Rhein-
landes niederländisch oder niederfränkisch. Erst recht ist ein nieder-
ländisch-deutscher Gegensatz im Mittelalter im Gebiet zwischen Niederrhein
und Dollart nicht gegeben. Ich bin denn auch der Meinung, daß die
wiederholt in einem Teil der Forschung mehr oder weniger explizit
geäußerte Auffassung, alte tiefe Gegensätze in der Sprachlandschaft hätten
das Entstehen zweier verschiedener Sprachgemeinschaften vorbereitet, wenn
nicht bedingt, nicht das Richtige trifft. Vielmehr ist die Entstehung des
deutsch-niederländischen Gegensatzes die Folge eines durch eine jahrhundertelange Geschichte allmählichen, abgestuften Auseinanderwachsens
zweier Gebiete, zwischen denen schließlich, vor allem infolge einiger
wichtiger Ereignisse zu Beginn der Neuzeit, auf standardsprachlicher Ebene
eine Sprachgrenze entstanden ist, die sich erst im 19. Jahrhundert stabili-
sierte. Die divergierenden Elemente der standardsprachlichen Systeme
Deutsch und Niederländisch zeigen auf mundartlicher Ebene eine unterschiedliche Verbreitung; sprachhistorisch betrachtet haben sie auch ein
unterschiedliches Alter. Schließlich ist zu bemerken, daß die dialektalen

Südost-Nordwest-Abstufungen von anders gelagerten durchkreuzt werden; innerhalb des kontinentalwestgermanischen Raumes hat sicher die niederdeutsche Gruppe ein eigenes Gepräge.

Welche neuen Erscheinungen haben sich im Nordwesten der kontinentalen Germania durchgesetzt, die später Merkmale der niederländischen Standardsprache geworden sind, wodurch diese sich vom Deutschen unterscheidet? Welche haben dagegen im Südosten Erfolg gehabt, um später für das Deutsche im Vergleich zum Niederländischen charakteristisch zu werden? Von diesen beiden Fragen kann die zweite scheinbar viel leichter beantwortet werden als die erste. Als eingreifendste Neuerung und wichtigstes konstituierendes Element ihrer Sprache haben die Germanisten im engen Sinne immer die zweite Lautverschiebung betrachtet. Diese Erscheinung, die im deutschen Lautsystem eine hohe Frequenz aufweist, nimmt deshalb in der deutschen Sprachgeschichte und Dialektologie eine zentrale Stelle ein. Die Niederlandisten scheinen der zweiten Lautverschiebung nichts Gleichwertiges gegenüberstellen zu können. Erscheinungen wie die Entwicklung von *-ft-* zu *-cht-* (dt. *Kraft*, nl. *kracht*) oder *-chs-* zu *-s-* (dt. *sechs*, nl. *zes*) kommen im Vergleich dazu in so wenigen Wörtern vor, daß sie, obwohl der relative Unterschied natürlich quantifizierbar ist, kaum mit dem genannten deutschen Merkmal verglichen werden können. Als konstituierende Faktoren in der Herausbildung des Niederländischen fallen sie kaum ins Gewicht.

Selbstverständlich kann eine Sprache im Vergleich zu einer Schwestersprache auch durch Merkmale charakterisiert werden, in denen sie im Gegensatz zu letzterer nicht erneuert hat (z.B. das Dt. im Vergleich zum Nl. u.a. dadurch, daß es in der Deklination die Kasus erhalten hat). Tatsächlich ist von deutscher Seite wiederholt auf ein gewisses "Beharrungsvermögen" des Niederländischen hingewiesen worden. So sagt A. Bach: "Der nl. Raum ist also auch hinsichtlich seiner Hochsprache ein Restgebiet, gerade wie bezüglich der Mundarten...". Unter Restgebiet darf nach seiner Meinung nicht notwendig etwas Minderwertiges verstanden werden: "Restgebiete erweisen durch ihre Beharrungskraft vielmehr oft ihre innere Stärke, ihr Selbstbewußtsein und ihre Unabhängigkeit[3]." Gerade das bezweifle ich. Eine eigene Dynamik eines Dialektgebiets kann nicht nur in Relikten sichtbar werden, sie muß sich in Neuerungen äußern. Deshalb muß die Annahme, aus einer Teilmenge von Dialekten in einer größeren Menge könne ausschließlich auf der Grundlage von Relikten — unter Ausschluß interner Neuerungen — eine selbständige Kultursprache entstehen, von vornherein abgelehnt werden.

---

3 A. Bach, Geschichte der deutschen Sprache. Heidelberg 1965[8], S. 272 Anm.

Weil im Fall des Niederländischen diese Kultursprache vorhanden ist, ist zu fragen, welche internen Neuerungen im Nordwesten des kontinentalwestgermanischen Dialektraums für die niederländische Hochsprache konstituierende Bedeutung haben. In seinem kleinen Buch *Nederlands tussen Duits en Engels* hat C. B. van Haeringen darauf hingewiesen, daß unsere Sprache unter lexikalischem, phonischem und syntaktischem Aspekt näher zum Deutschen, unter morphologischem näher zum Englischen steht[4]. Unter dieser Voraussetzung sind vermutlich die im Vergleich zum Deutschen charakteristischsten Neuerungen des Niederländischen in der Formenlehre anzutreffen.

Änderungen im phonologischen System einer Sprache kommen primär durch Lautgesetze zustande, die man nach der generativen historischen Grammatik als Regelhinzufügung, Regelverlust oder Regelumgruppierung charakterisieren kann. Sekundär ist in der historischen Phonologie die Analogiewirkung; schließlich ist hier die dialektale Entlehnung von der Fremdwortübernahme zu trennen und Lautgesetz und Analogie als dritter Faktor hinzuzufügen. Neuerungen in der Morphologie einer Sprache entstehen auf andere Weise. "Formgesetze" als Parallelerscheinung zu den Lautgesetzen gibt es nicht. Die beiden Neuerungsmöglichkeiten in der Formenlehre sind: 1) Ein Lautgesetz bringt als konkomitante Erscheinung mit sich, daß innerhalb eines Paradigmas eine Gruppierung nach neuen lautlichen Markierungen entsteht, die dann morphologische Funktion bekommt (z.B. der Umlaut in der ahd. Substantivdeklination als Merkmal des Plurals und bestimmter Kasus im Singular bei einigen Klassen); 2) durch Wirkung der Analogie entsteht ein "regelmäßigeres" Verhältnis in den Gruppierungen innerhalb von Paradigmen (z.B. die analoge Ausmerzung des Umlauts im Singular der *i*- und *iz-/az*-Substantive seit ahd. Zeit, wodurch die Umlautalternanz rein numerusbezeichnende Funktion bekam) oder grammatischer Klassen (z.B. Verallgemeinerung des *s*-Plurals in der englischen Substantivdeklination).

Die erste Entwicklung führt in der Regel zu einer Komplikation der Grammatik, weil die Verteilungen, die durch das Lautgesetz entstehen, nur durch Zufall mit bestehenden morphologischen Gliederungen deckungsgleich sein können, m.a.W. diese in der Regel durchkreuzen. Die zweite bringt dagegen definitionsgemäß eine Vereinfachung der Formenlehre mit sich. Das Deutsche enthält bis heute einige alte einschneidende Entwicklungen des ersten Typs, die zwar zum Teil durch Analogiewirkungen vereinfacht sind, wie den *e/i*-Wechsel in der Konjugation der starken Verben und den *i*-Umlaut in Konjugation und Deklination. Sie sind dafür mit-

---

4 C. B. van Haeringen, Nederlands tussen Duits en Engels. In: Algemene aspecten van de grote cultuurtalen, S. 27—97 und separat, Den Haag 1965.

verantwortlich, daß das Deutsche für Ausländer eine unter morphologischem Aspekt schwer erlernbare Sprache ist. Das Englische und das Niederländische haben im Vergleich zum Deutschen eine einfache Formenlehre. Man kann bei diesen verwandten Sprachen daher vermuten, daß morphologische Änderungen des zweiten Typs in viel größerem Umfang als im Deutschen eine Rolle gespielt haben.

Im folgenden bespreche ich drei durch Analogie entstandene Vereinfachungen in der Formenlehre des Niederländischen, die durch das Ausmaß ihrer Wirkung im Sprachgebrauch als konstituierend zu betrachten sind. In diesen Fällen war durch morphologische Änderungen des ersten Typs zunächst in der ganzen kontinentalen Germania eine Komplikation in einem Teil der Formenlehre entstanden. Jedoch führten dialektgeographische Verschiedenheiten in der Wirkung von Lautgesetzen in diesem Gebiet zu landschaftlichen Differenzierungen in der Ausprägung der Komplikation der Formenlehre. Diese sind dafür verantwortlich, daß in dem Teilgebiet der kontinentalen Germania, in dem sich die niederländische Hochsprache entwickelte, morphologische Änderungen des zweiten Typs, also Analogien entstanden, wodurch das Niederländische sich sehr deutlich vom Deutschen abhebt. Zwischen diesen drei Erscheinungen gibt es auf der Ebene der morphologischen Analogiewirkung selbst sehr wahrscheinlich einen Zusammenhang, so daß ihre Auswahl unter mehreren Möglichkeiten seine innere Berechtigung hat.

1. *Beseitigung der "Brechung" in der Konjugation*

Der Terminus "Brechung" als Bezeichnung einer in gemeingermanischer Zeit zustande gekommenen lautgesetzlichen komplementären Verteilung von *i* und *e*, *u* und *o*, als Kurzvokale und als Elemente von Diphthongen, hat einen altmodischen Klang bekommen. Doch ist seine Verwendung bequem, weil man damit zusammenfassend zwei Komplexe von Lautgesetzen bezeichnen kann, die mit dem gleichen Ergebnis zwei sich deckende Teile desselben Sprachmaterials beeinflussen und sich geographisch und chronologisch nicht ganz aus dem Wege gehen. Die Bedingungen dieser Lautgesetze sind nach Van Coetsem[5] eine vokalische und eine konsonantische Sequenz gewesen. Im ersten Fall kommt geschlossener (*i, u*) bzw. offener (*e, o*) Vokalismus vor allem zustande, wenn der unbetonte folgende Vokal geschlossen bzw. offen ist (Vokalharmonie). Im zweiten Fall findet sich offener Vokalismus (*e, o*) in der Regel, wenn der folgende Konsonant ein *h* oder ein Dental (konsequent bei *r*) ist, geschlossener, wenn diese Bedingung

5 F. van Coetsem, A syntagmatic structure in development. "Umlaut" and "consonantal influence" in Germanic. In: Lingua 21 (1968), S. 494–525.

nicht erfüllt ist. Allophonisierung als Folge der Brechung wäre zu erwarten bei den Kurzvokalen *i* und *e, u* und *o* sowie bei den Diphthongen *ai* und *ae, iu* und *eo, au* und *ao*. Die Durchkreuzung der beiden Sequenzen und der geographische Kontakt von Dialekten mit verschiedenen Verteilungsregeln haben aber wohl zur Folge gehabt, daß eine rein komplementäre Verteilung von offenem und geschlossenem Vokalismus sehr selten war.

Die Brechung ist primär eine lautliche Erscheinung. Sie hat aber morphologische Folgen des Typus 1 gehabt, weil offener und geschlossener Vokalismus lautgesetzlich nebeneinander im gleichen Paradigma vorkamen. Im Deutschen hat sie sich als morphologisches Merkmal in der Konjugation der starken Verben bis heute behaupten können, im Niederländischen nicht. Es ist anzunehmen, daß ihre Beseitigung in der Flexion des Niederländischen auf dem Wege der Analogie nach dem Entstehen einiger spezifischer westlicher Vokalentwicklungen vor sich gegangen ist.

Im Deutschen findet sich bei den Kurzvokalen die Wirkung der vokalischen, bei den Diphthongen *ai/ae* und *au/ao* die der konsonantischen Sequenz (ahd. *nimit/nëman, lugum/gilogan*, aber *stein/zêha, hloufan/rôt*). Beim Diphthong *iu/eo* hat im Mitteldeutschen die vokalische Sequenz gewirkt (*liugit/leogan*), während man im Oberdeutschen gewissermaßen eine Durchkreuzung der beiden Sequenzen beobachten kann: Die vokalische Sequenz wirkt hier, wenn der Konsonantismus *h* oder Dental, der sonst offenen Vokalismus verursachen kann, vorhanden ist (*beotan/biutit*), sonst findet ein Ausgleich zugunsten von *iu* statt (*liugan* wie *liugit*).

Konsonantische Sequenzen konnten keine morphologischen Brechungsalternanzen verursachen, weil die Konsonanten, die dafür verantwortlich sein müßten, in der Regel zur Wurzel gehörten und deshalb in Paradigmen fest waren. Bei den vokalischen Sequenzen war die Lage völlig anders. Zwei der drei möglichen Alternanzen sind in ahd. Zeit in der Präsens- und Imperativkonjugation der starken Verben gut vertreten, nämlich *i/e* und *iu/eo*, und zwar bei den Klassen II (*iu/eo*), III b, IV und V (*i/e*), die dritte (*u/o*) im Vokalgegensatz zwischen dem Präteritum Indikativ Plural und Präteritum Konjunktiv einerseits und dem 2. Partizip andererseits in den Klassen II und III b[6] (Vgl. Tabelle).

---

6 Eine Crux in diesem Zusammenhang ist das Fehlen der *i/e*-Alternanz im Präteritum und 2. Partizip der Klasse I.

1. BRECHUNG IN DER KONJUGATION

		i/e	u/o	iu/eo	
Althochdeutsch	**Präsens**	IIIb wirfu, wirfis, wirfit; wirf : wërfan usw. IV nimu, nimis, nimit; nim : nëman usw. V gibu, gibis, gibit; gib : gëban usw.		**Mitteld.** II liugu, liugis, liugit; liug — biutu, biutis, biutit; biut : leogan usw. — beotan usw.	
				Oberd. liugu, liugis, liugit; liug — biutu, biutis, biutit; biut — liugan usw. : beotan usw.	
	Präteritum		II lugum usw. : gilogan IIIb wurfum usw. : giworfan		
Mittelniederländisch	**Präsens**	IIIb hi help(e)t (*hilpet) : helpen hi werp(e)t (*wirpet) : werpen IV hi nemet — nemen V hi gevet — geven (ī, ē > ē)		II ((û̂ — û) hi sû̂get — sûgen) (iu — eo) hi rû̂ket — rûken hi rieket — rieken (û̂, û, iu > û̂ > ui / eo > ie)	
	Präteritum		II wi logen — gelogen IIIb wi worpen — geworpen (u, o > o (>ō))		

Von diesem System hat sich nur die *i/e*-Alternanz halten können, mit der Einschränkung, daß die 1. Person Singular *e*-Vokalismus angenommen hat. Die beiden anderen Alternanzen sind erst in nhd. Zeit durch Analogievorgänge verschwunden. Dies mag etwas wundernehmen bei der *iu/eo*-Alternanz, die die Stütze des sehr festen *i/e*-Wechsels hatte. Schillers bekannter Satz "Das ist seine Beute, was da kreucht und fleugt" zeigt übrigens, daß sie sich sehr lange behauptet hat.

Im niederländischen Sprachraum hat, von einem östlichen Randstreifen abgesehen, nur die vokalische Sequenz gewirkt. Schon früh fielen *u* und *o* in *o* zusammen, das in offener Silbe zu *ō* gedehnt wurde. Dadurch verschwand der Gegensatz im Vokalismus des Präteritums Plural und des 2. Partizips bei den starken Verben der Klassen II und IIIb schon vor Beginn der mittelniederländischen Überlieferung. Eine andere Folge ist, daß der Diphthong *au* keine Spuren hinterlassen hat: man findet nur die Fortsetzung von *ao*, nämlich *ô*, während die Opposition *ê/ei* aus *ae/ai* gut belegt ist, z.B. in mnl. subst. *steen*, adj. *steinen*; adj. *breed*, verb. *breiden*; suff. pl. *-heden*, sg. *-heid*. Da der *ae/ai*-Gegensatz jedoch bei den starken Verben keine morphologischen Alternanzen ergeben konnte, beschränkte sich der Vokalwechsel auf *iu/eo* und *i/e* in der Präsenskonjugation der Klassen II, III b, IV und V. Von den drei in Frage kommenden Klassen bei der *i/e*-Alternanz mußten zwei wegfallen, weil schon vor der mnl. Überlieferung *i* und *e* in offener Silbe im Dehnungsprodukt *ē* zusammenfielen (mnl. *hi nemet* und *hi gevet* mit altem *i* haben denselben Vokalismus wie die Infinitive *nemen* und *geven* mit altem *e*). Nur im Imperativ Sg. kann hier lautgesetzlich noch *i* auftreten; weiter ist *i* noch denkbar in Dialekten mit Synkope des unbetonten Vokals der Folgesilbe vor der Dehnung und dem Zusammenfall von *i* und *e* in offener Silbe.

Was die *iu/eo*-Alternanz betrifft, so war diese aus mehreren Gründen viel stärker gefährdet als im Deutschen. Die Zahl der Verben mit langer Reduktionsstufe *û* im Präsens, die sich im Althochdeutschen auf vier beschränkt (*lûchan, sûfan, sûgan und tûchan*), ist im Niederländischen viel höher. Van Dam nennt 14 neuniederländische, van Loey sogar 19 mittelniederländische Beispiele[7]. Dadurch übertrifft diese Gruppe zahlenmäßig die der Verben, in denen *iu/eo*-Wechsel zu erwarten wäre. Langes *û* ist im Mittelniederländischen spontan zu *ü̂* palatalisiert worden und fällt infolgedessen mit seinem Umlautprodukt (wo es dies überhaupt gegeben hat) zusammen. Neben *hi süget* steht also *sügen*. Weiter ist der Diphthong *iu* in einem Teil des Sprachgebietes (im Norden und Osten) zu *ü̂* monophthongiert worden und fällt deshalb mit altem *û*

---

7 J. van Dam, Handbuch der deutschen Sprache. II. Wortlehre. Groningen 1958[3], S. 67. A. van Loey, Middelnederlandse spraakkunst. I. Vormleer. Groningen 1973[7], S. 71.

(und dessen Umlaut) zusammen. Dadurch wurde die Gruppe der starken Verben der II. Klasse mit *iu/eo*-Wechsel dem Druck der Gruppe mit langer Reduktionsstufe ausgesetzt, was schon in der ältesten Überlieferung den Ausgleich *hi rûket – rûken* ergab. Im Südwesten des Sprachgebiets (Flandern, Brabant) wurde der Gegensatz *iu/eo* generell aufgehoben; hier setzte sich *ie*, die Fortsetzung von *eo* durch (*kieken* für *kûken*, *diere* für *dûre* usw.). Bei den genannten starken Verben führte das zum Ausgleich *rieken – hi riekt* [8].

Aus diesen Überlegungen ergibt sich, daß von allen möglichen Brechungsalternanzen im starken Verb nur der *i/e*-Wechsel in Klasse III b in mittelniederländischer Zeit lautgesetzlich übrigblieb; darüberhinaus sind Reste bei Klasse V (auch IV?) denkbar. Das ist offenbar für eine Erhaltung der Alternanz als Konjugationsmittel zu wenig gewesen: der Typus **hi hilpet*, **hi stirvet* (*stirft*) ist im Mittelniederländischen nur noch resthaft belegt [9]. Der stärkere der beiden Vokale, das *e* des Plurals und des Infinitivs, hat sich durch Analogiewirkung durchsetzen können. Auf diese Weise ist Identität des Präsensvokalismus in der Konjugation der starken Verben zu einem konstituierenden Merkmal des Niederländischen geworden.

2. Beseitigung des Umlauts in der Verbal- und Nominalflexion.

Jünger als die Brechung und geographisch weniger verbreitet ist die Wirkung des *i*-Umlauts. Eine vokalische Sequenz verursachte hier eine Palatalisierung haupttoniger Vokale und Diphthonge, wodurch morphologische Alternanzen entstanden. Diese sind im Deutschen systematisiert worden zu Numeruskontrasten bei einer Reihe von Substantiven (ursprünglich bei denen der *i-* und der *iz-/az*-Klasse), zu einer Kombination von Person- und Numeruskontrasten bei einer Reihe von starken Verben (Umlaut in der 2. und 3. Person Sg. Ind. Präs. der Klasse VI und der reduplizierenden) und zu

---

8 Aus diesen Betrachtungen geht hervor, daß die nl. Verteilung der starken Verben der II. Klasse in eine Gruppe mit altem *û* und eine mit altem *eo* in den Handbüchern nicht ausreichend gesichert ist. Zwar kann ursprünglicher *eo*-Vokalismus in Verben wie *bedriegen*, *bieden*, *gieten* usw. nicht bezweifelt werden, aber alter *û*-Vokalismus ist nicht bei allen Verben des Typus *buigen*, *druipen*, *duiken* usw. überzeugend nachgewiesen: kann doch ein Teil von ihnen einen ähnlichen Ausgleich wie *ruiken* enthalten. Eine dialektgeographische Untersuchung der einzelnen Fälle im Südwesten kann hier Klarheit schaffen, denn in diesen Dialekten müßten Verben mit altem *û* im Gegensatz zu denen mit altem *iu/eo* lautgesetzlich gerundeten Vokalismus aufweisen.

9 "Der hierin gehörige Wechsel von *e* und *i* ... ist durch Ausgleich bis auf Reste beseitigt, nämlich die Formen *brict*, *ghift* ... und besonders Imperat. wie *ghif*, *sich*, *gilt* neben *ghef* usw." (J. Franck, Mittelniederländische Grammatik. Leipzig 1910², S. 120). Vgl. auch W. L. van Helten, Middelnederlandsche spraakkunst. Groningen 1887, S. 253–255.

Modusgegensätzen bei allen starken Verben mit umlautfähigem Vokalismus im Präteritum. Außerdem findet sich in der Wortbildung Umlaut vor einer Reihe von Suffixen, die ursprünglich einen Umlautfaktor enthielten. Am meisten fallen dabei die Diminutive und die Steigerungsstufen einer Anzahl von Adjektiven auf.

In der niederländischen Wortbildung gibt es zahlreiche Beispiele morphologischer Paare, die das frühere Vorkommen der Umlautalternanzen verdeutlichen. Im Mittelniederländischen läßt sich noch jede denkbare Alternanzmöglichkeit belegen, wie aus der folgenden Aufstellung hervorgeht:

2. MNL. UMLAUTALTERNANZEN IN DER WORTBILDUNG

a — e	tam "zahm" — temmen "zähmen"
a — ē	scap "Schrank" — scepel "Scheffel"
ā — e	waken "wachen" — wecken "id."
ā — ē	varen "fahren" — vere "Fähre"
ou — el	gewout "Gewalt" — geweldich "gewaltig"
o — ü	vol "voll" — vullen "füllen"
o — ȫ	brok "Brocken" — brueke "Bruch"
ō — ü	verholen "verhohlen" — hullen "hüllen"
ō — ȫ	geroken "gerochen" — rueke "Geruch"
ou — ül	gout "Gold" — gulden "golden"

Doch ist im Niederländischen — im Gegensatz zum Deutschen — der Umlaut nicht zu einem festen morphologischen Element geworden, obwohl im Prinzip die Möglichkeit zu einer systematischen Zuordnung der Alternanzen zu grammatischen Kategorien ebenfalls bestanden hat. Die neuniederländische Schriftsprache kennt noch ein einziges Beispiel in der Nominalflexion: Sg. *stad*, Pl. *steden*. Mittelniederländische Texte aus der östlichen Hälfte des Sprachgebiets erhalten noch relativ zahlreiche Reste der Alternanz in der Deklination und Konjugation.

Wie bei der Brechung sind für die Beseitigung des Umlauts in der Morphologie Gründe lautgesetzlicher Art anzuführen. Die westliche Hälfte des Sprachgebiets, in der die Hochsprache entstanden ist, kennt keinen Umlaut von Langvokalen und Diphthongen. Dadurch war die Zahl der Fälle, in denen lautgesetzlich eine Umlautalternanz entstehen konnte, im Vergleich zum Deutschen von vornherein reduziert. So war etwa bei einer Reihe von reduplizierenden Verben (z.B. *laten*, *lopen*) kein Umlaut in der Präsenskonjugation möglich (vgl. nl. *hij laat*, *loopt* mit dt. *er läßt*, *läuft*). Gerade bei den starken Verben der Klassen VI und VII fehlte weiter, im Gegensatz zum Deutschen, die Stütze der Brechungsalternanz zur Aufrechterhaltung der Umlautalternanz.

Schließlich hat der schnelle Abbau des Formenreichtums beim Verb und Substantiv die Beseitigung der Umlautalternanzen im Niederländischen gefördert:

Beim Substantiv:

Der Kasusverfall setzte früh ein. Eine Kasusform (Nom. oder Akk.) wurde verallgemeinert, wodurch Kasusgegensätze nicht-umgelautet/umgelautet verschwanden. Das Mittelhochdeutsche dagegen hatte z.B. noch einen solchen Kontrast im Sg. der femininen *i*-Stämme: der nicht-umgelautete Vokal erschien im Nom. und Akk., der umgelautete im Gen. und Dat. (*anst —
enste, vart — verte, huf — hüffe*). Weiter setzte die Verallgemeinerung der *n*-Deklination früh ein. Diese enthielt keine Umlautalternanzen. Der Umlaut konnte also nicht Merkmal des Plurals werden.

Beim Verb:

Das Personalpronomen der 2. Pers. Sg. (*du*) wird schon im Mittelniederländischen durch das Pronomen der 2. Pers. Pl. (*ghi*) ersetzt. Statt **du
veerst* erscheint dann *gi vaert*. Somit bleibt in der Präsenskonjugation der starken Verben nur die 3. Pers. Sg. mit lautgesetzlichem Umlaut übrig. Ostmittelniederländische Texte enthalten noch Formen wie *hi velt, hi
dreecht*, aber im Westen sind auch schon diese Formen durch *hi valt, hi
draecht* ersetzt worden. Schließlich ist zu bemerken, daß im Mittelniederländischen der Konjunktiv bereits in viel größerem Umfang aus der Konjugation verschwunden ist als im Mittelhochdeutschen.

Wir können wieder zusammenfassen: Die Identität des Präsensvokalismus in der Konjugation der starken Verben, die vorher ein konstituierendes Merkmal des Niederländischen genannt wurde, ist die Folge der Beseitigung nicht nur der Brechungs-, sondern nachträglich auch der Umlautalternanz. Auch in der Pluralbildung der Substantive ist die Vokalidentität, die sogar radikaler durchgeführt ist als im Englischen, konstituierend[10]. Die Teile der Wortbildung mit der klarsten Systematik, die Diminutivbildung und die Steigerung, kennzeichnen sich ebenfalls durch Ausmerzung des Umlauts.

---

10 Identität wird hier aufgefaßt als das Fehlen von Qualitätsdifferenzen durch Umlaut. Das Nl. kennt bei der Numeruskontrastierung der Substantive eine durch Dehnung von Kurzvokalen in offener Silbe entstandene Quantitätsalternanz (*schip/schepen, weg/wegen, dag/dagen, lof/loven*; vgl. weiter noch -*heid/-heden*). Vgl. dazu den dritten Paragraphen dieses Beitrags.

3. *Beseitigung der Formenvielfalt in der Pluralbildung der Substantive durch Verallgemeinerung der schwachen Endung.*

Die den Ausländer zunächst verwirrende Vielfalt der Möglichkeiten in der Pluralbildung der deutschen Substantive hat eine Reihe von Ursachen, die hier nicht in Einzelheiten analysiert zu werden brauchen. Im Kontrast zwischen starker und schwacher Beugung spiegeln sich alte morphologische Kategorien, in der Verwendung des Umlauts ein Lautgesetz mit morphologischen Folgen, in den *-er*-Pluralen bei Neutra hauptsächlich ein Vorgang der Analogie, in dem Markierungsmöglichkeiten bei der Numeruskontrastierung ausgenutzt wurden, in der Endungslosigkeit einer Reihe von Pluralen (bei Substantiven, die auf *-el*, *-er*, *-en* ausgehen) eine Neugruppierung des Materials nach Kriterien der lautlichen Struktur. Obwohl sich also im Laufe der Geschichte der deutschen Pluralbildung sehr viel geändert hat, kann man nicht von einer Vereinfachung des Systems sprechen.

Im Vergleich zur deutschen ist die niederländische Pluralbildung der Substantive sehr einfach. "Es gibt eine kleine, geschlossene Gruppe mit der Endung *-eren* ... Die normalen Pluralendungen sind, in geschriebener Form *-s* und *-en*, wobei dann noch, als Variante der letzteren, bei Wörtern auf *-e* die Endung *-n* genannt werden muß[11]. Obwohl die Endung *-s* (auf die ich nicht eingehen werde) viel häufiger ist als im Deutschen, ist doch der *-(e)n*-Plural historisch als der normale zu betrachten. Das bedeutet, daß im Gegensatz zum Deutschen, wo eine Art Gleichgewicht zwischen einer großen Anzahl von Typen der Pluralbildung entstanden ist, im Niederländischen eine Verallgemeinerung der schwachen Deklination stattgefunden hat. Diese ist wieder das Ergebnis von Analogiewirkungen, wobei lauthistorische und dialektgeographische Faktoren eine Rolle gespielt haben.

---

11 Van Haeringen, a.a.O., S. 57—58.

3. PLURALBILDUNG DER SUBSTANTIVE

"Lautgesetzliche" Numerusverhältnisse		"Lautgesetzliche" mnl. Formen	Tatsächliche nnl. Realisierungen
Mnl.	Nnl.		
- e / - en	− / - e(n)	hane/hanen, harte/harten, tonge/tongen (n-St.)	− / - e(n)
- e / - e	− / −	rugge/rugge, nette/nette (ja-St.), bede/bede, brugge/brugge ((j)ô-St.), bete/bete, sede/sede (kurzsilb. i-, u-St.)	− / - e(n)
− / - e	− / −	stoel/stoele (Ma-St.)	− / - e(n)
V − / V - e [+kz] [-kz]	V − / V − [+kz] [-kz]	dag/dage (Ma-St.)	− / - e(n)
V − / V - e [+hn] [-hn]	V − / V − [+hn] [-hn]	gast/geste (langsilb. i-St.)	− / - e(n)
− / −	− / −	woort/woort (Na-St.), vrient/vrient (Part.-St.), man/man (Wurzeln.)	− / - e(n)
		moeder/moeder (Verw.-Name)	− / - s

Lautgesetzlich wurden die unbetonten auslautenden Vokale des Westgermanischen zunächst im Mittelniederländischen zu - ə (geschrieben *e*) abgeschwächt und dann im Neuniederländischen apokopiert. Eine nicht von anderen Faktoren durchkreuzte Entwicklung der Pluralendungen hätte also in der Mehrheit der Fälle zu einem endungslosen Plural geführt. Nur die schwache Deklination und die kleine Gruppe der -*er*-Plurale konnte nicht von dieser Entwicklung betroffen werden. Innerhalb der großen Gruppe der Substantive mit endungslosem Plural wären Numerusmarkierungen nur bei einer Minderheit möglich gewesen, nämlich 1) wenn in alt- und mittelniederländischer Zeit ein Kurzvokal der Wurzel im Nom. (Akk.) Sg. in geschlossener, im Plural in offener Silbe gestanden hätte (hier müßte im Pl. Dehnungsvokal auftreten: *dag* − **daag*, vgl. mit tatsächlich realisiertem *dag* − *dagen*); 2.) Wenn nach umlautfähigem Kurzvokal der Wurzel im Plural, nicht im Nom. (Akk.) Sg. ein Umlautfaktor vorhanden war (hier müßte im Pl. Umlaut auftreten: *gast* − **gest*, vgl. mit tatsächlich realisiertem *gast* − *gasten*).

Zu dem uneffizierten Numerus-System, das bei mechanischer Anwendung der Lautgesetze entstanden wäre, ist es jedoch nie gekommen.

Schon am Anfang der mittelniederländischen Überlieferung ist Analogiewirkung zugunsten des schwachen Plurals zu beobachten [12]. In den nächsten Jahr-
hunderten verstärkt sich diese Tendenz. Doch müssen hier noch zahlreiche Einzelheiten untersucht werden [13]. Zu den Faktoren, die die Analogiewirkung
gefördert haben oder haben können, ist der schon in anderem Zusammenhang behandelte Schwund der Umlautpluralbildung zu rechnen. Andere
mögliche Ursachen sind bereits von Franck und van Loey-Schönfeld kurz
behandelt worden.[14] Diese sind: 1) Die Verwischung des Unterschieds
zwischen den *ô*- und *ôn*-Feminina vollzieht sich meistens so, daß — wie im
Deutschen — die *ô*-Feminina den Plural der *ôn*-Bildungen annehmen. 2) Die
starken Substantive, deren Nom. Sg. auf *-e* endete (*ja*-, kurzsilbige *i*- und
u-Stämme), hatten in dieser Form dieselbe lautliche Struktur wie die
schwachen, so daß günstige Vorbedingungen für eine Angleichung im Plural
vorhanden waren. 3) Der Dativ Pl. endete sowohl in der starken wie in der
schwachen Deklination auf *-en*. Bei der Abschwächung der Kasusgegensätze
kann sich diese Form über den Akkusativ, der mundartlich im Süden zur
Normalform wurde, durchgesetzt haben.

Auch die Dialektgeographie ist bei der Beurteilung dieser Analogiewirkung zu berücksichtigen. Der Südwesten (Flandern-Seeland) steht mit
seinen Auslautgesetzen auf einem altertümlicheren Standpunkt als die im
Norden und Osten sich anschließenden Gebiete Holland und Brabant. Im
Südwesten gilt die Regel, daß altes auslautendes *-ə* und *-ən* erhalten
bleiben, in Holland-Brabant, daß *-ə* apokopiert und *-ən* zu *-ə* reduziert
wird. Wie alt Apokope und Reduktion in der Volkssprache dieses Areals
sind, ist allerdings ungewiß. Bei Periodisierungsversuchen ist es bequem, den
südwestlichen dialektgeographischen Befund als den mittelniederländischen
überhaupt zu betrachten; der holländisch-brabantische stimmt rein laut-
lich — also von morphologischen Analogiewirkungen abgesehen — mit dem
der neuniederländischen Standardsprache überein.

Im flämisch-seeländischen Gebiet, wo der Ausgleich in der Deklination
schon im 13. Jahrhundert angefangen hatte, muß der Analogievorgang
verhältnismäßig einfach gewesen sein. Er bestand darin, daß die Substantive,
die vorher im Plural auf *-e* endeten, zusätzlich ein *-n* bekamen; ob der
Singular auf *-e* endete oder nicht, war dabei unerheblich. Die neutralen
a-Stämme (Typ *woord*) bekamen die ganze Endung *-en*. In Holland und

---

12 "Daarnaast drong echter reeds in 't oudste mnl. de (voor het eerst in West-
     Vlaanderen aangewezen) vorm op *-en* in, die nog voor 't eind van de
     middeleeuwen een geduchte concurrent van de *-e* was geworden" (A. van Loey,
     Schönfelds Historische grammatica van het Nederlands. Zutphen 1970[8], S. 123).
13 "Een volledige, volkomen genuanceerde beschrijving van het mnl. ontbreekt nog"
     (A. van Loey, Middelnederlandse spraakkunst. I. Vormleer. Groningen 1973[7], S. 8).
14 Franck, S. 146—147; Schönfeld - van Loey, S. 123; van Loey, S. 12.

Brabant dagegen muß – insofern kein Einfluß des Dativs Plural gewirkt hat – die Verallgemeinerung der schwachen Endung hauptsächlich als papierner Vorgang betrachtet werden[15], wobei die bis ins 15. Jahrhundert tonangebende flämische Schreibsprache mit eine Rolle gespielt haben wird. Bei der historischen *n*-Deklination mußte der Gegensatz Sg. *-e*/ Pl. *-en* sich zu einem Gegensatz Sg. ϕ/Pl. *-ə* entwickeln (*bane/banen > baan/bane*). Dabei wurde die Schreibung *-n* im Pl. beibehalten. Bei den historisch starken Substantiven, deren NASg auf *-e* endete (das heißt bei den kurzsilbigen *i-* (*beke*) und *u*-Stämmen (*sede*), den *ja-* (*putte*) und *ô*-Stämmen (*bede*)) wurde das *-e* im Sg. lautgesetzlich apokopiert; im Pl. blieb es jedoch, da man zur Markierung des Numeruskontrasts ein Merkmal brauchte[16], erhalten; dabei konnte analog zur Wiedergabe des Plurals in der vorigen Gruppe und unter flämischem Einfluß *-en* geschrieben werden. Bei den ehemaligen maskulinen *a*-Stämmen vollzog sich dann im Plural ebenfalls nur eine orthographische Änderung. Das Gleiche gilt für die früheren langsilbigen *i*-Stämme mit Kurzvokal (*gast*), insofern der Übergang hier nicht als einstufig statt zweistufig zu charakterisieren ist (*geste > gasten* statt *geste > gaste > gasten*). Bei den neutralen *a*-Stämmen (*woord*) ist, wie im Flämisch-Seeländischen, die Pluralendung ganz neu; das *-n* ist im Gegensatz dazu wieder eine papierne Erscheinung[17].

Die Vereinfachungen der Formenlehre, wodurch das Niederländische sich in charakteristischer Weise vom Deutschen abhebt, beschränken sich nicht auf die drei besprochenen Fälle. Andere Entwicklungen sind ebenfalls sehr einschneidend gewesen: in der Deklination der vollständige Kasusverlust und der partielle Genusverlust, in der Konjugation der Schwund des Konjunktivs. In all diesen Fällen läßt sich wahrscheinlich machen, daß Abstufungen der Lautgeographie im Kontinuum der kontinentalwestgerm. Mundarten den Boden für morphologische Änderungen auf der Basis der Analogie vorbereitet haben, so daß durch Neuerungen im Nordwesten niederländisch-deutsche Gegensätze entstanden. Im vorgesehenen zeitlichen Rahmen ist jedoch eine Behandlung dieser Erscheinungen nicht mehr möglich.

15 Limburg, das ebenfalls apokopiert, aber in seiner Pluralbildung der Substantive sich dem Deutschen anschließt und außerdem als rezeptives Gebiet zu betrachten ist, braucht in diesem Zusammenhang nicht berücksichtigt zu werden.

16 Diese Auffassung findet eine Stütze in van Haeringens Feststellung, daß *-ə* vor allem erhalten blieb, wo es als Merkmal einer grammatischen Kategorie unentbehrlich war: Opmerkingen bij de apocope van *-e*. In: De nieuwe taalgids 31 (1937), S. 241–250 und 322–333. Auch in: C. B. van Haeringen, Neerlandica. Den Haag 1962², S. 167–186.

17 Diese Skizze ist mit Sicherheit zu einfach, weil im Apokope-Gebiet in bestimmten phonetischen Umgebungen (hauptsächlich vor Vokal) trotzdem ein *-n* realisiert wird. Diese Erscheinung muß mit ihren Differenzierungen noch dialektgeographisch untersucht werden.

Abschließend möchte ich noch kurz auf zwei Punkte hinweisen. Der
erste betrifft die Lokalisierung der Genese der besprochenen und nicht
besprochenen Neuerungen. Der Herd befindet sich jedesmal im Westen des
Sprachgebiets, im Streifen Flandern — Seeland — Holland, d.h. am Rande
der kontinentalen Germania. Das auffälligste Merkmal des Deutschen, die
zweite Lautverschiebung, hat sich am entgegengesetzten Rand, im
bairischen oder alemannischen Oberdeutsch entwickelt. In beiden Fällen ist
ein Pol zum Kern eines Teils des früheren Ganzen geworden.

Der zweite Punkt betrifft die Gemeinsamkeiten, die trotz historisch
gewachsener Polarisierung Deutsch und Niederländisch doch noch verhältnismäßig eng miteinander verbinden. Zwei Teildisziplinen haben ihre
Erforschung zum Gegenstand: Dialektologie und Sprachgeschichte. Gerade
sie ermöglichen es, obwohl sie in letzter Zeit etwas in den Hintergrund
getreten sind, aufgrund von Verbindungen im sprachlichen Material selbst,
die Linguistik des Deutschen und die des Niederländischen als Teile einer
Sprachwissenschaft zu betrachten, die man "germanistisch" zu nennen
berechtigt ist.

Die Junggrammatiker nach 100 Jahren

Von J. L. M. Trim, Cambridge

Anstatt bei solch ungewohnter Wärme zusammengedrängt in diesem Saal zu sitzen, wäre es nicht angenehmer, in nächtlicher Kühle zusammen mit Otto Jespersen und Andreas Heusler im Kopenhagener Lustgarten Tivoli zu sitzen und gespannt auf den berühmten dänischen Philologen Karl Verner zu lauschen, wie er die Umstände einer großen Entdeckung beschreibt? Verner, der zu jener Zeit ein völlig unbekannter Student der germanischen Philologie war, befand sich in einem schlechten Gesundheitszustand und mußte jeden Nachmittag ruhen, konnte aber nie einschlafen. Welch besseres Schlafmittel als Bopps *Vergleichende Grammatik der Indogermanischen Sprachen*? Wegen der besonderen Typographie, die die Sanskritformen (die bei Sprachvergleichen im frühen 19. Jahrhundert als mustergültig angesehen wurden), hervorhob, fiel sein Blick unwillkürlich auf die beiden Formen *pitár* und *bhrátar*. Wie seltsam, dachte er, daß die entsprechenden Formen in den germanischen Sprachen einen konsequenten Unterschied in der inlautenden apikalen Konsonanz aufzeigten! So zum Beispiel *Vater* und *Bruder*. Könnte es irgendwie mit dem Unterschied in der sanskritischen Betonung zusammenhängen, die einem vom Blatt sozusagen ins Auge sprang? Gibt es sonst noch Beispiele? Aha! recht viele! Keine Gegenbeispiele? Jespersen[1] stellt in bunten Farben die sich steigernde Erregung des im wissenschaftlichen Prozeß befangenen Forschers dar: die erste, entscheidende Beobachtung; die gewagte Hypothese, im Nu konzipiert; die Bestätigung von Parallelfällen; die Suche, ergebnislos, nach Gegenbeispielen. Dann die vorsichtige Darstellung der Forschungsergebnisse im engsten Kollegenkreis; die wachsende Sicherheit; die Vorlage des Artikels einer angesehenen Zeitschrift — nicht etwa einer provinziellen, inner-skandinavischen, sondern Kuhns *Zeitschrift für vergleichende Sprachforschung* selbst! Danach beschreibt Jespersen den Artikel selbst — den raffinierten Aufbau nach den Regeln der Rhetorik: Zuerst werden die verwirrenden Fakten dargestellt; dann die falschen, bisher angebotenen Lösungen zur Schau gestellt, demoliert, ausgelacht. Dann erst die richtige Lösung, unumgänglich und unumstößlich in ihrer Einfachheit: "Indogermanisch *k/t/p* gingen erst überall in *h/þ/f* über; die so entstandenen stimmlosen fricativae zusammen mit der vom Indogermanischen ererbten stimmlosen fricativa *s* wurden weiter inlautend bei stimmhafter Nachbarschaft selbst stimmhaft,

1 Jespersen (1933), S. 12–13 'Karl Verner'.

erhielten sich aber als stimmlos im Nachlaute betonter Silben[2]." Eine allgemeine Schlußfolgerung rundet den Artikel ab: "Die erste Lautverschiebung gestattet — die unbedingte Nichtverschiebung in gewissen Konsonantenkomplexen abgerechnet — keine haufenweise auftretenden Ausnahmen — Kopenhagen, Juli 1875 [3]."

Sofort glänzender Erfolg! Die Einladung nach Leipzig — der reisemüde Jüngling in seinen staubigen, abgeschabten Lumpen wird von der Tochter des Professors vor der Tür abgewiesen, aber der würdige Professor Müllenhoff selbst, der den Namen zufällig hört, begrüßt ihn feierlich und lädt ihn ein.

In den folgenden Monaten folgen ernste — und auch heitere — Diskussionen mit jungen, genialen Kollegen bis tief in die Nacht hinein im Leipziger Wirtshaus "Zum Kaffeehaus".

Dann aber die Rückkehr in die Provinz und in die Verborgenheit; das Versiegen der Quellen der Inspiration; der trockene Professor leiert vor einer handvoll Studenten pedantische, sprachwissenschaftliche Einzelfakten herunter, verbringt müßige Stunden in Kneipen und Wirtshäusern. Von Zeit zu Zeit erscheint jedoch irgendein vornehmer, weltberühmter Wissenschaftler, der seinen Besuch wie einer der Heiligen drei Könige beim verkannten, ungeachteten Professor macht. Bei seinem vorzeitigen Ableben treffen zum Erstaunen der Ortsansässigen Beifall und Würdigungen von allen Seiten ein für den großen Entdecker des Vernerschen Gesetzes!

Naja, wir spüren, daß nicht nur Professor Verner, sondern auch sein Schüler, Professor Jespersen, Landsmann des gestern vor 100 Jahren verstorbenen Hans Christian Andersen ist. Es ist nur schade, daß uns hier im Sprachlabor Zeit und Mittel fehlten, die Geschichte für Sie zu verfilmen! Der Wortlaut des Gesetzes, vertont und mit Begeisterung vom King's-College-Chor gesungen, wäre zweifellos der Höhepunkt des Kongresses gewesen!

Die Veröffentlichung von Verners Gesetz, die erst 1876 erfolgte, löste eine Reaktion aus, deren Nachhall bis heute andauert. Vor allem entfachte es eine brennende Flamme in der Gruppe von jungen, zum Teil sogar sehr jungen Linguisten, die sich 1875 in Leipzig um den Slavisten August Leskien (1840—1916) sammelte. Außer Leskien, der mit 35 Jahren schon der Doyen der Gruppe war, befanden sich im Kreis der Junggrammatiker, wie sie bald getauft wurden, die Indogermanisten Berthold Delbrück (1842—1922),   Hermann Osthoff   (1847—1909)   und   Karl Brugmann (1849—1919), und die Germanisten Hermann Paul (1846—1921), Wilhelm Braune (1850—1926) und Edouard Sievers (1850—1932). Zur selben

2 Verner (1877), S. 114.
3 Ebenda, S. 130

Richtung gehörten die gleichaltrigen Ausländer Karl Verner (1846—1896), Wilhelm Thomsen (1842—1927), Henry Sweet (1845—1912), Baudouin de Courtenay (1845—1929) und der Schweizer J. Winteler. 1876 trat auch der noch jüngere geniale Schweizer Ferdinand de Saussure (1857—1913) hinzu. Auch im gleichen Alter, aber abseits von der Gruppe standen die Linguisten Wilhelm Scherer (1841—86), Hugo Schuchardt (1842—1927) und Johannes Schmidt (1843—1901). Daß zu eben diesem Zeitpunkt so viele hochbegabte junge Männer sich von der Sprachwissenschaft angezogen fühlten, bezeugt das hohe Prestige des Fachs, das um 1870 mit einem gewissen, nicht unberechtigten nationalen Stolz verbunden war. In den Worten von Theodor Benfey (1869): "Die zahlreiche Genossenschaft ausgezeichneter Männer, welche zur Entwicklung dieser Wissenschaft beigetragen haben, sind fast ausnahmslos Söhne unseres Vaterlandes." Auch in einem tieferen Sinn war die historisch-vergleichende Sprachwissenschaft "eine deutsche Wissenschaft". Die jahrhundertelange Sehnsucht der Deutschen nach einer Genealogie, die sie zu Ebenbürtigkeit mit den alten Kulturvölkern erheben würde, motivierte die Schottelsche — und sogar die Luthersche — Deutung des Babelmythos. Stammbaum und Wurzel waren prägnante, vielschichtig bedeutungsvolle Wörter. In der Ureinheit und Urreinheit der deutschen Sprache suchte man eine Rechtfertigung des Strebens nach Eintracht in der Gegenwart. In diesem Sinne der Vaterlandsliebe hatten Sprachforscher, die "zu den glänzendsten Gestirnen des deutschen Geisteshimmels[4]" gehörten, wertvolle Dienste geleistet. Vor allem wurde die Methodik und die Leistungsfähigkeit des deutschen Universitätssystems allgemein bewundert.

Der Generationswechsel von 1875 bedeutete aber mehr als das regelmäßige Heranwachsen junger Wissenschaftler, die an überlieferten Problemen mit überlieferten Methoden arbeiten würden. Obwohl Vossler aus späterer Sicht geringschätzend von den 'Dachdeckern um Osthoff' sprach, stellten sich die Junggrammatiker selbstbewußt neue Aufgaben, die neue Methoden und einen neuen theoretischen Rahmen erforderlich machten. Die methodologischen Fehler der Vorgänger sahen sie mit besonderer Klarheit, aber auch die Zielsetzung empfanden sie als irrelevant.

Mit der Begründung des Reiches durch Blut und Eisen war die alte Sehnsucht nicht nur gesättigt, sondern der Geist, dem sie entsprang, schien überholt und verdächtig. Der Versuch Wilhelm Scherers, in der Geschichte der deutschen Sprache das Wesen des deutschen Geistes in seiner Entwicklung darzulegen, also die Herder-Adelungsche Kulturtheorie im Sinne des herrschenden optimistischen Nationalismus zu modernisieren, wirkte

---

4 Benfey (1869), S. 15.

schon damals chauvinistisch und unzeitgemäß. Das Buch fand bei den Junggrammatikern keinen Anklang. Die Unternehmung wurde auch von Scherer bald aufgegeben, der sich dann von der Sprach- zur Literaturwissenschaft wandte.

Auch auf die Arbeit von Jakob Grimm blickte man nicht ohne Bedenken zurück. Man würdigte die hohe wissenschaftliche Leistung, huldigte der Breite und Tiefe der bahnbrechenden philologischen Kritik. Die Abneigung gegen die Neuzeit, die zu Grimms Altertumsliebe gehörte, war aber ebenso im Widerspruch zum neuen Zeitgeist wie der bildhafte, poetisierende Stil, der allzuoft der präzisen Fragestellung entwich[5]. Das Blendwerk der öffentlichen Vorträge Max Müllers, die ihm (Lichtenbergs Einteilung der Wissenschaften zu Trotz[6]) doch zu ruhmvoller Ehre und Brot zugleich verhalfen, verachtete diese neue Generation als eine trügerische Mischung von Scheinwissenschaft und Frömmelei unter Ausbeutung der etymologischen Forschungen Potts. Gefährliches Zeichen der Entartung war auch Potts aristische Rassentheorie[7], wie auch die Heraufbeschwörung in Tonkunst und Drama einer wirklichkeitsfeindlichen germanischen Mythologie und der Versuch in der Baukunst sowie in den bildenden Künsten, das deutsche Mittelalter wieder ins Leben zu rufen — was sich aber in der Tat als leblose und flaue Nachmachung erwies. In dieser erstickenden Atmosphäre unechten, lebensfremden Scheinhistorisierens kam das Manifest der Junggrammatiker, das Vorwort zu den morphologischen Untersuchungen von Brugmann und Osthoff, als befreiender Schlachtruf. Die frische Luft und das klare Licht des Alltags waren gerade das, was die jungen Männer von 1875 dringend nötig hatten. Lange Jahre danach schrieb Alfred Thumb[8] über eine Zeit von Gärung und Umwälzungen. In seiner Streitschrift gegen die Junggrammatiker beklagt sich Schuchardt sogar über das Eindringen vom Geschrei des Pöbels in die Wissenschaft. Der Kernsatz der neuen Lehre, "die Lautgesetze wirken blind und ausnahmslos", war von Anfang an heftig umstritten, von den Anhängern überspitzt formuliert und von den Gegnern mißverstanden und in Abrede gestellt. Beide Seiten erhitzten sich an der Frage, ob menschliche Handlungen überhaupt frei und willkürlich oder unbewußten Gesetzmäßigkeiten unterworfen seien — obwohl am Ende die Zweckmäßigkeit des Prinzips doch eine methodologische ist, da sie die Basis für das Entknäueln höchst komplizierter Vorgänge bereitstellt[9].

---

5 Als Beispiel dafür s. Grimm (1848), S. 191, wo eine Art Dreiheiligkeitsgesetz sprachliche Kategorien bestimmen soll.
6 S. Grimms Vortrag auf der Germanistenversammlung zu Frankfurt a.M., 24—26 Sept. 1846. Grimm (1884), Bd. 7, S. 563.
7 Pott (1856).
8 Streitberg (1916), S. 39 ff.
9 Leskien (1876). Wundt (1885). Brugmann (1900).

Der Grundsatz war auch nicht aus blauem Himmel gekommen, sondern eine konsequente Fortsetzung der Entwicklungen in der vergleichenden Indogermanistik in den sechziger und frühen siebziger Jahren. Leskien hatte bei August Schleicher studiert, der den Versuch einer Gesamtdarstellung der indogermanischen Ursprache gemacht und dabei einen Stammbaum der indogermanischen Sprachen aufgestellt hatte. Schleicher war ein Liebhaber der Botanik, und obwohl er auf die Unabhängigkeit seiner Theorie von der Lehre Darwins bestand, hielt er diese für beinahe selbstverständlich, "ein echtes Kind unseres Jahrhunderts[10]." Nur im pietistischen England hätte diese Theorie, die in Deutschland schon lange zum allgemeinen Gedankengut gehörte, seiner Meinung nach so viel Aufsehen erregt. So prägte er seinen Studenten die Notwendigkeit der Einführung naturwissenschaftlicher Methoden in die Sprachwissenschaft ein — wie exakte Beobachtung, Beschreibung und Klassifikation der Tatsachen als Voraussetzung für den Entwurf von hypothetischen kausalen Zusammenhängen, strenge Überprüfung der Hypothesen nach ihrer inneren Logik, Erklärung aller augenscheinlichen Ausnahmen als Folgen von anderen eingreifenden gesetzmäßigen Vorgängen. Schleicher blieb aber noch in paläontologischen Gleichnissen befangen: "Die Sprachen sind Naturorganismen, die, ohne vom Willen des Menschen bestimmbar zu sein, entstanden, nach bestimmten Gesetzen wuchsen und sich entwickelten und wiederum altern und absterben[11]."

Die Kritik Johannes Schmidts im Jahre 1870 an Schleichers Stammbaumtheorie hatte aber den Glauben an die einheitliche indogermanische Ursprache zerstört, die sich jetzt als 'wissenschaftliche Fiktion' erwies. Rekonstruierbar waren von nun an nur verschiedene Phasen eines kontinuierlichen Entwicklungsvorganges, in dem die usuellen Sprachformen aufeinanderfolgender Generationen allmählich nach örtlich und zeitlich gebundenen Änderungen des Usus differenziert wurden, je nach den Verhältnissen zwischen den im gesellschaftlichen Verkehr aufeinanderwirkenden Individuen. Ordnung in diese Vorgangsmasse zu bringen hieße, darzustellen, daß zu jeder Zeit und an jedem Ort dieselben Entwicklungsfaktoren gesetzmäßig wirksam gewesen wären, wie sie heute noch überall zu beobachten sind. Damit waren auch die bei den Romantikern beliebten Begriffe von Leben und Tod, vorgeschichtlichem Wachsen und Gedeihen, geschichtlichem Verfall der Sprachen sowie der Begriff der strikten Reihenfolge typologischer Spracharten in der Sprachentwicklung aus der Sprachwissenschaft verbannt. Nicht mehr die Wiederherstellung einer Ursprache, sondern die mit strenger Konsequenz durchzuführende Aufklärung des geschicht-

---

10 Schleicher (1863), S. 11.
11 Ebenda, S. 6.

lichen Werdeganges einer Sprachfamilie war von nun an die Hauptaufgabe der Sprachwissenschaft.

Als erste, eindrucksvolle Bestätigung der Richtigkeit und Fruchtbarkeit dieses neuen Ansatzes kam im Jahre 1870 die Preisschrift des Dänen Wilhelm Thomsen über den Einfluß der Germanischen Sprachen auf das Finnische. Gerade die Nichtverwandtschaft dieser beiden Sprachen ermöglichte das genaue Auseinanderhalten der verschiedenen Faktoren bei der Entlehnung und die Erschließung des ursprünglichen germanischen Lautzustandes bei späterer konsequenter Einwirkung der Lautgesetze. Man kann noch heute die Kraft dieser Darstellung empfinden und sich vorstellen, was für einen Eindruck sie auf den Übersetzer machen mußte. (Es war nämlich die erste wissenschaftliche Arbeit des erst zwanzigjährigen Edouard Sievers, der bald danach mit knapp einundzwanzig Jahren Professor wurde). In dieser Situation schien Verners Gesetz eine Reihe von wichtigen Grundsätzen zu bestätigen. Nicht nur eine wichtige Gruppe noch nicht erklärter Ausnahmen zur ersten Lautverschiebung fanden darin eine Erklärung, sondern das Gesetz erklärte auch, daß sie überhaupt keine Ausnahmen gewesen waren; zweitens war dieses Phänomen erst verständlich, wenn man es als Endergebnis von mehreren an sich konsequenten, gesetzmäßigen Vorgängen analysierte, die sich stufenweise in der Vorgeschichte vollzogen hatten und wobei das Hauptmoment in keiner der betreffenden Sprachen erhalten war. Drittens war die Tatsache, daß der verursachende Faktor bei diesem Lautwandel prosodischer Natur war, ein Beweis für die Unzulänglichkeit jeder "Buchstabenlehre". Der Vorwurf Merkels war also gerechtfertigt, daß der "sonst so hochverdiente J. Grimm" die Hauptschuld an der Vernachlässigung der Phonetik trage, da er die eigene Abneigung von der Lautphysiologie seinen Schülern und Lesern übermittelt und die Lautlehre nur als Buchstabenlehre behandelt habe, "wodurch er sehr natürlich aus gewissen Irrtümern gar nicht herauskam und den Fortschritt seiner Wissenschaft verzögerte[12]."

Merkel, Außerordentlicher Professor der Medizin in Leipzig, war der Typus des gebildeten, aufgeschlossenen Mediziners der Zeit, der zu den Hals-Nasen-Ohrenärztlichen Fachkenntnissen eine gründliche Schulung in alten Sprachen vom Gymnasium mitbrachte und außerdem eine mindestens liebhaberische, vielleicht eingehendere musikalische Ausbildung besaß. 1866 erschien seine *Physiologie der menschlichen Sprache*. "In vorliegender Schrift", so lautet das Vorwort, "bin ich bemüht gewesen, ... allen denen, welche ihr Beruf auf historische, philologische, grammatische und lautliche Sprachstudien ... eine möglichst sichere, wissenschaftliche Grundlage für

12 Merkel (1868), S. IV—V.

die Erklärung der Thatsachen der Lautgeschichte ... in die Hände zu geben[13]." Neben Merkels Arbeit boten die Arbeiten von Lepsius, Thausing und dem Wiener Physiologen Brücke eine feste Basis für Sievers, der im Jahre 1875 den Stoff vom sprachwissenschaftlichen Standpunkt für das linguistische Publikum bearbeitete und es im folgenden Jahre als *Grundzüge der Lautphysiologie* veröffentlichte.

Die nächsten zehn Jahre gehören zu den fruchtbarsten in der Geschichte der Germanistik, der Linguistik und der Phonetik. In einer Atmosphäre von Optimismus und Zuversicht entstand "eine lebhafte Thätigkeit, die in Fühlung mit der indogermanischen Sprachwissenschaft und unter Anwendung einer vervollkommneten Methode zu bedeutenden Fortschritten führte[14]." wie Paul seine Jugend am Lebensende beschrieb. De Saussures geniale Systemanalyse des indogermanischen Ablauts öffnete einen bisher ungeahnten vorgeschichtlichen Hintergrund zu der indogermanischen Ursprache, wie Verner es für die germanische getan hatte. In den Händen von Sievers und Sweet erreichte die artikulatorische Phonetik einen hohen Grad der Stabilität und Zuverlässigkeit für den Sprachforscher. Wilhelm Viëtors (1886) Ruf zur Reform des Fremdsprachenunterrichts im Sinne der neuen lebensnahen Sprachwissenschaft öffnete einen Weg, der in gerader Linie über Sweet (1899), Passy (1912), Jespersen (1904) und Bloomfield zu Fries (1945) und Lado (1964) und der angewandten Linguistik führt. Der Mechanismus von Lautwandel, Analogiebildung und Entlehnung brachte Ordnung in unzählige sprachgeschichtliche Vorgänge.

Eine integrierende Gesamttheorie versuchte Hermann Paul in seinen *Prinzipien der Sprachgeschichte* darzubieten. Wegen des später berüchtigten Machtworts "Sprachwissenschaft gleich Sprachgeschichte" gilt Paul heute noch als hartnäckiger Gegner der wissenschaftlichen Untersuchung der Gegenwartssprache. Jedoch, wie Koerner (1971) klar beweist, mit Unrecht. Paul verlangt von jedem Sprachforscher eine gründliche Schulung in der Phonetik und in der exakten Beobachtung des eigenen Verhaltens, die sorgfältige Analyse des eigenen Sprachgefühls und des aus ihrem Verhalten erschlossenen zugrundeliegenden Sprachorganismus anderer Individuen. Also die Lebensaufgabe eines modernen Linguisten fordert er als Voraussetzung für die eigentliche sprachwissenschaftliche Aufgabe, nämlich die Analyse und Darstellung der gegenseitigen Beeinflussung der individuellen Sprachorganismen im Laufe des gesellschaftlichen und sprachlichen Verkehrs und die Untersuchung der Faktoren, die dabei wirksam sind; dann erst die Übertragung dieses Wissens auf die Vergangenheit, die Rekonstruktion und

13 Ebenda, S. III—IV.
14 Paul (1916), S. 16.

Interpretation im Licht der gewonnenen Prinzipien der jeweiligen örtlich und räumlich beschränkten sprachlichen Formen, wie sie aus den "zufälligen Resten" der Vergangenheit, den überlieferten sprachlichen Denkmälern, zu erschließen sind.

Hier spricht kein engstirniger Gegenwartsfeind! Leider war aber dieses grandiose Ziel noch verfrüht. Die zugrunde liegenden Begriffe der Herbartschen Individualpsychologie und der frühdarwinistischen Soziobiologie gaben eine Erklärung vieler geschichtlicher Einzelvorgänge. Der von Humboldt stammende Terminus "Sprachorganismus" sowie der von Becker (1828) erfundene, von Lachmann angenommene und von Hildebrand weiterentwickelte Terminus "Sprachgefühl" verkörperten den Begriff eines dem Individuum bewußt oder unbewußt innewohnenden, organisierten Sprachsystems, aus dem heraus der Sprecher seine Äußerungen gestaltet[15]. Für Paul aber, wie für seine Vorgänger, blieben sie leere Formeln. Wie Grimm und Lachmann dachte er wohl dabei an die alte verrufene kritisch-philosophische Grammatik des 18. Jahrhunderts[16]. Die Logik ehrte er, doch ohne Verlangen; die von Frege ausgehende Erneuerung der Logik, die der modernen Linguistik wertvolle Werkzeuge in die Hand gegeben hat, fand weder bei ihm noch bei den sprachwissenschaftlichen Zeitgenossen Anklang. Für Paul scheint also der Sprachorganismus nichts zu enthalten als physiologisch-akustische Gedächtnisbilder, die der Erfahrung nach mit Vorstellungsmassen assoziiert sind, aber asystematisch nebeneinander liegen. Eine so verarmte Auffassung der seelischen und geistigen Strukturen, die den Sprachfähigkeiten des Menschen zugrunde liegen, hatte dem Forscher wenig zu bieten. Leider scheint Paul nie weiter darüber nachgedacht zu haben. Bei zunehmender Krankheit und Erblindung verteidigte er seine Position vor allem gegen Wundt, wandte sich aber dann von der Sprachtheorie zugunsten der Fertigstellung der *Deutschen Grammatik*, die unter solchen Umständen eine große menschliche Leistung war.

Auch die deutschen Zeitgenossen und unmittelbaren Nachfolger in ihren Seminaren sahen klare, konkrete Aufgaben vor sich und waren mit Detailarbeit zufrieden. In fast 40 Jahren "lebhafter Tätigkeit" in Deutschland wurde die 'vervollkommnete' junggrammatische Methode auf die Geschichte von allen schriftlich überlieferten europäischen und zum Teil orientalischen Sprachen angewendet. Das Lautgesetz, als unbewußte Vollziehung des Lautwandels innerhalb von ziemlich engen Sprachgemeinschaften, behielt seinen Wert als Ausgangspunkt für die Feststellung der "Störungsfaktoren", die

---

15 S. auch Schmitthenner (1828), S. XIII: "Durch die Art, wie in einer besonderen Sprache das logische Prinzip mit dem akustischen vermählt erscheint, ist der Genius dieser Sprache, der Sprachgeist, bedingt."

16 Lachmann (1876), S. 343 u. 349. Grimm (1890, S. 31 ff; (1870), S. VI.

aber, weit über die Analogie hinausreichend, sich ständig vermehrten, bis man einzusehen glaubte, die jeweiligen Sprachzustände und -veränderungen seien nichts als sekundäre Ergebnisse mannigfaltigster Kulturströmungen. Dieser Glaube wurde auch von der in Schwung gekommenen sprachgeographischen Forschung gestärkt. So geriet allmählich die Funktion der Sprache als organisiertes Kommunikationssystem in Vergessenheit. Ahrens (1955) schildert die Folgen für die Sprachwissenschaft so: "Das Ergebnis der Entwicklung in Deutschland war am Ende des Jahrhunderts, daß man mit den entwickelten erfolgreichen Methoden schließlich ins Leere stieß, das heißt an den Punkt kam, wo sie versagten. Denn es hatte sich dasselbe ereignet wie gleichzeitig in der Naturwissenschaft; die denkerische Bewältigung des Stoffes hatte mit seiner technischen Bearbeitung nicht Schritt gehalten. Das Ende war zunächst Resignation gegenüber den größeren, ursprünglich für realisierbar gehaltenen Aufgaben und die Beschränkung auf immer kleinere Teilprobleme[17]."

In Deutschland wurde die Hauptrichtung eine philologische, wobei die Hauptmomente nicht in der Sprache selbst zu suchen waren, sondern in den nichtsprachlichen Kulturentwicklungen, die jene bedingten. Hans Bork gibt dieses Bild von der Arbeitsweise K. Burdachs:

"Immer wieder ist Burdach der Entwicklung der deutschen Sprache und Sprachforschung nachgegangen. Für seinen Weg wurde dabei die Erkenntnisrichtung bestimmend und es ist seitdem geblieben, daß Sprachgeschichte Bildungsgeschichte ist. Es gibt keine selbständige sprachliche Entwicklung. Die neuhochdeutsche Diphtongierung z.B. vollzieht sich so wenig wie irgendeine andere sprachliche Wandlung als einfacher Naturvorgang. Es ist vielmehr nur der sprachliche Reflex einer bestimmten Kulturströmung. Wie die Verbreitung einer Mode, so entspringt auch das Fortschreiten einer Sprache, vielmehr noch einer Schreitgewohnheit dem Übergewicht, der überlegenen Lebenskraft einer Kultur, einer gesellschaftlichen Macht[18]."

Dabei wurde die geschichtliche Sprachbetrachtung nicht mehr ein Versuch, die Gegenwartssprache zu begründen und zu verstehen; die gesamte Sprachwissenschaft wurde zur Hilfskraft. Selbstzweck war das Verständnis der literarischen Kunstdenkmäler, die aber nur aus dem Kontext, dem sie entstammen, zu begreifen, teilweise sogar durch philologische Behandlung erst zu erschließen seien. Hier arbeiteten Braune[19] und andere "nach dem Vorbilde Lachmanns in gerader Linie fort[20]." Eine Zeitlang, unter dem Einfluß Scherers, der als erster sich von der Sprachwissenschaft, wo er

17 Arens (1955), S. 278.
18 Bork in Burdach (1934), Geleitwort.
19 Dünninger (1952), S. 188.
20 Dünninger (1952), S. 177.

keine "bleibenden Leistungen[21]" hinterließ, zur Literaturwissenschaft
wandte, wurde diese positivistische textphilologische Methode maßgebend
für die ganze Literaturwissenschaft: "Motivvergleichungen, Stilparallelen,
Vorbilder, Einflüsse, das sind die immer wieder behandelten und an Einzel-
werken und Persönlichkeiten erprobten Themen. Milieuforschung, psychologische und soziologische Problemstellung tritt zu der genauen Text-
behandlung[22]."

Dieser durchgehende Historismus als Fortsetzung der Lachmannschen
Philologie gilt heute noch in weiten Kreisen als die einzig streng wissenschaftliche Methode. Im frühen 20. Jahrhundert aber kam in der Literaturwissenschaft die Lehre von der Selbständigkeit des literarischen Kunstwerks
als organisierte geistige Form auf. Das Werk ist aus dem inneren Bau und
der Art der Verarbeitung des geistigen Stoffes zu verstehen, wobei die
ganze Schererische Apparatur weniger hilfreich als störend ist. Daher unter
anderem die Revolution von 1917 in der Anglistik in Cambridge und das
Aufkommen der Diltheyschen Geisteswissenschaft. Mit wenigen Ausnahmen
auf beiden Seiten gingen moderne und mittelalterliche literarische Studien
methodologisch auseinander.

In ähnlicher Weise suchte auch die Sprachwissenschaft außerhalb von
Deutschland einen Weg aus der Sackgasse, in die das Studium der von
Hjelmslev als "d i s i e c t a   m e m b r a der Sprache[23]" bezeichneten
Einzelfakten sie gebracht hatte. Hier gilt de Saussure allgemein als Be-
gründer der modernen Linguistik und als großer Gegner der Junggrammatiker. Bei einer näheren Analyse – wie Koerner sie unternommen
hat – stellt sich klar heraus, daß de Saussure das junggrammatische Programm aus der Zeit seiner Leipziger Studien konsequent fortsetzte.

Die Existenz einer Auffassung der Linguistik als einer doppelten Wissenschaft zu der Zeit in Leipzig glauben wir oben bezeugt zu haben. Die
Saussuresche Diachronik übernimmt die junggrammatische Lehre unverändert. Der entscheidende Beitrag de Saussures lag in der lange heran-
gereiften Analyse des Begriffs des Sprachorganismus, wobei er eine Lösung
zu den Grundproblemen dargeboten hat, angesichts derer seine Vorgänger
versagt hatten. In der allgemeinen Zeichenlehre fand er eine Basis für die
sprachliche Segmentierung des Kontinuums der gesprochenen Äußerung, für
die Struktur der Assoziation von Vorstellungen und für das Verhältnis der
Sprache des Einzelnen zu der der Gesellschaft. Diese Ideen, die zum Teil
schon bei Whitney zu spüren waren, wurden gleichzeitig bei von der
Gabelentz, de Courtenay und Kruszewski mindestens erörtert. Warum
fanden sie bei den Junggrammatikern selbst keine Anerkennung?

21 Paul (1916), S. 16.
22 Dünninger (1952), S. 182.
23 Hjelmslev (1961), S. 5.

Leider, so scheint es, ist de Saussures Lehre in den Jahren zwischen 1885 und 1910, in denen er seine Theorie entwickelte, nur dem engen Pariser und Genfer Schülerkreis bekannt geworden. Zu den deutschen Kollegen der Leipziger Jahre hatte er kaum Kontakt. Die Form, in der Meillet [24] und Bally [25] sie dann in den eigenen Werken weitergaben, war schon weiter entwickelt und in einer bestimmten Richtung verschärft, die dem philologischen Anliegen der deutschen Zeitgenossen fremd blieb. Die vom Kriegsgeist überschatteten Jahre bildeten sowieso keinen sehr fruchtbaren Boden zu unvoreingenommener internationaler Zusammenarbeit. Die Verbreitung der von de Saussure abstammenden Schulen im französischen, slawischen und nordischen Raum fanden keinen Anklang in Deutschland. Obwohl die wesensverwandte Weisgerber-Triersche leistungs- und inhaltsbezogene Grammatik denselben Ursprung in den dunkel formulierten programmatischen Schriften von Humboldts hatte, ist es gerade auffallend, daß Weisgerbers Beitrag zu Stammlers *Deutsche Philologie im Aufriß*, der die linguistische Methodik behandelt, 1957 sich noch fast ausschließlich auf die eigene Schule beschränkt.

Eine dritte Richtung in der junggrammatischen Nachfolge war der von Sturtevant und Bloomfield begründete amerikanische Strukturalismus. In der Methode stand Bloomfield, der 1913 in Leipzig noch bei Leskien und Brugmann studierte, den Junggrammatikern am nächsten, sowohl was die Anwendung der reinen vergleichenden Methode auf die Sprachen der Indianerstämme, die ohne schriftliche Denkmäler waren, anbelangt als im Festhalten am Dogma der Ausnahmslosigkeit der Lautgesetze, das Bloomfield dann im Sinne der Phonemtheorie umdeutete: Der Wechsel der Phonemwahl innerhalb von lexikalischen Elementen (sudden sound-change) ist vom eigentlichen Lautwandel als der unbewußten Verschiebung der Allophonwerte streng zu unterscheiden. Da das Vorkommen der Allophone allein vom lautlichen Kontext abhängig ist und ex definitione regelmäßig im gegebenen Kontext erfolgt, sind die Bedingungen, unter denen der Lautwandel (sound-change) sich vollzieht, ausschließlich phonetischer Natur. Unter diesen Bedingungen (die zeitlichen und räumlichen vorausgesetzt) geschieht er notwendigerweise ausnahmslos. Der Lautwandel führt normalerweise zu Änderungen der Schreibweise aber erst dann, wenn das Phonemsystem und dadurch der funktionelle Unterscheidungswert der Laute gestört wird: wenn etwa ein frühes einheitliches Phonem gespalten wird, wenn zwei Phoneme verschmolzen werden oder wenn gewisse Allophone, die früher zu einem Phonem zählten, infolge des Lautwandels später einem anderen

---

24 Meillet (1958), VIII; 7; 16 f.
25 Über Bally s. Godel (1969), S. 8–10, 20: bes. Vendryes: "Peut-être même sa réaction contre l'histoire fut-elle excessive."

zugerechnet werden. Mehrere traditionelle Rätsel in der Lautgeschichte der germanischen Sprachen, zum Beispiel das Wesen und die Datierung des Umlauts, wurden von den amerikanischen strukturalistischen Germanisten gelöst, unter denen unser heutiger Vorsitzender, Herr Professor Penzl, neben William Moulton und anderen mehr eine führende Rolle gespielt hat. So kam es, daß um die Mitte des 20. Jahrhunderts die geistigen Enkelkinder der Junggrammatiker die Welt der Sprachwissenschaft unter sich teilten und beherrschten, zum größten Teil aber ihre Herkunft verkannten und die Großväter (mitsamt den übrigen Familienmitgliedern) mißachteten.

Diese Lage wurde von Hans Glinz (1958) in übersichtliche Form gebracht, als er in den Akten des 8. Internationalen Linguistenkongresses eine zusammenfassende Tabelle "Richtungen der Sprachwissenschaft" veröffentlichte. Dabei erwähnte er als erstes "das junggrammatische Erbe". Der Ansatz hier sei philologisch-historisch, das Arbeitsfeld "vor allem an Texten — meist sehr alt und bruchstückhaft". Die Sprache wird als "historische Urkunde" betrachtet. Nachbardisziplinen, zu denen Verbindungen angeknüpft werden, sind "Geschichte und Archäologie". Sie sei die einzige sprachwissenschaftliche Richtung, die noch primär diachronisch ist, und auch die an die Tradition gefesselte. Vor allem im deutschen und italienischen Sprachraum wirkend, lehnen die Wissenschaftler dieser Gesinnung alles "Unhistorische" ab und haben Angst vor "Äußerlichkeit" und "Spekulationen", bei denen jede Sicherheit verloren gehe, so daß "aus allem alles werden könne". Dieser philologisch-historische Ansatz stehe im schroffen Gegensatz zum empirisch-experimentellen Ansatz der Bloomfield-Schule, zum axiomatisch-mathematisierenden Ansatz der Genfer, Pariser, Prager und Kopenhagener wie auch zum philosophisch-soziologischen Ansatz der Gruppe um Weisgerber, die über die Junggrammatiker hinweg an die Humboldtsche Tradition anknüpft[26]. In diesem Bild stehen die Junggrammatiker als Stifter einer versteiften Tradition da. Das gewonnene Bild des Kreises um 1875 ist nicht mehr zu erkennen.

Die letzten fünfzehn Jahre des Jahrhunderts, das uns von der Bildung der junggrammatischen Schule trennt, sind von der generativen Transformationsgrammatik dominiert worden. In der Theorie der sprachlichen Kompetenz wendet sich Chomsky von der Behandlung objektiv festgestellter Akte sprachlichen Verhaltens ab. Objekt der linguistischen Untersuchung ist für ihn das organisierte Regelsystem, das sich als geistige Struktur bei jedem normalen Einzelmenschen während der frühkindlichen Maturation entwickelt. Dieser geistige Organismus könnte ohne allzu große Schwierigkeiten in die Tradition eingegliedert werden, die wir oben von Humboldt über Becker, Hildebrandt, Paul und de Saussure skizziert haben.

26 Proc. VIII Int. Cong.Ling., Oslo 1958, S. 842—846.

In seiner heftigen Reaktion gegen den zeitgenössischen amerikanischen Behaviorismus erkennt aber Chomsky selbst keine Einflüsse aus der Zeit des historischen Positivismus an. Er knüpft seine Arbeit unmittelbar an die rationalistische Grammatik des 17.–18. Jahrhunderts an, die für ihn in der Sprachtheorie von Humboldt gipfelte und endete. Das 19. Jahrhundert scheint er nur im dunklen Spiegel Bloomfields zu sehen, der bei seiner Bekehrung von der Wundtschen Völkerpsychologie zum Weiss'schen Behaviorismus die Herbartsche Einstellung von Paul nicht in Betracht gezogen zu haben scheint.

Die Arbeitsmethode der TGG bedeutete eine Umwälzung der bisherigen Verfahrensweise. Die Strukturanalyse geht von den beobachtbaren Äußerungen aus. Die genaue Lautfolge wird beobachtet und durch möglichst exakte phonetische Zeichen notiert. Aufgrund der Distributionsanalyse werden dann die recht zahlreichen Sprechlaute in Phoneme klassifiziert. Die Äußerung als Phonemkette wird dann nach ähnlichen Prinzipien in Morphemstrukturen, Phrasenstrukturen usw. gegliedert. Dabei entsteht eine Hierarchie linguistischer Einheiten, die nach ihrer Rolle in der Gestaltung höherer Einheiten klassifiziert werden. Die generative Grammatik dagegen geht darauf aus, alle möglichen Sätze einer Sprache durch die Anwendung eines Regelschemas zu charakterisieren. Die erste Gruppe von Regeln führt syntaktische Kategorien ein und ordnet sie zu Phrasenstrukturen, die den logisch-semantischen Bau des Satzes konsequent darstellen. Die zweite Gruppe ersetzt die Kategorien durch Wortelemente, die womöglich in einheitlicher Form im Lexikon gespeichert sind. Eine dritte Gruppe, die der Transformationsregeln, verzerrt den logisch-semantischen Satzbau zu oft mehrdeutigen, undurchsichtigen aber bündigeren "Oberflächenstrukturen". Die phonologischen Regeln haben dann die Aufgabe, die Strukturen der in Phrasen zusammengeklammerten kanonischen Grundformen so umzubilden, daß die eigentliche phonetische Form des geäußerten Satzes als Endprodukt des generativen Erzeugungsprozesses hervorgeht mit seinen Lauten, Betonungsgruppen, Intonationen usw. In dieser Analyse spielt das Phonem der Strukturalisten keine Rolle. Die Generativisten halten es für ein unnötiges Nebenprodukt der oberflächlichen "taxonomischen" Klassifikation. Von Belang sind eher die abstrakteren Grundformen und Transformationsregeln, die sehr oft Ähnlichkeiten zu den geschichtlichen Lautgesetzen aufweisen. Der alte Spruch, erst das Studium der Sprachgeschichte vermöge den gegenwärtigen Zustand der Sprache aufzuhellen, findet hier eine Erklärung. Wenn eine sprachliche Veränderung zu beobachtbaren Formverhältnissen führt, die in der Form von Regeln zu fassen sind — "dann ist Vergangenheit beständig[27]", die Diachronie besteht,

---

27 Goethe, *Vermächtnis.*

soweit sie noch relevant ist, in der Synchronie verkörpert fort. Diese neue
Lehre schien durch die Behandlung der englischen Phonologie von Halle
und Chomsky (1968), die der großen spätmittelenglischen Vokalver-
schiebung eine führende Rolle in der Phonologie der englischen Gegenwartssprache zuschreibt, bestätigt zu sein. Nach 1965 entstand ein erneutes
Interesse an der Sprachgeschichte, nicht mehr am Schicksal der einzelnen
Elemente, sondern an Verschiebungen der Zusammenhänge, das heißt an
der Entwicklungsgeschichte der Regelschemata. Wenn die Regeln psychologische Relevanz besitzen sollen, also etwas mehr sind als wissenschaftliche
Fiktionen, ist anzunehmen, daß sie im Laufe der Zeit in die Sprache
neueingeführt, verändert, durch Metathese entstellt, verloren werden usw.
Das könnte an sich trivial sein und ist erst dann berechtigt, wenn durch
diese Annahme mehrere scheinbar unabhängige Veränderungen zu einem
sinnvollen Ganzen zusammengebracht werden.

In den frühen Auseinandersetzungen zwischen Strukturalisten und
Generativisten versuchten u.a. Hockett (1968) und Fergusson (1962), die
Autonomie der Phonemik unter Heranziehung des junggrammatischen Begriffs vom gesetzlichen Lautwandel zu verteidigen[28]. 1965 versuchte Postal
anhand eines Beispiels aus der rekonstruierten Vorgeschichte der Mohawk-
sprache zu beweisen, daß die Auffassung des Lautwandels als rein phone-
tisch bedingter lautlicher Vorgang unhaltbar sei. Der Einschub des epen-
thetischen e-Lautes im Mohawk finde nur unter kontextualen Bedingungen
statt, die nicht nur phonetischer, sondern morphosyntaktischer Art seien,
wie die generative Phonologie es voraussagen würde. Postals Beweis ist
wegen mangelnden Daten und der Behandlung von hypothetisch rekonstruierten ursprachlichen Elementen und Vorgängen als feststehende Tatsache nicht gerade stichhaltig; seine Schlußfolgerungen aber wurden von
vielen Linguisten (Chafe [1970]) als Befreiung der Sprachgeschichte von den
junggrammatischen Schranken begrüßt. In den folgenden Jahren wurden
mehrere Probleme der deutschen Sprachgeschichte aus dieser Sicht neu
behandelt (King [1973], Kyparski [1968], Wurzel [1970], T. Vennemann in
Stockwell und Macauley [1972]). Es würde heute zu weit führen, diesen
Versuchen im Detail zu folgen. Beim heutigen Stand der Frage scheint die
junggrammatische Hypothese die Feuerprobe überstanden zu haben.
Robert D. King faßte seine Diskussion der "Rule Insertion" in der Zeitschrift
Language 1973 so zusammen: "Der phonologische Sprachwandel ist weniger
abstrakt, als wir einst dachten. Der Regeleinschub ist eine Fiktion. Das
Umordnen der Regeln wird von sehr wahrnehmbaren Tatsachen regiert, die

---

28 Ferguson (1962), S. 289 "The discovery of Verners Law made clear that, in
   general, phonological change takes place under conditions and within limitations
   which are in phonological terms and not in grammatical or semantic terms."

an der Oberfläche liegen. Die Grammatik einer Sprache wird von der Hinzufügung von Regeln hinten an den phonologischen Regeln verändert. Das Produkt einer solchen zusätzlichen Regel ist automatisch den phonetischen Anforderungen der Sprache unterworfen. Die Vereinfachung kann weitere Änderungen motivieren — Umordnung oder Verlust von Regeln, Umlexikalisierung usw. Es ist aber nichts besonders abstraktes, nichts radikal andersartiges dabei. Es geht hier ja schließlich um Lautwandel, Analogie und indirekt auch um das Wechselspiel der Dialekte, also den althergebrachten Mechanismus der Wandlung, das Vermächtnis des 19. Jahrhunderts[29]."

Im neuesten Heft gehen M. Y. Chen und W. S. Y. Wang im Artikel "Sound Change: actuality and implementation" noch weiter: Sie betonen, daß gerade die konkreten phonetischen Eigenschaften der Sprechlaute für Änderungen des Lautsystems verantwortlich sind, und behaupten, die empirische Methode erreiche mehr als die Jagd nach "Erklärungsadäquatheit" im Sinne einer aprioristischen, sterilen Interpretation der beobachteten Tatsachen nach Begriffen der Simplizität und Ökonomie. Sie enden: "Natürlich ist es nicht unser Anliegen, in naiver Weise den komplexen Mechanismus des Sprachwandels auf rein physikalische Lauteigenschaften zu reduzieren. Es ist aber wohl Zeit, zu einer aufgeklärten Empirie, die geschichtliche Tatsachen, psychologische Wahrscheinlichkeit und phonetische Wirklichkeit berücksichtigt, zurückzukehren[30]."

Die Flamme vom Jahre 1875 scheint also wieder aufzulodern — auch wenn, wie damals, die theoretischen Unterschiede etwas überspitzt sind. Die Errungenschaften der neuen theoretischen Linguistik haben — wie selbst Chomsky voraussah[31], die Basis für eine neue, einsichtsvollere Empirie geschaffen, die sich nicht mehr in enge Schranken binden läßt, sondern in allen Richtungen neue Aufgaben sieht. Diese Vielseitigkeit ist im Althausschen *Lexikon der Germanistischen Linguistik* ersichtlich, in dem Darstellungen recht vieler Teilwissenschaften bunt nebeneinander liegen. Hier ist auch die Sprachgeschichte vertreten, nimmt aber kaum ein Zehntel des ganzen in Anspruch. Hoffen wir, daß es diesmal einer neuen Generation gelingen wird, die Fäden in der Hand zu halten, die Gefahren der einseitigen, auseinanderstrebenden Sonderentwicklung zu vermeiden und in eine neue Phase "lebhafter Tätigkeit" zu treten; und daß die Fruchtbarkeit dieser Tätigkeit dem Vorwurf vorbeuge, auch sie sei eine Flucht vor der Wirklichkeit der Sprache!

29 King (1973), S. 551 (Übersetzung von J.T.).
30 Chen u. Wang (1975), S. 278 (Übersetzung von J.T.).
31 Chomsky (1965), S. 10.

Literaturverzeichnis

J.C. Adelung	Magazin für die deutsche Sprache, Leipzig (1782—4), Bd. 1—2.
	Vom Ursprung der Sprache und Bildung der deutschen Wörter, Leipzig (1781 a).
	Über die Geschichte der deutschen Sprache, Über deutsche Mundarten und deutsche Sprachlehre, Leipzig (1781 b).
W.S. Allen	Relationship in Comparative Linguistics TPS, (1956).
H.P. Althaus (Hrsg.)	Lexikon der germanistischen Linguistik (1973).
H. Arens	Sprachwissenschaft: Der Gang ihrer Entwicklung von der Antike bis zur Gegenwart, Freiburg (1965).
C. Bally	Le language et la vie, Geneva (1913).
F. Bechtel	Die Hauptprobleme der indogermanischen Lautlehre seit Schleicher, Göttingen (1892).
J. Becker	Organismus der deutschen Sprache (1828).
T. Benfey	Geschichte der Sprachwissenschaft und orientalischer Philologie in Deutschland, München (1869).
L. Bloomfield	An Introduction to the Science of Language, N.Y. (1914).
	Language, N.Y. (1933).
	A Leonard Bloomfield Anthology, Hersg. C.F. Hockett, Bloomington (1970).
E. Brücke	Grundzüge der Physiologie und Systematik der Sprachlaute, Wien (1856).
K. Brugmann	Zum heutigen Stand der Sprachwissenschaft, Straßburg (1885).
	Nasalis sonans in der idg. Grundsprache (1876), *Studien 9*, 285—338.
	Rezension von Ferd. de Saussure (1879), *LCD* 24, 773 f.
	Karl Verner (1897), *IF* Anzeiger 7, 269 f.
	Zu dem "Vorwort" zu Bd. 1 der *MU* von Osthoff und Brugmann (1900), *IF* Anzeiger 11, 131 f.
K. Brugman u. H. Osthoff	*MU* 1—5 (1878—90).
W. Bumann	Die Sprachtheorie Heymann Steinthals, Diss., Mainz (1964).
K. Burdach	Die Wissenschaft von deutscher Sprache, Berlin (1934).
W.L. Chafe	Review of Postal (1968), in: Lg 46, 116—125 (1970).
M.Y. Chen u. W.S.Y. Wang	Sound Change: actuation and implementation (1975). Lg 51, 255—281.
N. Chomsky	Aspects of the Theory of Syntax, Cambridge, Mass. (1965).
	Current Issues in Linguistic Theory, Cambridge, Mass. (1964).
	Cartesian Linguistics: A chapter in the history of rationalist thought, N.Y. (1966).
N. Chomsky u. M. Halle	The Sound Pattern of English, N.Y. (1968).

H.H. Christmann	Beiträge zur Geschichte der These zum Weltbild der Sprache, Akademie der Wissenschaften und der Literatur, Wiesbaden: Abhandlungen der Geistes- und Sozialwissenschaft (1966), Klasse 7, 441–469.
E. Closs	Diachronic Syntax and Generative Grammar (1965), Lg. 41, 402–415.
G. Curtius	Vorwort, Studien 1, I–IV (1868).
	Zur Kritik der neuesten Sprachforschung (1885).
G. Curtius et al. (Hrsg.)	Studien 1–10 (1868–78).
B. Delbrück	Einleitung in das Sprachstudium, Leipzig (1880). Grundfragen der Sprachforschung mit Rücksicht auf W. Wundts Sprachpsychologie erörtert, Straßburg (1901).
J. Dünninger	"Geschichte der deutschen Philologie", in: Deutsche Philologie im Aufriß, Hrsg. W. Stammler (1952, 1957[2]).
I. Dyen	Why Phonetic Change is Regular (1963), Lg. 39, 631–637.
C.A. Ferguson	Rezension von M. Halle, *The Sound Pattern of Russian*, Lg. 38, L 84–298 (1962).
G. Frege	Begriffsschrift, eine der arithmetischen nachgebildete Formelsprache des reinen Denkens, Halle (1879).
C.C. Fries	Teaching and Learning English as a Foreign Language, Ann Arbor (1945).
T. Frings	Edouard Sievers, BVSAWL, phil-List, Klasse 85, 1–92 (auch in Sebeok 1966).
G. von der Gabelenz,	Die Sprachwissenschaft, ihre Aufgaben, Methoden und bisherigen Ergebnisse, Tübingen 1969 (Nachdruck der 2. Ausgabe, 1901).
N. Galli de' Paratesi	Thausing, *das natürliche Lautsystem*, AION–L VII, (1966) 181–205. La cosidetta "Schallfülletheorie": un capitolo di storia della fonetica, Roma (1975).
H. Glinz	Begriffsentwurf, Experiment und Interpretation und ihre Rolle in verschiedenen Richtungen der Sprachwissenschaft, Proc. VIII Int.Cong. Ling., Oslo (1958).
R. Godel	Les sources manuscrites du cours de linguistique générale de F. de Saussure, Geneva (1957).
R. Godel (Hrsg.)	A Geneva School Reader in Linguistics, Bloomington (1969).
H. Grassmann	Über die aspiration und ihr gleichzeitiges vorhandensein im an- und auslaut der wurzeln, KZ 12, 81–138 (1863).
J. Grimm	Deutsche Grammatik, Berlin (1870[2]).
	Deutsches Wörterbuch, Bd. X (1905). Geschichte der deutschen Sprache, Berlin (1848), Leipzig (1868[3]). Kleinere Schriften (8 Bände), Berlin (1884).
F. Häusler	Das Problem Phonetik und Phonologie bei Baudouin de Courtenay und in seiner Nachfolge, Halle (1968).

S. Heinimann	Zur Auffassung des Geschichtlichen in der historischen Grammatik des 19. Jahrhunderts, Festgabe Hans von Greyerz, Hrsg. E. Walder et al (1967), 783—807.
J.G. Herder	Sprachphilosophische Schriften, Hrsg. E. Heintel, Hamburg (1964).
H.R. Hildebrand	Gesammelte Aufsätze und Vorträge zur deutschen Philologie und zum deutschen Unterricht, Leipzig (1897).
L. Hjelmslev	Prolegomena to a Theory of Language, Hrsg. F.J. Whitfield, Madison (1961).
Ch.F. Hockett	Sound Change (1965), Lg 41, 185—204.
H.M. Hoenigswald	Language Change and Linguistic Reconstruction, Chicago (1964, 1963). On the History of the Comparative Method, An L1—16. Sound Change and Linguistic Structure (1946), Lg 22, 138—143. Graduality, Sporadicity and the Minor Sound Change Processes (1964), Phonetica 11, 202—215.
P. Horn	August Friedrich Pott, BB 13, 317—341.
W. von Humboldt	Über die Verschiedenheit des menschlichen Sprachbaues und ihren Einfluß auf die geistige Entwicklung des Menschengeschlechts, Berlin (1836), (Faksimile-Druck Bonn 1960).
R. Jakobson	Prinzipien der historischen Phonologie (1931), TCLP 4, 247—267. Henry Sweet's path towards phonetics', in: *In Memory of J R Firth*, Main Trends in the Science of Language, London (1973).
K.R. Jankowsky	The Neogrammarians: a re-evaluation of their place in the development of Linguistic, Science, The Hague (1972).
M.H. Jellinek	Rudolf von Raumer (1901), IF 12, 161—170.
O. Jespersen	How to teach a foreign Language, London (1904). Language, its Nature, Development and Origin, London (1922). Lingustica: Selected Papers, Kopenhagen (1933).
R.D. King	Historical Linguistics and Generative Grammar, N-J. (1969). Rule insertion, Lg 49, 551—578 (1973).
P. Kiparsky	"Linguistic Universals and Linguistic Change", in: Universals in Linguistic Theory, Hrsg. E. Bach u. R.T. Harms, N.Y. (1968).
E.F.K. Koerner	"Hermann Paul and Synchronic Linguistics", Lingua 29, 274—307 (1971). Ferd. de Saussure: Origin and Development of his Linguistic Thought in Western Studies of Language, Braunschweig (1973). Bibliographica Saussureana 1870—1970, N.J. (1972).
M. Kruszewski	Über die Lautabwechslung, Kazan (1881). Prinzipien der Sprachentwicklung, übersetzt von F. Techner, erschienen in IZAS 1: 295—307; 2: 258; 3: 145—170 und 5: 133—144 (1884—90).

K. Lachmann	Kleinere Schriften, Hrsg. K. Müllenhoff, Berlin (1876).
R. Lado	Language Teaching. N.Y. (1964).
G.S. Lane	Changes of emphasis in linguistics with particular reference to Paul and Bloomfield, SP 42, 465—483 (1945).
W.P. Lehmann (Hrsg.)	A Reader in Nineteenth Century Historical Indo-European Lingustics, Bloomington (1967).
W.P. Lehmann u. Y. Malkiel (Hrsg.)	Directions for Historical Linguistics, Austin (1968).
G.C. Lepschy	Rezension von Jankoswky (1972), in: JL 11, 177 f. (1975).
C.R. Lepsius	Standard Alphabet, London (1863²).
E. Leser	Fachwörter zur deutschen Grammatik von Schottel bis Gottsched, ZDW 15, 1—98 (1914).
A. Leskien	Die Deklination im Slawisch-Litauischen und Germanischen, Leipzig (1876).
C. Lottner	Ausnahmen der ersten Lautverschiebung, KZ 11, 161—205 (1862).
B. Malmberg	New Trends in Linguistics, trans. E. Carney, Stockholm (1964).
A. Meillet	Linguistique Historique et Linguistique Générale, Paris (1958). Introduction à l'étude comparative des langues indoeuropéennes, Paris (1922).
C.L. Merkel	Physiologie der menschlichen Sprache, Leipzig (1866).
R.M. Meyer	Gibt es Lautwandel? KZ 42, 28—38 (1909).
G. Mounin	Saussure, ou le structuraliste sans le savoir, Paris (1968, 1971²)
Sir Friedrich Max Müller	Lectures on the Science of Language vols 1—2, London (1861—4).
H. Oertel	Lectures on the Study of Language, N.Y. (1909).
P. Passy and D. Jones	Principles of the International Phonetics Association, London (1912).
H. Paul	Rezension von K. Brugmann, *Zum heutigen Stand der Sprachwissenschaft,* Straßburg (1885), LCD 24, 813—817 (1885). Die Bedeutung der deutschen Philologie für das Leben der Gegenwart, München (1887). Prinzipien der Sprachgeschichte, Halle (1920⁵). Deutsche Grammatik, Bd. 1—5, Halle (1916—20).
H. Penzl	Geschichtliche deutsche Lautlehre, München (1969).
H. Petersen	Linguistics Science in the Nineteenth Century, Cambridge, Mass. (1931).
P.M. Postal	Aspects of Phonological Theory, N.Y. (1968).
A.F. Pott	Etymologische Forschungen auf dem Gebiete der idg. Sprachen mit besonderem Bezug auf die Lautverwandlung im Sanskrit, Griechischen, Lateinischen, Litauischen und Gothischen, Vols 1—5 (1859—1876). Die Ungleichheit menschlicher Rassen vom sprachwissenschaftlichen Standpunkt (1856).
E. Pulgram	Neogrammarians and Soundlaws, Orbis 4, 61—65, (1955).

W. Putschke   Zur forschungsgeschichtlichen Stellung der junggrammatischen Schule, ZDL 1:19—48 (1969).

R. von Raumer   Gesammelte sprachwissenschaftliche Schriften, Frankfurt (1863).

R.H. Robins   A Short History of Linguistics, London (1967).

F. de Saussure   Memoire sur le système primitif des voyelles dans les langues indo-européennes, Leipzig (1879).
Rezension von J. Schmidt, Kritik der Sonantentheorie, Weimar (1895), IF Anzeiger 7, 216—219, (1897).
Cours de linguistique générale, Lausanne (1916).

T.A. Sebeok (Hrsg.)   Portraits of Linguists, vol 1—2, Bloomington (1966).

W. Scherer   Zur Geschichte der deutschen Sprache, Berlin (1868).
Vorträge und Aufsätze zur Geschichte des geistigen Lebens in Deutschland und Österreich, Berlin (1874).

A. Schleicher   Über den Werth der Sprachvergleichung, ZKM 7, 25—47 (1850).
Die deutsche Sprache, Stuttgart (1860).
Compendium vergleichender Grammatik der idg. Sprachen, Weimar (1863).
Die Darwinsche Theorie und die Sprachwissenschaft, Weimar (1863).

J.A. Schmeller   Die Mundarten Bayerns, grammatisch dargestellt, München (1821).

J. Schmidt   Nachruf: August Schleicher, BVS 6, 251—256 (1870).
Rezension von A. Leskien (1876), JLZ, Artikel 247, 6—14 (1877).
Schleichers Auffassung der Lautgesetze, KZ 28, 303—312 (1887).
Die Verwandtschaftsverhältnisse der idg. Sprachen, Weimar (1872).

F. Schmitthenner   Ausführliche Teutsche Sprachlehre, Frankfurt a.M. (1828).

H. Schuchardt   Hugo Schuchardt-Brevier, ed. L. Spitzer, Halle (1921).

E. Sievers   Paradigmen zur deutschen Grammatik, Halle (1874).
Grundzüge der Lautphysiologie, Leipzig (1872^2).
Grundzüge der Phonetik, Leipzig (1881).

F. Specht   Die "indogermanische" Sprachwissenschaft von den Junggrammatikern bis zum 1. Weltkrieg, Lexis 1, 228—263.

L. Spitzer   S. Schuchardt, H. (1921).

W. Stammler (Hrsg.)   Deutsche Philologie im Aufriß, Bd. 1, Berlin (1957^2).

E. Stankiewicz (Üb. u. Hrsg.)   A Baudouin de Courtenay Anthology, Bloomington (1972).

H. Steinthal   Abriß der Sprachwissenschaft, 1. Teil, Berlin (1871).

R. Stockwell und R. Macaulay,   Linguistic Change and Generative Theory, Bloomington (1972).

W. Streitberg   Schleichers Auffassung von der Stellung der Sprachwissenschaft, IF 7, 360—372 (1897).

W. Streitberg	Ferdinand de Saussure, IJ 2, 203−213 (1914). Geschichte der indogermanischen Sprachwissenschaft, Straßburg (1916).
H. Sweet	The Practical Study of Languages, London (1899). History of English Sounds, Oxford (1873/4). Handbook of Phonetics, Oxford (1877). Collected Papers, Oxford (1918). "Language, Logic and Grammar", *TPS* (1875/6), 470−502.
Z. Telegdi	Struktur und Geschichte: Zur Auffassung ihrer Verhältnisse in der Sprachwissenschaft, A.L. Hung, 17, 223−243 (1967).
V. Thomsen	Über den Einfluß der germanischen Sprachen auf die finnisch-lappischen; eine sprachgeschichtliche Untersuchung. Aus dem Dänischen übersetzt von E. Sievers, Halle (1870).
J. Trier	Der deutsche Wortschatz im Sinnbezirk des Verstandes: die Geschichte eines sprachlichen Feldes, Heidelberg (1931).
J.L.M. Trim	"Historical, Descriptive and Dynamic Linguistics", L & S II, 9−25 (1959).
N.S. Trubetzkoy	Grundzüge der Phonologie, Prague (1939), Göttingen (1969^4).
W.F. Twaddell	A note on Old High German Umlaut, M.f.d.U 30, 177−181 (1938).
T. Vennemann und T.H. Wilbur	Schuchardt, the Neogrammarians and the transformational Theory of Phonological Change, LF 26, Frankfurt (1972).
K. Verner	Eine ausnahme der ersten lautverschiebung, KZ 23, 97−130 (1877).
M. Viëtor	Der Sprachunterricht muß umkehren! Heilbronn (1886).
K. Vossler	Positivismus und Idealismus in der Sprachwissenschaft, Heidelberg (1904).
L. Weisgerber	Muttersprache und Geistesbildung, Göttingen (1929). Von den Kräften der deutschen Sprache (4 Bände), Düsseldorf ($1949/50, 1959^2$).
A.P. Weiss	A theoretical basis of human behaviour, Columbus (1929).
G. Wenker	Sprachatlas von Nord- und Mitteldeutschland, Straßburg (1881).
W.D. Whitney	Language and the Study of Language, New York (1867). Life and Growth of Language, New York (1875); (deutsche Ausgabe übersetzt von August Leskien, Leipzig 1876).
J. Winteler	Die Kerenzer Mundart des Kantons Glarus in ihren Grundzügen dargestellt, Leipzig (1876).
F. Wrede (Hrsg.)	Deutscher Sprachatlas auf Grund des von G. Wenker begründeten Sprechatlas des Deutschen Reiches, Marburg (1926).
F. Wrede	Zur Entwicklungsgeschichte der deutschen Mundartforschung, ZDM (Hrsg. H. Teuchert) 14, 3−18 (1919).
W. Wundt	Philosophische Studien 3, (1885). Über den Begriff des Gesetzes, mit Rücksicht auf die Frage der Ausnahmslosigkeit der Lautgesetze, Philosophische Studien 3, 195−215 (1886).

W. Wundt   Völkerpsychologie: eine Untersuchung der Entwicklungsgesetze von Sprache, Mythus und Sitten, Bd. 1 (2. Teil) Die Sprache, Leipzig (1900).
Sprachgeschichte und Sprachpsychologie mit Rücksicht auf B. Delbrücks "Grundfragen der Sprachforschung", Leipzig (1901).

W.U. Wurzel   Studien zur deutschen Lautstruktur, Berlin (1970).

H. Ziemer   Junggrammatische Streifzüge im Gebiete der Syntax, Colberg (1882).

H. Zimmer   Rezension von W. Scherer, *Zur Geschichte der deutschen Sprache*, Berlin (1878), BB 3, 324—331 (1879).

Die Flucht des Helden in die Gefangenschaft
Zur Rezeption der jiddischen Literatur

Von Sander L. Gilman, Cornell University

An Herrn Assistenzrath Klein in Breslau
den 29. August 1782

Ihre bis zur Demuth sich herablassende Bescheidenheit, verehrungswürdiger Herr Assistenzrath! legt Ihnen Ausdrücke in den Mund, die mich beschämen ... Ich würde aber es sehr ungern sehen, wenn nach Herrn Fränkel's zweiter Bedenklichkeit die jüdisch-deutsche Mundart und die Vermischung des Hebräischen mit dem Deutschen durch die Gesetze autorisiert würden. Ich fürchte, dieser Jargon hat nicht wenig zur Unsittlichkeit des gemeinen Mannes beigetragen, und verspreche mir sehr gute Wirkung von dem unter meinen Brüdern seit einiger Zeit aufkommenden Gebrauch der reinen deutschen Mundart. Wie würde es mich kränken, wenn die Landesgesetze selbst jenem Mißbrauche beider Sprachen gleichsam das Wort redeten! Lieber mag Herr Fränkel sich die Mühe geben, die ganze Warnung in reines Hebräisch zu setzen, damit sie, nach Beschaffenheit der Umstände, rein deutsch, oder rein hebräisch oder auch in beiden Sprachen abgelesen werden könne. Nur keine Vermischung der Sprachen[1]!

Mit diesen Worten drückte Moses Mendelssohn seine Ablehnung aus, nicht des Judeneides, der von jedem Juden verlangt wurde, bevor seine Zeugenaussage von einem deutschen Gerichtshof gehört werden konnte, sondern der Sprache, in der er verfaßt worden war, des Jiddischen. Im Laufe von Ebbe und Flut der europäischen Aufklärung wurde Mendelssohn zu einem lebenden Symbol der rationalistischen Bewegung: Daß sich ein Jude in einen Europäer umwandeln konnte, war unwiderlegbarer Beweis der Universalität der menschlichen Natur. Und daß auch die europäische Gesellschaft solch eine Universalgestalt akzeptierte, die selbst die Grenzen der Religion durchbrechen konnte, dies galt als weiterer Beweis für den Rationalismus, der dieser neuen Ordnung immanent war. Die Vorurteilsfreien erkannten zwar die Tatsache an, daß gesellschaftliche Assimilation nicht unbedingt einen Glaubenswechsel voraussetzte, aber auch sie verlangten die kulturelle Anpassung als Mindestpreis, damit eine Aufnahme in die europäische Gesellschaft möglich sei. Für alle europäischen Intellektuellen war die Sprache das sichtbarste Merkmal dieser kulturellen An-

---

1 Moses Mendelssohn, Gesammelte Schriften, hrsg. von G. B. Mendelssohn. Brockhaus, Leipzig 1844, V, 604—605; s.a. Alexander Altmann, Moses Mendelssohn: A Biographical Study. University of Alabama Press, Birmingham, Alabama 1973.

passung. Zwar blieb Französisch immer noch die allgemeine Umgangs-
sprache in den gebildeten Kreisen, doch hatte sich Deutsch während der
letzten Jahrzehnte des 18. Jahrhunderts zu einer gültigen *Kultursprache*
herausgebildet. Als der junge Moses Mendelssohn nach Berlin kam, beherrschte er weder die eine noch die andere dieser anerkannten Kultur-
sprachen. Er sprach den "Jargon" der Juden, wie sie allgemein ihre eigene
Sprache bezeichneten, die vom Deutschen abgeleitet worden war und ihre
Existenz der offiziellen Isolierungspolitik den Juden gegenüber verdankte.
Diese *lingua franca* hatte sich in den Ghettos der deutschen Städte entwickelt und wurde dann durch die Zerstreuung der Juden an alle ost-
europäischen jüdischen Gemeinden weitergegeben. Mendelssohn sprach
Jiddisch. Als ihm die Forderung gestellt wurde, seine eigene Sprache auf-
zugeben, damit er in die deutsche intellektuelle Gemeinschaft aufgenommen
werde, meinte er, daß das Opfer, im Vergleich mit dem Gewinn, gering sei.
Letzten Endes würden die Juden ihre religiöse Sprache, das Hebräische,
beibehalten und eine anerkannte Kultursprache, Deutsch, dazubekommen.
Wie aber könnte so ein gemischter Jargon für die Juden von Nutzen sein?

Mendelssohn hatte seine Vorstellung von der Sprache nach dem gängigen
europäischen Modell aufgespalten, nach dem sowohl eine säkuläre als auch
eine religiöse Sprache, die von säkulären Einflüssen (wie z.B. dem Latein)
freiblieb, gestattet waren. Jiddisch war weder das eine noch das andere,
sondern die säkuläre Sprache einer religiösen Gemeinschaft und paßte daher
in keine der anerkannten Kategorien, die von den europäischen Intellektuellen aufgestellt worden waren. Daß Mendelssohn das Jiddische ablehnte,
war ein durchschlagender Beweis seiner eigenen Aufopferung der bestehenden Werte der jüdischen Gesellschaft zu Gunsten derer, die in den
europäischen gebildeten Kreisen gängig waren.

Die jüdische Aufklärung, die Haskala, und der Drang nach kultureller
Anpassung, der mit ihr verbunden war, breitete sich von Berlin durch
Galizien nach dem Norden aus. Die jüdische Gemeinschaft in den deutsch-
sprachigen Ländern nahm Mendelssohns Bibelübersetzung, die in deutscher
Sprache, aber hebräischer Schrift erschien, und auch seine anderen Werke
begierig auf. Wie rasch die kulturelle Anpassung der Juden in den deutsch-
sprachigen Ländern erfolgte, kann man am besten daraus entnehmen, daß
schon 1833 Itzig Feitel Stern seinen *Louberhuttenkranz fer dien Eisig
Herzfelder seiner Louberhütt*, ein Machwerk, zusammengesetzt aus Dramen,
Liedern und parodierten Talmudzitaten, in jiddischer Sprache, aber in
deutscher Schrift herausgab[2]. Die Haskala breitete sich auch in den

---

2 Helmut Dinse, Die Entwicklung des jiddischen Schrifttums im deutschen Sprachgebiet. Metzler, Stuttgart 1974, 146—148.

slawischen Ländern, vor allem in den polnischen und baltischen Teilen Rußlands, rasch aus. 1824 gab Lesselroth seine polnische Grammatik, auf Deutsch verfaßt, aber in hebräischer Schrift gedruckt, heraus. Doch in Rußland wird die kulturelle Anpassung sowohl durch die ablehnende Haltung der Regierung als auch durch den Widerstand jener traditions-gebundenen Gruppen aufgehalten, die man allgemein unter dem Begriff Chassidismus zusammenfaßt. Zum Teil entsprang dieser gegen die Maskilim, die Erleuchteten, gerichtete Widerstand aus der jüdischen Mystik, die sich im Laufe des vorigen Jahrhunderts entwickelt hatte, aber hauptsächlich wurde er vom Programm der Maskilim — gesellschaftliche und sprachliche Assimilierung in eine Gesellschaft, die solch einer Entwicklung feindlich gesinnt war — hervorgerufen. Die Maskilim verachteten ihre chassidischen Gegner als ungeschlachten und ungebildeten Pöbel, und die Anhänger der konservativen Richtung fertigten die Maskilim schnell mit dem Urteil der Apostasie ab.

Die Forderung der Aufklärung, das Jiddische, das äußere Merkmal der Isolierung, aufzugeben, geriet in direkten Widerspruch zu der realen Not-wendigkeit, daß ein jiddischsprechendes Publikum auf Jiddisch ange-sprochen werden mußte. Als Minchas Mendel Lefin 1817 anfing, seine jiddische Bibelübersetzung herauszugeben, wurde er daher zuerst von den Anhängern der Haskala angegriffen. Allerdings bemerkten die Maskilim bald, daß man trotz Beibehaltung des Jiddischen der Aufklärung angehören konnte. Tonangebend war Lefins verschollener Roman *Der ershte Chassid*. Indem er darin den Chassid als die Verkörperung des Bösen, der geistigen Verstocktheit darstellt, wendet er sich eindringlich gegen die jüdische Iso-lierung. Sein Nachfolger war Isaak Baer Levinsohn, der in seinem kurz vor 1830 geschriebenen Schauspiel *Die Hefker-Welt* (Die Welt ohne Gesetz) eine Lösung des Problems der Isolierung jener Juden in agrarischen Gemein-schaften, die der Haskala anhingen, vorbrachte. Auch Israel Aksenfeld verkündete in seinen populären Schriften, wie z.B. in seiner Erzählung *Der Shterntiekel* (Das Tuch), eine neue Existenz für Juden, eine Existenz als Europäer, die eine europäische Sprache und nicht den Jargon des Jiddischen sprechen — eine Anschauung, die mit dem didaktischen Zweck der Aufklärung im Sinne Lessings und Mendelssohns übereinstimmt[3].

Diese frühen Versuche, sich kulturell anzupassen, schufen eine geradezu einmalige literarische Form; in der Geschichte des modernen westlichen

---

3 Hans Robert Jauss, Levels of Identification of Hero and Audience. In: New Literary History V (1973—1974), 283—317; Ruth R. Wisse, The Schlemiel as Modern Hero. University of Chicago Press, Chicago 1971; Sanford Pinsker, The Schlemiel as Metaphor: Studies in the Yiddish and American Jewish Novel. Southern Illinois University Press, Carbondale 1971.

Romans, zumindest seit Anfang des 18. Jahrhunderts, kann man eine Auffassung der Gestalt des Helden verfolgen, die trotz all der Veränderungen, die sie erfährt, der Gesellschaft, der sie entstammt, nicht antagonistisch gegenübersteht. In der jiddischen Literatur aber brachten die führenden Dichter der Haskala Heldengestalten hervor, die durch ihre bloße Existenz den Wert der jiddischen Kultur verneinten. Daher entstand ein Zwiespalt zwischen dem Ideal einer Gesellschaft, das zu den didaktischen Absichten der Autoren paßte, und der eigentlichen Beschaffenheit der Gesellschaft, die diese Werke las. Man muß sich dieser "Heldengestalt", deren Entwicklung von der in der westlichen Literatur üblichen völlig abweicht, zuwenden, um die Geschichte der jiddischen Literatur verstehen zu können.

Diese jiddische Literatur verdankt ihr Entstehen allerdings nicht nur der Aufklärung. Schon im 14. Jahrhundert gab es eine jiddische Volksliteratur, die sich vor allem an den weiblichen Teil der Bevölkerung, aber auch an die weniger gebildeten Männer wandte. Das bekannteste und meistgelesene Beispiel dieser Volkstradition war zweifelsohne Elia Levitas *Bovo-Buch*, das zu Beginn des 16. Jahrhunderts erschien. Levita, ein Bibelgelehrter und Grammatikforscher, hatte dazu beigetragen, daß während des Aufstiegs des Humanismus Hebräisch als Studienfach eingeführt wurde, und es wurde ihm sogar einmal ein Lehrstuhl für Hebräisch an der Pariser Universität angeboten. Er gründete Druckereien in Venedig und in Isny in Württemberg; die erste Auflage des *Bovo-Buches* erschien 1541 in Isny. Levita nannte seinen Helden ̭ovo Dantona — im Italienischen heißt er Buono Dantona, im Französischen Beuve d'Hanton, im Englischen Bevis of Hampton. Es gibt auch walisische, irische, altisländische, niederländische, russische und rumänische Fassungen dieser Verserzählung. Der jiddische Text beruht auf der italienischen Tradition und wurde in der damals allgemeinbeliebten Form der ottava rima verfaßt. Darin werden die Geschicke und Mißgeschicke eines Helden erzählt, der typisch ist für die Epen der Spielmänner — jener Dichter, die im späten Mittelalter durch ganz Europa wanderten. Daß Levita jedoch gerade dieser Art des Helden für sein jüdisches, genauer gesagt deutsch-jüdisches Lesepublikum wählte, verschärfte bestimmte Züge des Heroischen, die schon in der mittelalterlichen jiddischen Tradition feststanden. Obwohl das Lesen (und auch das Schreiben) weltlicher Geschichten von den deutsch-jüdischen Rabbinern in Deutschland wie in Italien mißbilligt wurde, waren Geschichten dieser Art offenbar weitverbreitet. Meist wurden schon bestehende und beliebte europäische Motive für ein jüdisches Publikum zugerichtet, durch Übertragung ins Jiddische mit gleichzeitiger Entfernung der auffallendsten christlichen

Merkmale. Im *Bovo-Buch* wird zum Beispiel eine Taufe zu einer Beschneidung. An der Gestalt des Helden selber wird nicht gerührt[4].
Der Held des *Bovo-Buches* gerät dauernd in Situationen, die seine Intelligenz und seinen Mut prüfen. Seine geradezu übermenschliche Begabung, sich aus Gefangenschaft und vor drohender Vernichtung zu retten, läßt er gleich zu Beginn seiner Abenteuer erkennen, als ihm seine klytämnestra-ähnliche Stiefmutter nach dem Leben trachtet:

> Sobald Bovo dies sah
> fing er an sich zu schlagen und sein Haar zu raufen,
> "O weh! ach! was wird mit mir geschehen?
> Ich möchte mich retten,
> aber gehe ich hinaus wird mich jemand erspähen.
> Aber dennoch fing er an zu laufen,
> und rannte rasch durch die Stadt,
> durch Dreck und Kot.

> Niemand zeigte ihm den Weg
> Er war darauf versessen, das Tor zu erreichen.
> Er rannte mitten durch die Leute,
> Auch war sein Haar so verwirrt,
> daß ihn damals niemand erkannte,
> so armselig sah er nun aus.
> Er war ganz blaß geworden.
> Und nachdem er sich aus dem Tore gestürzt hatte,

> eilte er über die Felder.
> Niemand zeigte ihm den Weg.
> Kein Pferd hätte sich mit ihm messen können.
> Es wäre eines Riesens würdig gewesen.
> Seine Kraft fing an zu schwinden,
> Er setzte sich nieder auf einer Wiese,
> Und nach einer kurzen Rast,
> eilte er weiter.

> Noch etwas weiter rannte er,
> und kam ans Meer, wo er wieder rastete.
> Um seinen großen Hunger zu stillen, aß er Gras.
> Seine Glieder waren ganz ermattet.
> Nachdem er dort eine Weile gesessen hatte,
> legte er sich schlafen,
> und schlief die ganze Nacht. Niemand brauchte ihn einzuwiegen[5].

---

4 Jerry Christopher Smith, Elia Levita's Bovo-Buch: A Yiddish Romance of the Early 16th Century. Diss., Cornell 1968, 1—92.
5 Judah Joffe (Hrsg.), Elia Bachur's Poetical Works, vol. I: Reproduction of the Bovo-Buch, first edition 1541. Selbstverlag, New York 1949, 43—44. [Alle Übersetzungen vom Verfasser.]

Für Bovo Dantona besteht die Möglichkeit der Flucht, da ihm die innere, ihrem Ursprung nach zauberhafte Kraft des Märchenhelden zur Verfügung steht. Levitas Parallelisierung Bovos mit der Gestalt eines übermenschlichen, sagenhaften Riesen ist nicht bloß eine Metapher. Bovo kann nämlich tatsächlich seine eigenen Grenzen durch übermenschliche Kraft- oder Geschwindigkeitsproben durchbrechen, was eindeutig darauf hinweist, daß der Ursprung der Gestalt des Märchenhelden in der volkstümlichen religiösen Symbolik zu suchen ist. Dies gilt ebenso für die jiddische Volksliteratur des 16. Jahrhunderts, wie für alle anderen europäischen Volkstraditionen dieser Zeit. Die Volksbücher des 16. Jahrhunderts (wie z.B. *Der Eulenspiegel*) und die Spielmannsepen aus der früheren Zeit wurden in derselben Art und Weise ins Jiddische übertragen, wie sie zu niederländischen oder slawischen Formen umgestaltet worden waren. Die Gestalt des Helden selber wird kaum verändert. Das Ausbleiben einer Umgestaltung in dieser Richtung spiegelt den Geschmack des jiddischen Lesepublikums wider: Die jiddische Literatur soll den Leser oder Zuhörer unterhalten, indem sie von Abenteuern erzählt, die nicht an Ort noch Zeit gebunden, und von Helden, die frei von jeder starren religiösen oder gesellschaftlichen Beschränkung sind.

Die Haskala verbannte Bovo aus den Reihen ihrer Helden und zog es vor, einen jüdischen Pygmalion zu schaffen, der akzeptables Deutsch, Russisch oder Polnisch sprach — aber nicht Jiddisch. Der bedeutende jiddische Schriftsteller, der um die Mitte des 19. Jahrhunderts wirkte und Harriet Beecher Stowes *Onkel Toms Hütte* ins Jiddische übersetzt hatte, Isak Meier Dick, bemerkte dazu:

> Sie wollen nur von Wundern und Heldentaten hören, ganz gleich, ob sie wahr sind oder erfunden; die Geschichte vom Josef de la Reyna entzückt sie ... sogar die Geschichte von Bovo Dantona mit dem Windhund befriedigt sie ... oder auch bloß eine Geschichte, die von einer Braut und einem Bräutigam handelt. Diesen traurigen Sachverhalt, lieber Leser, nahm ich mir zu Herzen, und ich beschloß dieser Vorliebe für interessante Geschichten zu ihrem Vorteil auszunützen, indem ich unterhaltsame Bücher verfaßte, die aber zu gleicher Zeit einen moralischen Sinn in sich verbargen. Durch Gottes Gnade war ich in meinem Unternehmen erfolgreich; meine Erzählungen werden überall eifrig gelesen und weisen den Weg zum Guten. Bisher habe ich mehrere Hundert Geschichten aller Arten verfaßt, von denen jede einem anderen Zweck dient. Ich bin sicher, daß eine Vielzahl meiner Leser meine guten Absichten nicht ahnt, und meine Geschichten genauso wie Bovo zur Unterhaltung liest und mich, den Verfasser, als einen Plauderer verurteilt, der um des Geldes willen schreibt und sie von ihren Studien abhält. Dies ist mir alles wohl bekannt, aber ich fahre dennoch fort, meine Pflicht auszuüben, denn viel größere Männer wurden von unserer Nation ebenso verkannt ... Ich tue dies aus Liebe für mein Volk, von dem die meisten nicht wissen, wie weit sie von der Menschheit als Ganzes entfernt sind, und was für eine erbärmliche Stellung wir in diesen aufgeklärten Tagen unter zivilisierten Nationen einnehmen [6].

6 Zit. Nach Leo Wiener, The History of Yiddish Literature in the Nineteenth Century, Scribner's, New York 1899, 169–170.

Von ihrer didaktischen Absicht ganz erfüllt, gingen die Maskilim bewußt daran, eine Reformliteratur zu kreieren, die sich aber in der zweiten Hälfte des 19. Jahrhunderts in eine Literatur von Weltrang zu verwandeln beginnt.

Auf dem Weg vom volksbuchartigen Helden des *Bovo-Buches* zur negativen Lehrhaftigkeit der Hauptgestalten Dicks machte die Gestalt des Helden eine erhebliche Veränderung durch. Es blieb Sholem Jakob Abramovitch (1832—1917), der selber als Chassid ausgebildet worden war, vorbehalten, jene geniale Synthese herbeizuführen, die zu einem neuen Gebrauch des Helden in der Dichtung der Haskala führte. In seinen Werken, die er unter dem Decknamen Mendele Moscher Seforim, Mendele der Buchhändler, herausgab, da es sich für einen aufstrebenden Hebräisten nicht schickte, im Jargon zu schreiben, gab er die Didaktik der Haskala nicht völlig auf, obwohl er 1865 folgendes schrieb:

> Will einer wirklich die Zustände seines Volkes verbessern, so soll er die moralisierenden Anklagen gegen die Primitivität und den Aberglauben des Volkes fallen lassen, und statt dessen die Regierung um Gleichberechtigung, und die zum Lebensunterhalt nötigen Mittel ansuchen. Aber er darf keine Bedingungen stellen und auch nicht die Bildungsfrage damit verknüpfen[7].

Vor allem in *Fishke der Krumer* (Fishke der Lahme) und *Die Taxe* (Die Fleischsteuer) behielt er die für die früheren Werke der Haskala charakteristische satirische Darstellung des Juden im *shtetl*, der jüdischen Kleinstadt im Osten bei. Er verurteilte den isolierenden Einfluß, den das *shtetl* ausübte — ein Einfluß, der zur Bildung einer Gesellschaft beitrug, aus der es keinen Ausweg gab, da das Stigma des Judentums zur Struktur des *shtetls* gehörte. Dieser Zwiespalt tritt vor allem in Mendeles Roman *Masoes Beniamin H'shlishe* (Die Geschichte von Benjamin der Dritte) zu Tage. Dieses Werk ist weder ein "jüdischer Don Quixote", wie es der Titel der polnischen Übersetzung haben wollte, noch ein pikaresker Roman im klassischen spanischen Sinne, der Roman stellt vielmehr die Unmöglichkeit eines Entkommens aus dem shtetl an Hand der episodenhaften Schilderung der Mißgeschicke eines Versagers. Die Titelfigur folgt als der sogenannte "Dritte" auf den berühmten Reisenden des 12. Jahrhunderts, Benjamin von Tudela, und auf den Moldauer Benjamin, der Asien und Afrika in den Jahren um 1840 besuchte. Zum ersten Mal wird die geographische Umwelt zu einem Irrgarten, aus dem der Jude herausfinden muß. Diese Tatsache ist von besonderer Bedeutung, da das erste jiddische Buch der Haskala (und daher das erste moderne jiddische Werk überhaupt) Heikel Hurwitzens 1817 erschienene Übersetzung von Heinrich Campes *Auffindung Amerikas* war.

---

7 Zit. Nach Charles Madison, Yiddish Literature: Its Scope and Major Writers. Schocken, New York 1971, 44.

Auch wurde der Begriff der Beweglichkeit erstmals durch die Haskala eingeführt. Eine der unmittelbarsten und auffallendsten Folgen der kulturellen Anpassung war die dem einzelnen Juden gegebene Möglichkeit zu reisen, ohne daß er durch Orthodoxie religiöser oder gesellschaftlicher Natur gehemmt wurde. Mendels Held wird von fabelhaften Erzählungen unbekannter Länder aus der jüdischen Mythologie verführt. Er verläßt, zusammen mit seinem treuen Kameraden Senderel, sein kleines Dorf, um zu reisen. Ihre Mißgeschicke erreichen ihren Gipfel, als sie sich ohne ihr Wissen zum russischen Militär melden, aus dem sie im vorletzten Abenteuer des Buches wieder zu desertieren versuchen:

> Sie kletterten auf einen Holzstoß, und von dort gerieten sie auf einen Zaun. Plötzlich griff Senderel nach Benjamins Ärmel und flüsterte ihm ängstlich zu: "Ich hab' etwas vergessen! Ich hab' den Sack vergessen. Soll ich zurückgehen und ihn holen? " "Gott behüte! Wenn der Herr einem Menschen zur Flucht verhilft, wird er es ihm auch an einem neuen Sack nicht fehlen lassen." "Ich denke gerade an meinen Großvater, seligen Angedenkens," sagte Senderel leise. "Er hat mich im Traum gewarnt: 'Wach auf und renn um dein Leben.' Möge sein Verdienst jetzt mein Fürsprecher sein! Die Großmutter − Friede sei mit ihr − sagte immer − "
>
> Aber bevor er Benjamin erzählen konnte, was es war, das seine Großmutter immer gesagt hatte, hörten sie, daß sich die Schildwache näherte. Sie klammerten sich an den Zaun und hielten ihren Atem an. Als die Wache endlich an ihnen vorbeiging, krochen die zwei gespenstischen Gestalten auf allen Vieren weiter, bis sie in verhältnismäßiger Sicherheit waren.
>
> "Großmutter, Friede sei mit ihr", nahm Senderel das Gespräch wieder auf, "Großmutter sagte immer, daß sich Großvater, seligen Angedenkens, sein ganzes Leben lang gewünscht hatte, ins Gelobte Land zu reisen, und daß er just im Moment, bevor er zu den Vätern einging, ausrief: 'Es scheint, daß ich in den Augen des Herrn nicht würdig befunden wurde! Aber ich hege den Glauben, daß einer meines Stammes dorthin gelangen wird!' Und ich habe das Gefühl, daß er damit mich gemeint hat. Möge der Herr da zuschauen."
>
> Aber es waren keine göttlichen Ohren, die Senderels Worte erhörten. Er hatte kaum zu Ende gesprochen, als "Wer da? " in schallendem Russisch ausgerufen wurde. Der Wachmann, da er keine Antwort erhielt, trat ein paar Schritte vor. Und wie es das Pech wollte, kam der Mond gerade in dem Augenblick hinter einer dunklen Wolke hervor und ließ sein ganzes Licht auf unsere zwei Abenteurer herabstrahlen, die entgeistert und entsetzt mucksmäuschenstill dastanden, während die Schildwache sie verfluchte und mit dem Gewehr drohte [8].

Die Natur selbst hat sich gegen die Reisenden verschworen, und genau jene geographische Umwelt, die sie überschreiten möchten, wirft sie in den

---

8 Sholom Jakob Abramowitch, Masoes Beniamin H'shlishi. Volksbibliothek, Moskau 1948, 187−189; s.a. Dan Miron, A Traveler Disguised: A Study in the Rise of Modern Yiddish Fiction in the Nineteenth Century. Schocken, New York 1973, 130−248.

Rachen des Löwen zurück. Allerdings: da die russische Armee gleichermaßen daran interessiert ist, die zwei Rekruten wieder loszuwerden, finden wir sie im letzten Kapitel wieder auf freiem Fuß, damit sie ihre Abenteuer fortsetzen können. Dem Leser aber ist es ganz klar, daß Benjamin und Senderel sich nicht aus ihrer festgefahrenen Blindheit der realen Welt gegenüber — der Wirklichkeit jenseits des Aberglaubens und der Mythologie des *shtetls* — befreien können. Wie Fishke der Lahme und die anderen Helden in Mendeles Dichtung, sind sie in einem Irrgarten gefangen, der keine geographischen Grenzen kennt, sondern in der Persönlichkeit des Helden selber liegt. Mendele hatte zwar diese Auffassung des Helden der Haskala entnommen, hatte sie aber durch sein Einfühlungsvermögen in die Eigenart der Bewohner des *shtetls* gemildert und abgewandelt. Obwohl diese Helden als negative Beispiele gedacht sind, sind sie dem Leser dennoch sympathisch. Diese Auffassung des Helden führte der bedeutendste der bewußten Jünger Mendeles, der berühmteste klassische jiddische Schriftsteller überhaupt, Isaak Leib Peretz (1852—1925) weiter aus. Peretz treibt die Idee des torenhaften Helden, eines Schlemihls, der in einem Irrgarten gefangen ist, den er sich nicht selber geschaffen hat, bis aufs Äußerste. Zwar verschwindet mit den Werken Peretz das letzte Stigma, das dem Jiddischen als Literatursprache anhaftete, aber die Beschränkungen des Helden werden weiterhin beibehalten. Dieser Held lebt nämlich nicht nur in einer ausweglosen Welt, sondern auch in einem Weltall, das Rechenschaft für jede menschliche Tat fordert.

Das anschaulichste Beispiel des gefangenen Helden in der Auffassung Peretz' findet man in seiner Erzählung *Bontsche Schweig*. Die Geschichte fängt in dem Moment an, da der Held stirbt.

> In dieser Welt ereignete sich Bontsche Schweigs Tod ganz ohne Aufsehen. Versucht bloß herauszufinden, ob jemand genau weiß, wer Bontsche war, wie er gelebt hatte, warum er starb: weil sein Herz platzte, weil sein Kräfte erschöpft waren, oder vielleicht, weil sein Rücken unter seiner übergroßen Bürde zusammenbrach.
>
> Wäre ein Karrenroß plötzlich tot niedergefallen, hätte es mehr Aufsehen erregt. Der Tod des Pferdes wäre in der Zeitung erwähnt worden; die Leute wären dutzendweise herbeigerannt, das verunglückte Tier und den Ort, wo sich der Unfall ereignet hatte, zu sehen. Natürlich haben Pferde den Vorteil, daß sie weniger zahlreich sind als die Menschen.
>
> Still verlebte Bontsche sein Leben; still ging er aus dieser Welt hinaus.

Bontsches Tod scheint ein Ausweg aus den Greueln dieser Welt zu sein. Seine Ankunft im Jenseits ist der genaue Gegensatz zu seinem diesseitigen Leben. Alle Engel kommen heraus, ihn zu begrüßen; sogar der Allerhöchste nimmt von seiner Ankunft Notiz. Er wird in den himmlischen Hof geführt,

wo der Verteidigungsengel angefangen hat, die Geschichte seines Lebens
vorzutragen. Es wird erzählt, wie Bontsche von einer boshaften Stiefmutter
gepeinigt und von seinem besoffenen Vater in einer kalten Winternacht aus
dem Haus vertrieben worden war; wie er einem reichen Mann das Leben
gerettet hatte und dafür mit Arbeit und einer schwangeren Braut belohnt
worden war; wie er von seiner Frau verraten, von ihrem Sohn mißhandelt
und schließlich von seinem Brotgeber tödlich verletzt worden war; und
trotz allem schwieg Bontsche. Der Engel der Anklage ist von Bontsches
Schweigen so beeindruckt, daß er ebenfalls schweigt.

> "Mein Sohn", fährt der höchste Richter fort, "du hast die ganze Zeit geduldet und
> geschwiegen. An deinem Leib gibt es keine Stelle, die nicht die Spuren einer
> Verletzung aufweist – du bestehst ganz aus Wunden und Blut; jeder Zoll deiner
> Seele trieft von Blut – trotzdem hast du geschwiegen.
>
> Das haben sie nicht verstehen können. Und du hast vielleicht auch nicht gewußt,
> daß du hättest aufschreien können und daß dein Schrei die Mauern Jerichos zum
> Wanken und Fallen gebracht hätte. Du kanntest die Macht nicht, die in dir lag.
>
> In jener Welt haben sie dein Schweigen nicht belohnt, denn die auf Erden sind
> falsch und ungerecht. Aber hier, im Reich der Gerechtigkeit, soll dir zukommen,
> was dir gehört.
>
> Die Richter werden kein Urteil sprechen; sie werden dir keine besondere Be-
> lohnung zumessen. Nimm, was dein Herz begehrt. Alles ist dein hier."
>
> Zum ersten Mal erhob Bontsche seine Augen. Er war von der blendenden Pracht
> beeindruckt, die alles überstrahlte. Hier funkelte und glitzerte alles. Licht strömte
> aus allen Richtungen – von den Wänden, den Engeln, den Richtern.
>
> Und er senkte seine müden Augen und wandte sie ab. "Im . . . Ernst", fragte er
> verwirrt.
>
> "Selbstverständlich", sagte der höchste Richter, "ich wiederhole: alles gehört
> dir – wähle, was dir beliebt, da alles dir gehört. Wähle alles, was du möchtest, da
> alles, was hier funkelt und glitzert, nur die Widerspiegelung deiner eigenen ver-
> deckten Tugend ist. Du nimmt nur, was dir gehört.
>
> "Wirklich? " fragte Bontsche in etwas festerem Ton.
>
> "Natürlich, natürlich", wurde ihm von allen Seiten geantwortet.
>
> "Nun, wenn dem wirklich so ist", antwortete Bontsche lächelnd, "möchte ich
> jeden Tag zum Frühstück ein frisches Brötchen mit Butter".
>
> Der Richter und die Engel waren verblüfft. Der Engel der Anklage brach in
> schallendes Gelächter aus[9].

Die ironische Wendung am Schluß enthüllt die äußerste Stufe der heiligen
Torheit in der jüdischen Lehre: ein Kind, das so unschuldig ist, daß es nicht
einmal weiß, wie man eine Frage stellt. Diese Unschuld in stoische Passivi-
tät zu verwandeln, ist für Peretz der Gipfel der Unmöglichkeit. Lebens-

---

9 Isaak Leib Peretz, Bontsche Schweig. Volksbibliothek, Moskau, 1936, 3–4, 16; s.a.
  Maurice Samuel, Prince of the Ghetto. Knopf, New York 1948.

flucht, die aus dem absoluten Vertrauen auf ein Leben im Jenseits besteht, ist ein falscher Glaube, da dies nur zur Aufgabe des Daseinskampfes in diesem Leben führt. Hier ist der Punkt, an dem Peretz in seinem Skeptizismus weiter geht als Mendele. Während Mendele nämlich die Gestalt des Antihelden, die von der Haskala geprüft worden war, dazu verwendet, um auf die fehlerhaften Formen aufmerksam zu machen, die in der jüdischen Gesellschaft bestanden, stellt Peretz damit die falsche Religiosität seiner Juden bloß. Den Wert der jüdischen Religion als Religion stellt er freilich nie in Frage; letzten Endes war seine Lösung die soziale Unabhängigkeit der Juden in einem jüdischen Staat. Seine Zweifel gelten lediglich dem Mißbrauch der Religion als eines Mittels zur Lebensflucht, ein Zweck, den sie weder haben kann noch soll.

Bontsche ist kein heiliger Narr; das ironische Gelächter, mit dem Peretz die Erzählung beendet, zeigt eindeutig, daß Schweigen auch kein Ausweg ist. Bontsche ist bloß ein Narr, der von seiner Unfähigkeit überwältigt wird, mit dem Dasein zu ringen, und vielleicht sogar der Unfähigkeit, zu begreifen, daß es einen Ausweg geben könnte.

Daß es einen Ausweg im physischen wie im transzendentalen Sinne, geben kann, wird in einem der bedeutenderen Werke des dritten jiddischen Klassikers dargestellt, Sholom Rabinovitch, allgemein bekannt unter seinem Decknamen Sholom Aleichim (1859–1916). Mit den Werken Sholom Aleichims und seiner Zeitgenossen verschwinden die letzten Züge der Didaktik aus den literarischen Formen, die in der Aufklärung entwickelt worden waren. Dieser Vorgang findet in Sholom Aleichims letztem großem Werk *Die Abenteuer des Kantors-Sohnes Mottel Peise* (1920), das er gegen Ende seines Lebens in Amerika schrieb, seine Vollendung. In den Abenteuern eines Knaben im Rußland der Zaren und in Amerika fehlt gänzlich die Beschränkung durch Umwelt oder die theologische Fehldeutung in der Art Mendeles oder Peretz'. Der Roman überzeugt, weil der Held ein Kind ist, das die Welt aus seiner Perspektive betrachtet. Während die Unfähigkeit der früheren Helden Benjamin und Bontsche Schweig, die Welt zu verstehen, eine Satire im Rahmen der jiddischen Weltanschauung bildet, vereint die jugendliche Unschuld und Unverdorbenheit dieses Helden die jüdische Vorstellung des unwissenden Kindes mit dem universellen Begriff des reinen Narren. Der Waisenknabe Mottel muß die ländlichen Freuden von Kaserilevke verlassen und nach Amerika fliehen, um sich vor einem russischen Pogrom zu retten. Die Flucht besteht für ihn aus einer Reihe von Abenteuern, die er nur halb versteht.

Plötzlich blieben unsere zwei Führer stehen und fragten uns, wieviel Geld wir
hätten. Wir waren so erschrocken, daß wir keines Wortes mächtig waren. Mutter
tritt hervor und sagt, wir hätten kein Geld. Sie sagen, das sei eine Lüge, Juden
hätten immer Geld. Sie ziehen zwei lange Messer, die sie uns unter die Nase halten.
Sie sagen, "wenn ihr uns nicht alles gebt, was ihr habt, so seid ihr des Todes". Wir
stehen sprachlos da und zittern wie Espenlaub. Mutter sagt zu Eli, er solle seinen
Sack öffnen und das Geld herausgeben — es ist das Geld, das wir für unser Haus
erhielten. Plötzlich fällt es Brocha ein, ohnmächtig zu werden. Als Mutter sie fallen
sieht, schreit sie "Hilfe", und Teibel fügt auch "Hilfe" hinzu! Plötzlich — ein Knall.
Jemand hat einen Schuß abgefeuert. Der Schuß fliegt über den Wald mit wildem
Lärm. Die Bauern verziehen sich, Brocha springt auf. Mutter packt mich mit der
einen Hand, Eli mit der anderen. "Kinder, laufen wir! Der Führer Israels ist mit
uns!"

Ich weiß nicht, woher sie die Kraft zum Rennen nahm. Von Zeit zu Zeit stolpere
ich über einen Baumstamm, und wir fallen hin. Wir stehen auf und rennen weiter.
Manchmal dreht sich Mutter um und fragt leise:
"Pinney, rennst du? Brocha, rennst du? Teibel, rennst du? Rennt, rennt, der
Führer Israels ist mit uns."

Ich weiß nicht, wie lange wir gelaufen sind. Wir haben den Wald längst verlassen.
Die Morgenröte bricht an ... Wir treffen einen Juden mit sehr langen Schläfen-
locken. Ich habe noch nie so lange Schläfenlocken gesehen ... Pinney fängt ein
Gespräch mit ihm an ... Pinney fragt ihn, ob wir weit von der Grenze sind. Der
Jude schaut ihn erstaunt an, "Welche Grenze? " Wir entdecken, daß wir längst auf
der anderen Seite sind, und weit von der russischen Grenze.

"Warum rennen wir denn dann wie besessen? "
Wir bekommen einen Lachkrampf. Die Frauen können vor Lachen kaum stehen.
Nur Mutter hebt ihre Hände zum Himmel, "Ich danke Dir, Gott"; und fängt an zu
weinen[10].

Aus der Perspektive eines Kindes gesehen, besteht die Überquerung der
russischen Grenze aus einer Reihe von vorübergehenden Eindrücken, bei
denen die Furcht und der Schrecken in eine unbedachte Abenteuerlust
umgewandelt werden. Diese Schrecken, von denen die Flucht tatsächlich
begleitet ist, werden mit den Tränen des Erwachsenen am Schluß des
Zitates angedeutet; gleichzeitig deuten sie auch, durch ihre Placierung zu
Beginn der Flucht nach Amerika, die noch bevorstehenden Schwierigkeiten
an. Die Unmittelbarkeit, mit der das Kind seine Eindrücke schildert, erwecken im Leser an jeder Stelle im Roman das Gefühl, daß Flucht möglich
ist, ja, daß sie schon ergriffen worden ist. Aber aus der Art und Weise, wie
sich jedes Abenteuer entfaltet, geht klar hervor, daß der Optimismus in der

10 Sholom Rabinowitch, Alle Werke. Volksvond, New York 1920, XII, 172—173; s.a.
   Lillian L. Heimovitz, Sholom Aleichim: Selected Works with Complete Annotated
   Bibliography. Diss., Yeshiva 1972.

Persönlichkeit des Erzählers liegt und nicht vom Leser hineingelesen wird. Die Gestalten des Romans wandern nämlich von einer Falle in die andere. Nicht mehr gebunden an ihre landschaftliche Umwelt, durchziehen sie in ihrer Flucht aus Rußland die Hauptstädte der westlichen Welt. Den Irrgarten, in dem sie sich befinden, tragen sie überall mit sich herum ... schließlich auch nach New York. Die Charaktere stecken in einer selbst geschaffenen Falle, aus der es kein Ausweichen für sie gibt, weniger weil sie jüdisch sind, sondern vielmehr, weil sie sich in die Gesellschaftsordnung der Welt im Ganzen weder einfügen können noch wollen. Der geschlossene Kreis der jüdischen Gemeinschaft — im Falle Mottel der Großfamilie — bietet Sholom Aleichim genügend Sicherheit, um weitere kulturelle Anpassung überflüssig zu machen. Die Gestalten des Romans versuchen zwar, sich in Rußland und später auch in Amerika anzupassen, aber meist mit urkomischen Folgen. Dieser geschlossene Kreis ist für den letzten Endes optimistischen Dichter keine Falle, sondern ein sicherer Hafen, und Flucht davor ist weder möglich noch wünschenswert.

Obwohl Mendele, Peretz und Sholom Aleichim vom Großteil der jiddisch-sprechenden Juden als die führenden Dichter anerkannt wurden, standen sie außerhalb der geistigen Bewegung, die sich unter einem immer größer werdenden Kreis von Zionisten ausbreitete und die sich die Erhebung des Hebräischen zur jüdischen Nationalsprache zum Ziele gesetzt hatte. Schriftsteller wie Chaim Nachman Bialik und Ahad-Haam schufen eine moderne hebräische Literatur in Europa zur selben Zeit, als die jiddische Literatur literarisch vollwertig wurde. Da die Schriftsteller, die ihre Werke auf Jiddisch verfaßten, sich von den Verfechtern der Assimilierung und den Hebräisten gleichermaßen bedrängt fühlten, trafen sie sich 1908 in Czernowitz. Angeblich war es der Zweck dieser Tagung (deren Teilnehmer aus jedem Bereich der Literatur stammten), die jiddische Schriftsprache zu normalisieren; in Wirklichkeit ging es jedoch um die Stellung des Jiddischen: War Jiddisch überhaupt d i e e i n z i g e Sprache der Juden, war es eine der Nationalsprachen, die durch Hebräisch ersetzt werden sollten, oder war es die Volkssprache der Massen? Nach zehn erschöpfenden Sitzungen kam man dahin überein, daß es sich um e i n e der Nationalsprachen der Juden handele. Jiddisch erhielt in Czernowitz zwar seine offizielle Legitimation, aber die Form der jiddischen Literatur wurde in Warschau geprägt.

Zum ersten Male betrachteten sich dort die jiddischen Schriftsteller als Teilhaber an der allgemeinen europäischen Tradition. Vor allem Israel Joshua Singer (1893—1944), der einer chassidischen Familie entstammte, war es, der dem modernen jiddischen Roman seine neue Prägung gab und ihn dadurch in die erste Reihe der Weltliteratur rückte. In *Die*

Brider Ashkenazi, der 1935 nach seiner Ankunft in Amerika erschien, schuf er nach Meinung vieler Kritiker den bedeutendsten jiddischen Roman. Singer vereint die psychologische Intensität Dostojewskis mit der epischen Breite Tolstois in seiner Darstellung der Entwicklung der Stadt Lodz aus einem kleinen Dorf in ein Industriezentrum anhand des Aufstiegs und Verfalls der Familie Ashkenazi. Der größte Teil des Romans befaßt sich mit dem Leben der Zwillingsbrüder Simca Meyer (genannt Max) und seines jüngeren Bruders Yakov Bunin (genannt Jakob). Ihr Daseinskampf wird in einer Reihe von Abenteuern geschildert, die Tolstois *Krieg und Frieden* nahekommen; eine ähnliche epische Breite kennzeichnet den ganzen Roman. Gegen Ende des Buches ist Max Ashkenazi nach Petersburg gefahren, um eine Fabrik zu gründen. Dort gerät er in die russische Revolution; obwohl er zuerst versucht, sich zu behaupten, bemerkt er bald, daß er fliehen muß.

> Stunden vergingen. Ashkenazi wartete auf den Augenblick, da sie ihm sagen würden, daß das Boot bereit sei und er losziehen könne, aber die Männer sagten kein Wort. Der Wind heulte draußen, und Wellen schlugen gleichmäßig gegen das Ufer. Max Ashkenazi schaute immer wieder auf seine goldene Uhr — die Uhr, die er als Geschenk erhalten hatte, als er Bräutigam wurde — und bemerkte, wie langsam die Stunden vergingen. Die Nacht schien endlos. Endlich entspannten sich seine Nerven aus reiner Erschöpfung, und seine Augen fielen zu. Die dunkle Hütte mit ihren Säcken und unheimlichen Gestalten verschwand, und an ihrer Stelle erschien das Eßzimmer im Palais zu Lodz. Alle Lampen leuchteten, der Tisch bog sich unter den Speisen; an der Spitze des Tisches war er selbst, Max Ashkenazi, in seiner Nähe seine Frau — nicht die zweite, sondern die erste, Dinah. Sie war jung und schön . . .
> "Ja, Dinah", flüsterte er. "Ich werde bald bei Dir sein . . ." Er hob seine Hände, um das Licht abzuwehren, aber es ließ sich nicht auslöschen. Es blendete ihn weiter. Er versuchte es wegzustoßen, aber dann wachte er auf und wurde gewahr, daß es eine Laterne war, mit der ihm jemand ins Gesicht leuchtete. Zwei Männer, in Leder gekleidet, packten ihn an den Schultern.
> "Jetzt ist genug geschlafen. Zeit zum Aufstehen."
> Ashkenazi sprang auf. Etwas in der Stimme packte ihn mit Entsetzen. Die zwei Männer hatten Revolver in ihren Gürteln. Er blickte sich um nach Goretski. "Miron Makowitsch!" rief er.
> Die zwei Männer fingen an zu lachen.
> . . . Die entsetzliche Wahrheit ging ihm auf, die Tücke, der unaussprechliche Verrat des kleinen Mannes mit den roten Wangen und runden schwarzen Augen! Genarrt! In der fürchterlichsten Weise dem Feind ausgeliefert. Er wollte in die schwarze Nacht aufschreien, einen wilden Protest gegen die Unanständigkeit der Menschen; er wollte die Bitterkeit, die in seinem Herzen war, über das Meer hinaus schreien . . . Hier, am Tore zur Freiheit, zurückgetrieben, verloren, verraten. Sein Blut schien alle diese Worte zu wiederholen, aber er konnte kein Wort herausbringen [11].

11 I. J. Singer, Die Brider Ashkenazi. Matones, New York 1937, III, 152–153.

Max Ashkenazi wird aus der sowjetischen Gefangenschaft entlassen, auf die Fürbitte seines Bruders, der selber beim Versuch, Rußland zu verlassen, umkommt. Als er nach seiner Rückkehr nach Lodz sein Fabrikreich wieder aufzubauen versucht, stirbt er an einem plötzlichen Herzinfarkt.

Singers Version einer Flucht bietet dem Leser noch eine andere Auffassung vom gefangenen Helden. Das Negative des Helden rührt nicht von seinem Judentum her, sondern von der ganzen Umwelt, in der er lebt. Die Verderbtheit des Lebens ist allumfassend; die Industrialisierung, die im Roman dargestellt wird, ist nicht bloß eine Schilderung des dekadenten Kapitalismus, sondern ein Sinnbild für den vollkommenen Verfall eines moralischen Systems. Max Ashkenazi ist ein Gefangener des historischen Prozesses, der ohne Rücksicht auf das Individuum schafft und zerstört. Sinnbildlich für diese Verstrickung, die der Leser im ganzen Roman spürt, ist die Szene, in der Max Ashkenazi in die Falle der russischen Geheimagenten gerät. Das Individuum muß verstummen gegenüber einem historischen Prozeß, der keinen Plan wiederspiegelt, sondern Selbstzweck ist. Die Form, welche die Verstrickung des Helden in *Die Brider Ashkenazi* annimmt, zeigt, wie weit dieses Werk von einem System der Werte abweicht, wie es in der früheren jiddischen Literatur dargestellt wurde.

Als der Aufstieg des Nationalsozialismus in Deutschland eine ganze jüdische Gesellschaft mit Verstrickung und Vernichtung bedrohte, schilderte Singer daher in dem 1943 geschriebenen Werk *Familie Carnowsky* noch eine andere Art der Flucht: die Assimilierung. In dieser Studie einer Familie von deutschen Juden veranschaulicht Singer den Verfall einer Familie, die den Weg der Assimilierung einschlägt. Drei Generationen der Familie Carnowsky versuchen ihr Judentum abzulegen, so daß das letzte Mitglied Yegor Carnowsky seine eigene Identität so weit in Frage stellt, daß er nach seiner Flucht aus Deutschland nach Amerika selber zum Nazi-Anhänger wird. Der Roman schließt mit Yegor Carnowskys Selbstmordversuch, der wie der Tod Max Ashkenazis andeutet, daß der einzige mögliche Ausweg in der inneren Kraft eines Individuums liegt, das mit der Unbegreiflichkeit der Geschichte Frieden geschlossen hat.

1935 brachte Israel Joshua Singer seinen um elf Jahre jüngeren Bruder Isaac Bashevis Singer nach den Vereinigten Staaten. Heute gilt der jüngere Bashevis Singer als der bedeutendste lebende jiddische Schriftsteller. Seine Romane, vor allem *Satan in Gorie*, ursprünglich 1935 geschrieben, und *Familie Moskat*, geschrieben 1950, jenes Werk, das den Einfluß seines Bruders am deutlichsten zeigt, werden in den Augen des Publikums von der subtileren Qualität seiner Kurzgeschichten überschattet. *Gimpel der Narr*, seine erste Sammlung von Kurzgeschichten, die 1957 erschien und oft mit Kafka oder Borges verglichen wird, begründete sofort seinen Ruhm außer-

halb des engen Kreises des jiddischen Leserpublikums. Die Realität der
Geschichte, wie sie noch sein Bruder darstellte, ist für Bashevis Singer zu
einem bloßen Fragment der Realität geworden, und Vollständigkeit kann
nur durch die Hinzufügung des irrational-mythischen Antriebs der Geschichte erlangt werden. Dies kann man aus seiner Erzählung *Klein und
Groß*, in der Sammlung *Gimpel der Narr*, besonders deutlich ersehen. Diese
Erzählung handelt von einem Mann, der mit einer Xanthippe verheiratet ist,
die ihn wegen seines kleinen Wuchses hänselt. Er macht deshalb den
größten Mann, den er finden kann, zu seinem Gehilfen. Dann verschreibt er
sich dem Tode, überzeugt, daß seine Witwe seinen Gehilfen heiraten wird.

> Klein Motie wurde dann plötzlich krank. Niemand wußte, was ihm fehlte, aber er
> wurde immer bleicher. Klein wie er war, schrumpfte er noch mehr zusammen. Er
> ging in die Synagoge, um zu beten, und kauerte in der Ecke wie ein Schatten. Am
> Markttag war er nicht draußen unter den Wagen. Seine Frau fragte: "Was fehlt dir,
> Mann? " Aber er antwortet: "Nichts, gar nichts." Sie schickte nach dem Arzt, aber
> was weiß schon ein Arzt. Er verschrieb ein paar Kräuter, aber sie nützten nichts.
> Mitten am Tag ging Motie zu seinem Bett und lag dort. Motiehke fragte: "Wo tut
> es weh? " Und er antwortete: "Nichts tut weh." "Warum liegst du dann im Bett
> wie ein Kranker." Und er sagte: "Ich habe keine Kraft." "Wie kannst du Kraft
> haben", wollte sie wissen, "wenn du wie ein Spatz ißt!" Aber er sagte nur: "Ich
> habe keinen Hunger." Eine Woche später lag Motie im Sterben. Es dauerte nicht
> lange, und er schied dahin. Er wurde am Boden aufgebahrt, mit Kerzen zu seinem
> Haupt und mit seinen Füßen gegen die Tür gerichtet. Motiehke zwickt sich in die
> Wangen und schreit: "Mörder, du hast dir dein Leben genommen. Du verdienst
> kein heiliges jüdisches Begräbnis. Du solltest außerhalb des Friedhofzaunes be-
> graben werden." Sie war nicht recht bei Sinnen.

Die Frau heiratet schließlich den Gehilfen, von seiner Sexualität angezogen,
und wird "auf ihre alten Tage" schwanger. Ihr neuer Gatte, der Gegensatz
des ersten, wird von einem fallenden Baum erschlagen.

> Motiehke lebt noch eine Weile dahin, aber sie schien ihren Verstand verloren zu
> haben. Sie murmelte endlos vor sich hin — kurz, lang, kurz, lang. Jeden Tag rannte
> sie zum Friedhof, um bei den Gräbern zu trauern, von einem Grab zum anderen.
> Als sie starb, lebte ich nicht mehr in der Stadt, sondern war zu den Eltern meines
> Mannes übersiedelt.
>
> Wie ich gesagt habe — man soll nicht necken. Klein ist klein, und groß ist groß. Es
> ist nicht unsere Welt. Wir haben sie nicht geschaffen! Aber daß ein Mann so eine
> unnatürliche Tat vollbringen kann. Hat man je dergleichen gehört? Bestimmt ist
> der Böse in ihn gefahren. Es gruselt mich jedesmal, wenn ich daran denke.[12] .

12 I. Bashevis Singer, Gimpel Tam un andere dertseylungen. CYCO, New York 1963,
   250—251; s.a. Marcia Allentuck (Hrsg.) The achievement of Isaac Bashevis Singer.
   Southern Illinois University Press, Carbondale 1969; Irving H. Buchen, Isaac
   Bashevis Singer and the eternal past. New York University Press, New York 1968;
   Irving Malin, Isaac Bashevis Singer. Ungar, New York 1972; Sander L. Gilman, An
   Interview with I. Bashevis Singer, In: Diacritics IV (1974), 30—33.

Die Stimme des Erzählers, die zum Schluß der Erzählung erklingt, zeigt, wie er sich bewußt ist, daß Tod und Wahnsinn zwei Möglichkeiten der Flucht sind. Aber beide sind negativ und führen zur Zerstörung des Individuums und schließlich der Gesellschaft. Motie zieht sich von diesem Leben zurück, aber er entkommt nicht. Anders als in der Welt Peretz' dient der Tod hier nicht dazu, dem Leser zu zeigen, wie falsch es ist, sich auf die Religion als allgemeines Heilmittel zu verlassen. Für Bashevis Singer ist der Tod die Flucht vor den Greueln des Lebens. Anhand seiner Werke kann man sehen, daß die Formel vom negativen Helden, die der jiddischen Gedankenwelt durch die Aufklärung auferlegt worden war, in der absterbenden literarischen Produktion der Nachkriegszeit nachhallt. Trotz Umgestaltung und Abänderung und vom didaktischen Druck der Haskala befreit, ist der negative Held ein zentraler Punkt in der jiddischen Literatur geblieben. Seine Negativität hat ihren Ursprung in seiner Unfähigkeit, seine angeborene Beschränkung zu durchbrechen. Diese Formel, die dem Begriff des *Huis clos* der französischen existentialistischen Schriftsteller der Nachkriegszeit ähnlich ist, hängt dem jiddischen Schriftsteller noch immer nach. Heutzutage sieht sich der jiddische Schriftsteller am Ende einer literarischen Tradition, die kaum hundert Jahre alt ist, er sieht keinen Ausweg oder Durchbruch zu neuen Formen oder einem neuen Leserpublikum, sondern nur den Tod einer literarischen Ausdrucksform.

Mündlichkeit und Schriftlichkeit:
ein Problem der Sagaforschung

Von H. M. Heinrichs, Berlin

Auf Island werden im Laufe des 13. Jahrhunderts Prosawerke, Sagas, zu Pergament gebracht, die in einer realistischen Art geschrieben sind, wie sie das übrige Europa erst Jahrhunderte später, im 19. Jahrhundert, zu gebrauchen lernt. Das Rätsel, das mit diesem überraschenden Auftreten hoher Prosakunst gegeben ist, beschäftigte und beschäftigt noch immer die Wissenschaft. Wie ist diese Kunst entstanden? Traten in einem Zeitraum von knapp 100 Jahren so viele hervorragende Talente im kleinen isländischen, damals vielleicht 50 000 Personen zählenden Volk zutage, die, unabhängig voneinander oder rasch voneinander lernend, diese Werke in einer charakteristischen Form schaffen? Oder gab es diese Art des Erzählens schon vorher in der Mündlichkeit und konnte von den "Verfassern" der überlieferten Sagas für ihre Kunst genutzt werden? Oder lebten die Sagas schon vorher als vollendete Kunstwerke und werden nun im 13. Jahrhundert von den Schreibern nach Diktat niedergeschrieben, so wie etwa Snorri Sturluson seine Heimskringla, seine Geschichte der norwegischen Könige, zum Niederschreiben diktierte?

Die Forscher, die meinen, die isländische Saga sei eine Art Familienroman[1], von einem individuellen Dichter als Kunstwerk geschaffen, gehören zu Anhängern der sogenannten Buchprosalehre, die anderen, die an die Existenz einer mündlichen Saga glauben, die — etwas überspitzt ausgedrückt — nur niedergeschrieben zu werden braucht, vertreten die sogenannte

---

1 Paul V. Rubow, De islandske Sagaer. 1. Den islandske Familieroman. In: ds., Smaa kritiske Breve, København 1936, S. 7 ff. Einen Überblick über die Forschungen zur Frage der Entstehung der isländischen Saga bis ca. 1964 gibt Theodore M. Andersson, The Problem of Icelandic Saga Origins. New Haven und London 1964 (= Yale Germanic Studies I.). Weiter sei hingewiesen auf Kurt Schier, Sagaliteratur. Stuttgart 1970 (= Sammlung Metzler, 78); Robert Scholes and Robert Kellogg, The Nature of Narrative. New York 1966, p. 43—51, 307—311; Thomas Bredsdorff, Kaos og kærlighed. En studie i islændingesagaers livsbillede, København 1971 (= Gyldendals Uglebøger), besonders S. 148 ff.; Hans Bekker-Nielsen, Thorkil Damsgaard Olsen, Ole Widding, Norrøn Fortællekunst, København 1965; Gabriel Turville-Petre, Altnordische Literatur: Saga. In: Kurzer Grundriß der germanischen Philologie bis 1500, hrsg. von Ludwig-Erich Schmitt, Bd. 2, Literaturgeschichte, Berlin 1971, S. 100 ff. Dietrich Hofmann, Vers und Prosa in der mündlich gepflegten Erzählkunst der germanischen Länder. In: Frühmittelalterliche Studien. Jahrbuch des Instituts für frühmittelalterliche Forschung der Universität Münster, hrsg. von Karl Hauck, Bd. 5, Berlin-New York 1971. Schließlich sei hingewiesen auf die seit 1964 in Kopenhagen erscheinende Bibliography of Old Norse-Icelandic Studies, zuletzt für das Jahr 1973.

Freiprosalehre. Natürlich rechnen die Anhänger der Buchprosalehre damit, daß der Sagaverfasser im Volke umlaufendes, mehr oder weniger geformtes Erzählgut, isl. 'munnmæli' (= mündliche Überlieferung), beim Schaffen seines Kunstwerkes benutzt hat, aber hochgeschätzt als geformte Dichtung wurde es nicht. Sein Einfluß auf den Sagastil war gering. Ebensowenig verkennen die Vertreter der Freiprosalehre, daß nicht wenige Sagas in ihrer jetzigen Form nur am Schreibpult entstanden sein können und daß in Sagas Motive und Erzähleigenheiten sich zeigen, die wir aus anderen literarischen Werken kennen, die also wohl von dort entlehnt sind und somit literarischen, schriftlichen Einfluß verraten und damit für die Buchprosalehre sprechen. Aber hier sollte man vorsichtig sein. Es ist durchaus möglich, und die Märchenforscher werden das gern bestätigen, daß literarische Motive von Erzählern, die weder lesen noch schreiben können, aufgenommen und ihrem Erzählgut einverleibt werden, ja, daß unter Umständen ganze Erzählungen aus schriftlichen Quellen übernommen werden[2]. Also nicht jedes literarische Motiv in einer Saga beweist von vornherein und auf sich gestellt, daß diese Saga von einem homo litteratus verfaßt ist.

Ich möchte im folgenden einige der Argumente, die für oder gegen die eine oder die andere dieser beiden Theorien sprechen, behandeln und weiterhin einige Gesichtspunkte beibringen, die vielleicht das Rätsel der Saga-Entstehung etwas aufhellen können.

Um in die Materie besser eindringen zu können, möchte ich Ihnen etwas verkürzt eine kleine Geschichte wiedergeben, die Anfang des 13. Jahrhunderts niedergeschrieben wurde. Es ist der Íslendings þáttr sǫgufróða, die Geschichte von dem sagakundigen Isländer:

Zur Zeit Haralds des Harten, der in Norwegen von 1046—1066 König war, kam eines Sommers ein junger Isländer zum Hof und bat um Aufnahme. Auf die Frage des Königs, was er könne, antwortete er, er könne Sagas, Geschichten, erzählen. Der König nimmt ihn auf mit der Verpflichtung, immer, wenn jemand es verlange, Geschichten zu erzählen. Er hat Erfolg, ist beliebt beim König und beim Gefolge und erhält von ihnen Geschenke. Als Weihnachten sich nähert, wird der Isländer mißgelaunt, gibt aber auf die Frage des Königs nach der Ursache eine ausweichende Antwort. Der König errät, daß dem Isländer, der schon viel erzählt hat, jetzt gerade zur Weihnachtszeit, wo offenbar viel erzählt wird, seine Sagas ausgehen. Der Isländer gibt dies zu; er hat noch eine Saga, aber die wagt er, verständlicherweise, nicht zu erzählen, da es die Saga von der Auslandsfahrt

---

2 Der westpreußische Märchenerzähler Karl Restin z.B. übernimmt das Grimmsche Märchen von Schneewittchen und gestaltet es in seiner Art zu einem Märchen von 24 Seiten Umfang um. Siehe: Märchenwelt des Preussenlandes, hrsg. v. Alfred Camman, Schloß Bleckede/Elbe 1973, S. 169–193.

König Haralds ist. Harald war, bevor er König in Norwegen wurde, Führer der Warägergarde in Konstantinopel und hatte viel im Mittelmeer und auf dem Balkan gekämpft. Natürlich möchte der König seinerseits gern diese Saga hören, und sie einigen sich, daß der Isländer die Saga abschnittsweise an jedem Tag der Festzeit erzählt und der König es so einrichtet, daß am letzten Tag der Festzeit auch die Saga zu Ende ist. Der König will sich nicht anmerken lassen, ob ihm die Saga gefällt. Die Aufnahme der Saga beim Gefolge ist wenigstens anfangs zwiespältig, viele meinen, es gehöre Mut oder Frechheit dazu, diese Saga vor dem König vorzutragen. Einige finden sie gut erzählt, andere halten nicht viel davon. Als am Dreikönigstag die Saga dann beendet ist, fragt der König am Abend den Isländer, ob er denn nicht neugierig sei, wie ihm die Saga gefallen habe. Dieser meint, er habe Angst davor, aber der König lobt die Saga und fragt, wer sie ihm beigebracht habe. Der Gefragte antwortet: "Es war meine Gewohnheit draußen auf Island, daß ich jeden Sommer zur Dingversammlung (d.i. zum Allding) ging, und ich lernte jeden Sommer etwas von der Saga bei Halldórr Snorrason." Darauf meint der König, dann sei es kein Wunder, daß er sie gut kenne; denn, so füge ich hinzu, Halldórr Snorrason war König Haralds vertrauter Kampfgefährte auf der Auslandsfahrt.

Diese Geschichte finden wir eingebaut in die Saga König Haralds des Harten in mehreren Handschriften; sie existierte aber auch als selbständiges Erzählstück. Sie lag schriftlich schon etwa 1220 vor. Ich habe darüber in meinem Beitrag zur Festschrift für Wilhelm Emrich zum 65. Geburtstag gehandelt[3]. Daß die Geschichte vorher schon mündlich existiert hat, ist nicht unwahrscheinlich, aber nicht mit Sicherheit auszumachen. Sie erlaubt uns aber, mindestens Schlüsse für die Zeit um 1220 zu ziehen. Den Zuhörern oder "Lesern" kam offensichtlich in dieser Geschichte über das Sagaerzählen nichts ungewöhnlich vor.

So konnte man sich offensichtlich vorstellen, daß es Sagaerzähler gab, daß diese über einen nicht unbeträchtlichen Schatz an Sagas verfügten und auch, wenn sich die Gelegenheit bot, neuen Erzählstoff, geformt, vielleicht auch ungeformt, erwarben. Ich habe in dem erwähnten Aufsatz versucht, den Umfang des Erzählguts des jungen Isländers zu berechnen, indem ich die Berechnungsmethode A. Heuslers[4] für den Umfang der Saga von der Auslandsfahrt Haralds auf den gesamten Erzählvorrat anwandte. Heusler kommt auf ca. 100 Seiten Umfang für die Útferðarsaga, wobei er für jeden Abend nur 15 Minuten Zeit zum Erzählen ansetzt. Bei gleicher Zeitansetzung komme ich auf ca. 1000 Seiten, was ca. 30 Stunden Vortrag ent-

---

3 Literaturwissenschaft und Geschichtsphilosophie. Festschrift für Wilhelm Emrich zum 65. Geburtstag. Berlin 1975, S. 225 ff.
4 Andreas Heusler, Die Anfänge der isländischen Saga. In: Abh. der Preuss. Ak.d.Wiss. 1913, Phil.-hist.Kl. Nr. 9, Berlin 1914, S. 68.

spricht. Das ist sicher keine kleine Menge, aber man muß sie um 1220 auf Island für durchaus möglich gehalten haben. Dabei ist vorerst noch nichts über die Gestaltung der Erzählmasse gesagt. Ich komme später darauf zurück.

Um eine Vorstellung von dem zu geben, welche Stoffmenge Erzähler in der Mündlichkeit ihr Eigen nennen konnten und können, muß ich Ihnen einige Daten von mündlichen Dichtungen anderer Völker geben. Mir ist dabei klar, daß man solche Daten nicht ohne weiteres auf das alte Island übertragen kann. Es ist aber auch einsichtig, daß in der Germanistik bei der wissenschaftlichen Beschäftigung mit dem Nibelungenlied und anderen Epen des Mittelalters mancher Um- und Holzweg erspart geblieben wäre, wenn es in Deutschland noch eine lebendige epische Tradition gegeben hätte. Im übrigen sollen die Daten nur zeigen, was immerhin auf dieser Erde möglich ist.

Schirmunski[5] berichtet, daß wir jetzt eine vollständige Version des kirgisischen Epos 'Manas' haben, erzählt von dem alten Sänger Saghimbai Orozbakov (1867—1930), und eine zweite von Saiakbai Karalajev (geboren 1894). Diese Versionen differieren beträchtlich voneinander, aber jede enthält ca. 250 000 Verse. Einige Episoden sind noch von anderen Sängern des Epos 'Manas' aufgezeichnet worden. Zwei weitere Gedichte gehören zu 'Manas' als Teile desselben genealogischen Zyklus. Sie erzählten von seinem Sohn und Enkel: Semetei und Seitik. In Karalajevs Version zählen sie ca. 300 000 Verse, in Radlovs Aufzeichnung von der Mitte des vorigen Jahrhunderts nur 3 000. Immerhin füllt das Epos 'Semetei' bei Radlov ca. 90 gedruckte Seiten; bei Karalajev würden es ca. 4 500 Seiten sein. Die Kirgisische Akademie und die Schriftstellervereinigung Kirgisiens gaben 1958—1960 eine verkürzte vierbändige populäre Ausgabe der drei Epen heraus, da eine vollständige Ausgabe der ca. 500 000 Verse zu schwierig schien. Diese Ausgabe umfaßt noch ca. 80 000 Verse[6]. Zum Vergleich: das Nibelungenlied zählt ca. 9 300 Langzeilen, etwa gleich 18 600 Kurzzeilen. Mit anderen Worten, die vierbändige Ausgabe umfaßt also immer noch viermal soviel Zeilen wie das Nibelungenlied. Während des Krieges wurde eine andere wichtige Entdeckung gemacht. Ein neues karakalpakisches Dichtwerk, 'Die 40 Mädchen', mit 20 000 Versen wurde von dem Sänger Kurbanbaizhyrau (gestorben 1957[7]) aufgenommen, und es wurden und werden in der Gegenwart immer noch neue

5 Victor Zhirmunsky, Epic songs and singers in Central Asia. In: Nora K. Chadwick and Victor Zhirmunsky, Oral Epics of Central Asia. Cambridge 1969, p. 279 ff.
6 Eine stark verkürzte deutsche Nacherzählung des Epos, aus dem Russischen übersetzt, erschien 1974: Manas der Hochherzige. Kirgisisches Heldenepos. Nacherzählt von Semjon Lipkin, deutsch von Leo Hornung und Erich Millstatt. Berlin-Ost 1974.
7 S. Zhirmunsky, a.a.O., S. 282.

Epen und Varianten von schon bekannten im ganzen zentralasiatischen
Raum entdeckt.

Es ließen sich noch viele Beispiele aus Zentralasien anführen, die ein
Gedächtnis voraussetzen, das die Aufzeichner immer wieder erstaunen ließ.
Auf bestimmte Aspekte komme ich noch zu sprechen, möchte aber hier auf
einige Werke hinweisen, wo man leicht weiteres Material finden kann:
Nora K. Chadwick and Victor Zhirmunsky, Oral Epics of Central Asia,
Cambridge 1969; Walther Heissig, Geschichte der mongolischen Literatur I,
Wiesbaden 1971, S. 347 ff. (H. behandelt vor allem Heldenepen des 19. und
20. Jahrhunderts); Nikolaus Poppe, Das mongolische Volksepos. In: Zentral-
asiatische Studien 2, Wiesbaden 1968, S. 183 ff.; C.M. Bowra, Heldendichtung. Eine vergleichende Phänomenologie der heroischen Poesie aller
Völker und Zeiten. Stuttgart 1964, besonders S. 389 ff.

Bei den bisher erwähnten Dichtungen handelt es sich um Versepen, nicht
um Prosa wie bei der isländischen Saga. In der mündlichen Erzählkunst der
Turkmenen und anderer Turkvölker, aber auch bei den Mongolen gibt es
Prosaerzählungen, mehr oder weniger mit Versen untermischt. Ein reiches
Erzählgut besitzen wir in irischen und schottischen Märchen gaelischer
Sprache, die oft einen beträchtlichen Umfang haben, da die Märchenerzähler ihren Stolz darin sehen, möglichst lange Geschichten zu erzählen,
und auch nur solche Geschichten sind es wert, aufgezeichnet zu werden[8].
Im Archiv der Folklore Commission in Dublin findet man Geschichten, die
bis zu 36 000 Wörter enthalten[9]. Alexander Carmichael berichtet "von
mehreren Erzählungen, von denen jede lang genug war, um drei Abende zu
füllen, und er erwähnt eine, welche vierundzwanzig Abende bean-
spruchte[10]."

Séamus O'Duilearga veröffentlichte in irischer Sprache das 'Buch des
Seán O'Connaill', das Gedächtnismaterial enthält, das O'Duilearga von
O'Connaill aufschrieb. Die Geschichten zählen 396 Seiten, die Gedichte 12.
O'Connaill (1853—1931) sprach und verstand nur Gaelisch. Seine Über-
lieferungen hatte er von 27 älteren Tradenten erhalten[11]. Charakteristisch

---

8 Paul Gaechter, Die Gedächtniskultur in Irland (= Innsbrucker Beiträge zur Sprach-
   wissenschaft, hrsg. v. Wolfgang Meid, Bd. II), Innsbruck 1970, S. 51.
9 J.H. Delargy (d.i. Séamus O'Duilearga), The Gaelic Story-Teller, Sir John Rhys
   Memorial Lecture (= Proceedings of the British Academy, Vol. XXXI),
   London 1945, p. 16. Séamus O'Duilearga, Irish Tales and Storytellers. In: Märchen,
   Mythos, Dichtung. Festschrift zum 90. Geburtstag Friedrich von der Leyens, hrsg. v.
   Hugo Kuhn u. Kurt Schier. München 1963, S. 63 ff.
10 Alexander Carmichael, Carmina Gadelica. Hymns and Incantations orally collected in
   the Highlands and Islands of Scotland. I—II, Edinburgh 1900, I, p. XXIV, zit. nach
   Gaechter, a.a.O., S. 51.
11 J.H. Delargy, a.a.O., p. 11. Séamus O'Duilearga, Leabhar Sheáin Í Chonaill. Sgéalta
   agus Seanchas ó Íbh Ráthach. Baile Atha Cliath, 1948.

für fast alle guten irischen Erzähler, aber auch die anderer Völker, ist es, daß sie weder lesen noch schreiben können. O'Duilearga erwähnt[12], daß irische Erzähler 200—300 Märchen kennen. Linda Dégh spricht von einem ungarischen Erzähler namens Lajos Ami, der 236 Märchen kannte[13]. Karl Hermann Tillhagen berichtet, daß er von dem schwedischen Zigeuner Taikon ungefähr 250 Märchen aufgezeichnet hat und außerdem eine große Anzahl von Sagen, Liedern, Sprichwörtern und Rätseln[14]. So könnte ich noch lange fortfahren, aber es mag genug sein.

Es hat sich gezeigt, daß der Erzählvorrat des jungen Isländers keineswegs als ungewöhnlich hoch gelten kann; er liegt durchaus in dem Bereich, den wir aus anderen Kulturen mit mündlich geprägter und überlieferter Dichtung kennen.

Wie aber wird überliefert und wie wird vorgetragen?

Es gibt in der Mündlichkeit, in der mündlichen Überlieferung, sowohl Vers- wie Prosadichtung. Für die erste können etwa die Heldenlieder und -epen der Jugoslawen sowie der zentralasiatischen Stämme angeführt werden, für die zweite die Märchen vieler Völker und natürlich die isländischen Sagas. Beide Arten können auf verschiedene Weise tradiert werden. Die Forschungen von Milman Parry und Albert B. Lord[15], aber auch sowjetischer Forscher wie Viktor Schirmunski[16] und anderer Forscher zentralasiatischer Heldenepen haben gezeigt, daß der Vortrag eines Heldenepos keineswegs die wortwörtliche Wiederholung von etwas vorher Gelerntem ist, sondern jedesmal die Schöpfung des Dichtersängers. Ich zitiere Schirmunski: "Der Sänger hat die Möglichkeit, sich nach der Vorliebe des Publikums zu richten; er kann kürzen und längen. Das Grundthema, die Folge der Hauptepisoden, die Haupt- und traditionellen Charaktere bleiben unverändert; traditionelle Themen, wie Satteln der Pferde, der Ritt oder die Beschreibung eines Einzelkampfes und von Massenschlachten, werden in der Regel bewahrt, wenn auch mit individuellen verbalen Änderungen. Aber der Sänger rezitiert keinen auswendig gelernten Text; er improvisiert bis zu einem gewissen Grade, wobei er die feste Tradition eines fixierten formelhaften Stils (Epitheta, Vergleiche, phraseologische Kombinationen usw.) als eine Art poetischer Sprache nach seinem Willen und Können anwendet."

---

12 Ders., a.a.O., p. 15 f.
13 Linda Dégh, Märchen, Erzähler und Erzählgemeinschaft, dargestellt an der ungarischen Volksüberlieferung. Berlin 1962, S. 167.
14 C.H. Tillhagen, Taikon erzählt. Zigeunermärchen und -geschichten. Zürich 1948, S. 256.
15 Albert B. Lord, Der Sänger erzählt. Wie ein Epos entsteht. (Originaltitel: The Singer of Tales) München 1965.
16 S. die im Text genannten Werke.

Beobachter waren erschlagen durch das außergewöhnliche Gedächtnis der Epensänger. Man hat es hier aber nicht mit einem passiven Auswendiglernen und einer mechanischen Reproduktion von auswendig gelernten Versen zu tun, sondern mit einem kreativen Gedächtnis, das beim Rezitieren neu reproduziert und die Inhalte eines Gedichts wiederschafft, das in seinen Umrissen dem Sänger schon vertraut ist. Tatsachen wie diese machen es unnötig, nach Gründen zu suchen, wie solche Meisterwerke mittelalterlicher Poesie wie das Rolandslied (4002 Verse in der Oxforder Handschrift) in der mündlichen Tradition von französischen Jongleurs geschaffen und bewahrt werden konnten[17]. Nebenbei: Könnte es nicht mit unserem Nibelungenlied ähnlich sein? Könnte es ein mündliches Epos sein? Brackert, Haymes und Bertau rechnen mit dieser Möglichkeit[18]. Einwände dagegen bringt Werner Hoffmann[19].

Diese Freiheit der Gestaltung im Vortrag bei Bewahrung des Inhalts und der Struktur und der Folge der Episoden gilt auch für die mündliche Prosa. Der irische Märchenerzähler, der shanachie, fühlt sich "nicht an die sprachliche Form gebunden, in welcher er die Geschichte erlernt hat[20]." Er könnte dann nicht s e i n e Kunst des Erzählens vor den Zuhörern entfalten. Ein Erzähler, der ein gehörtes Märchen wortwörtlich wiedergibt — es gibt solche Fälle —, wird wenig geschätzt. Nur die eingestreuten Verse, ferner die sogenannten "runs", etwa den Themen Lords entsprechend, und bestimmte Partien in einer antiquierten, oft nicht mehr verständlichen Sprache, die aber so überliefert sind und gerade wegen ihrer Unverständlichkeit so weiter tradiert werden müssen[21], bleiben unverändert. Ähnlich wie die irischen Erzähler verhalten sich auch die ungarischen, wie Linda Dégh[22] zeigt, wobei zu bemerken ist, daß die Erzähler meist durchaus in der Lage sind, sich Geschichten wortwörtlich zu merken, allerdings öfters erst nach zweimaligem Hören.

Neben dieser mehr freien Haltung gegenüber dem Tradierten steht eine strengere, die Wert darauf legt, daß alles wortwörtlich tradiert wird, sei es Poesie oder Prosa. Die Poesie ist hierbei wegen ihrer Gebundenheit — man denke etwa an die altnordische Skaldendichtung — mehr geschützt und

---

17 Zhirmunsky, a.a.O., S. 326
18 Helmut Brackert, Beiträge zur Handschriftenkritik des Nibelungenliedes (= Quellen und Forschungen zur Sprach- und Kulturgeschichte der germanischen Völker NF 11), Berlin 1963, S. 170; Edward Haymes, Mündliches Epos in mittelhochdeutscher Zeit. Diss. Erlangen-Nürnberg 1969, passim, bes. S. 102; Karl Bertau, Deutsche Literatur im europäischen Mittelalter. I—II, München 1972, S. 745.
19 Werner Hoffmann, Mittelhochdeutsche Heldendichtung (= Grundlagen der Germanistik 14). Berlin 1974, S. 54 ff., speziell zum NL S. 71 f.
20 Gaechter, a.a.O., S. 52.
21 Ebda. S. 45 f.
22 Dégh, a.a.O., S. 164 ff.

leichter im Gedächtnis zu behalten als Prosa. Einen krassen Fall solchen wortwörtlichen Überlieferns stellt die Tradierung der Dichtung des Ṛgveda dar, weil hier erst einmal ein rein mechanisches Auswendiglernen der über 1000 Hymnen mit über 150 000 Wörtern (das griechische Neue Testament hat ca. 130 000 Wörter) durch die Brahmanenschüler erfolgt. Eine der kompliziertesten Lehrformen heißt Ghana. Die Wörter des Textes werden hier in folgender Reihung gelernt: $1 - 2$; $2 - 1$; $1 - 2 - 3$; $3 - 2 - 1$; $1 - 2 - 3$; $2 - 3$; $3 - 2$; $2 - 3 - 4$; $4 - 3 - 2$; $2 - 3 - 4$ usw.

Man kann annehmen, daß Stücke wie die Götter- und Heldenlieder der Edda im allgemeinen wortgetreu über längere Zeiten, bis zu 300 Jahren, mündlich tradiert wurden. Ähnliches gilt sicher auch für kultische Dichtungen. Man findet aber auch Belege für die wörtliche Tradierung längerer Gedichte. Dabei scheint es, als ob die verschiedenen Gemeinschaften sich hierbei auch verschieden verhalten. So lieben die Kirgisen beim Vortrag die extempore-Komposition, während die Turkmenen genaues, wörtliches Auswendiglernen hoch entwickelt haben[23]. Dies gilt bei den Turkmenen sowohl für Gedichte wie für Prosaerzählungen, wenn für diese vielleicht auch in etwas geringerem Maße[24]. Aber nach Nora K. Chadwick scheint auch die Form der Prosaerzählungen streng auswendig gelernt zu werden. Hierbei wird das Gedächtnis der Rezitatoren durch das der Zuhörer überprüft, die die Geschichten und Lieder, denen sie lauschen, offensichtlich kennen[25].

Eine solche Gedächtniskunst kommt uns Menschen der Schriftkultur erstaunlich und unglaublich vor, deshalb gebe ich noch einen Beleg aus einer weit entfernten Gegend der Erde. Arthur Grimble, ein englischer Kolonialbeamter auf den Gilbert- und Ellisinseln in der Südsee, hat über seine Erlebnisse auf diesen Inseln geschrieben[26]: "Er war immer aufs neue über die Gedächtnisstärke des Lesens und Schreibens unkundiger Dorfhäupter überrascht, welche die sie betreffenden Gesetze und Verordnungen wortgetreu auswendig wußten. Wenn ihnen irgendein Schreiben oder Dokument in der Gilbertsprache zweimal vorgelesen wurde, genügte das, um ihnen den vollen Wortlaut für immer im Gedächtnis einzuprägen. Ihn selbst kostete es drei Monate Anstrengung, um auswendig zu lernen, was alle Männer jenes Clans auswendig wußten, in den er adoptiert werden sollte. Den Inhalt bildete die Ahnenreihe jenes Mannes, der ihn als Adoptivsohn annehmen wollte, d.h. eine Reihe von Geschlechterfolgen, die etwa fünf

---

23 Nora K. Chadwick, The Epic Poetry of the Turkic Peoples of Central Asia. In: s. Anm. 5, S. 225.
24 Ebda., S. 215.
25 Ebda., S. 215.
26 Arthur Grimble, A pattern of Islands, London 1953 (12. Nachdruck 1960.) Zitiert nach Gaechter, a.a.O., S. 9.

Jahrhunderte umspannte, einschließlich der einfallenden Heiraten, der
Seitenlinien bis zum dritten Grad der Vetternschaft und der Wanderungen,
welche zu verschiedenen Zeiten von verschiedenen Clanmitgliedern ausgeführt worden waren. Eine bekannte Geschichtenerzählerin rezitierte vor
ihm den Mythos von der Vertreibung der Menschen aus dem Glücklichen
Land Matang. Als er siebzehn Jahre später die gleiche Geschichte von ihr
vernahm, zeigte es sich, daß sie Wort für Wort mit seiner früheren Niederschrift übereinstimmte. Als er sich darob erstaunt zeigte, sagte sie: "Herr,
wie könnte es anders sein? Jede Geschichte hat ihren eigenen Leib von den
früheren Geschlechtern her. Das sind die Worte der Väter unserer Urgroß-
väter, und so übermitteln wir sie unsern Kindeskindern. Wie dürfte ich die
Worte ändern, die mir mein Großvater als Inhalt meines Mundes gegeben
hat?"

Hier wird deutlich, wie hinter einem so treuen Bewahren die Ehrfurcht
vor dem von den Ahnen überlieferten Wissen steht. Dieser ethische Rück-
halt ist sicher nicht zu unterschätzen.

Aus anderen Gründen zeigt ein Isländer des 18. Jahrhunderts, welche
Fähigkeit, einmal Gelesenes zu behalten, es auch bei einem Menschen geben
kann, der durchaus mit der Schriftkultur verbunden ist. Árni Magnusson,
der berühmte isländische Gelehrte der Zeit um 1700, hatte, wohl 1725, aus
Stockholf zwölf Pergamentblätter der Heiðarvíga saga entliehen, die Jón
Oláfsson (1705–1779), sein Schreiber, um die Jahreswende 1727/28 für ihn
abschrieb. Sowohl die entliehenen Pergamentblätter wie auch Oláfssons
Abschrift gingen bei dem großen Brand in Kopenhagen 1728 zugrunde.
Nach einem Jahr schrieb Oláfsson dann den Inhalt des verbrannten Sagateils
nach seinem Gedächtnis nieder, wobei er anmerkt, wann er sich nur an den
Inhalt erinnert oder ob er den Wortlaut der Saga genau wiedergibt. Der in
Kopenhagen verbrannte Teil der Saga enthielt etwas mehr Text als der in
Stockholm verbliebene, der ca. elfeinhalb Blatt Umfang hat. Der gedruckte
Text der Wiedergabe Oláfssons umfaßt 59 Seiten in der Ausgabe Kålunds,
die Wiedergabe des Stockholmer Fragments in derselben Ausgabe 46 Seiten.
Hieraus kann man schließen, daß Oláfsson umfangmäßig den Inhalt wohl
zuverlässig, eher etwas zu füllig, wiedergegeben hat – eine Meinung, wie sie
ähnlich die Herausgeber und andere Wissenschaftler vertreten[27]. Immerhin
ist Oláfssons Gedächtnisleistung erstaunlich.

Wie wird nun tradiert? Die alte Frau aus der Südsee hatte offensichtlich
wenigstens einen großen Teil ihres Wissens von ihrem Großvater bekommen.

27 Heiðarvíga saga, udgiven for Samfund til Udgivelse af Gammel Nordisk Litteratur ved
Kr. Kålund. København 1904, S. XXVII ff.; Heiðarvíga saga. In: Borgfirðinga sǫgur,
Sigurður Nordal og Guðni Jónsson gáfu út, = Íslenzk Fornrit III, Reykjavík 1938,
S. CVI ff., besonders S. CXV; Jón Helgason, Handritaspjall, Reykjavík 1968, S. 54.

Ähnliche Aussagen findet man oft. Man kann es generalisieren, indem man sagt, daß die meisten Traditionsträger ihr Wissen in ihrer Jugend von den alten Männern oder Frauen gehört haben. Das bedeutet, daß man – im allgemeinen wenigstens – nicht nach Generationen von 30 Jahren rechnen darf, wenn man die Glieder einer Überlieferungskette berechnen will. 1860 erzählte Kenneth Morrison, damals "alt, blind, arm", Alexander Carmichael Geschichten, die er von alten Männern gehört hatte. Diese wiederum hatten sie in ihrer Knabenzeit ebenfalls von alten Männern gehört. Morrison lernte die Geschichten etwa 1800–1810, seine Gewährsleute hatten sie etwa 1740–1750 gelernt von Männern, die etwa 1680–1690 geboren waren. Für 150–160 Jahre braucht man also nur zwei Zwischenglieder[28]. Um 1960 sammelte Svensk Radio alte Volkslieder. Eine damals ca. 60 Jahre alte Frau von den zu Finnland gehörenden, aber schwedischsprachigen Ålandinseln konnte an die 1000 Lieder, von denen der größte Teil aus der Zeit vor 1900 stammte. Die Frau hatte diese alten Lieder von ihrer Großmutter gelernt, die sie wiederum von ihrer Großmutter übernommen hatte. Auch hier kommt man mit zwei Zwischenträgern in die Zeit von 1800 oder noch früher.

Ich bin 63 Jahre alt. Um 1930 erzählte mir meine Großmutter, geboren 1855, von Ereignissen, die urkundlich nachweisbar um 1806 stattgefunden hatten. Meine Großmutter hatte sie von ihrem Großvater, der sie selbst miterlebt hatte. Auch hier benötigt man nur zwei Zwischenglieder für 170 Jahre.

Und nun noch ein Beispiel aus alter Zeit: Ari Þorgilsson inn fróði (1068–1148), der vor 1133 seine Islendingabók, das Buch von den Isländern schrieb, nennt unter seinen Gewährsleuten Hallr Þórarinsson (995–1089) und Þuríðr Snorradóttir goða (1024–1112)[29]. Von Hallr sagt Ari, daß er 'bæði vas minnigr ok ólyginn', 'sowohl ein gutes Gedächtnis besaß sowie zuverlässig war'. Hallr erinnerte sich noch daran, daß er als Dreijähriger, ein Jahr bevor das Christentum durch Gesetz in Island angenommen wurde, von Þangbrandr, wohl einem deutschen Missionar, getauft worden war[30]. Von Þuríðr Snorradóttir heißt es bei Ari, sie sei 'margspǫk od óljugfróð', 'sehr klug, sehr unterrichtet und zuverlässig in ihren Berichten'[31]. Sowohl Hallr wie Þuríðr können Traditionsstoff von Menschen bekommen haben, die um die Mitte des 10. Jahrhunderts geboren waren und daher Bescheid wußten über Dinge, die sie in der zweiten Hälfte des 10. Jahrhunderts selbst miterlebt hatten. Durch Ari, der 1148 starb,

28 Gaechter, a.a.O., S. 47.
29 Íslendingabók, Landnámabók. Fyrri hluti, Jakob Benediksson gaf út. = Íslenzk Fornrit I, Reykjavík 1968, XX ff.
30 a.a.O., S. 21.
31 a.a.O., S. 4.

wurde solches Wissen mit nur einem Zwischenglied, nämlich Hallr oder þuríðr, bis in die Mitte des 12. Jahrhunderts vermittelt. Nehmen wir an, daß ein 1130 geborener Isländer noch von Ari gelernt hätte und ebenso alt wie Ari geworden wäre, so wäre man mit zwei Zwischengliedern schon im 13. Jahrhundert, dem Jahrhundert der Sagaaufzeichnung. Zugegeben, daß dies wegen des hohen Alters der Beteiligten — Hallr 94, þuríðr 88, Ari 80 Jahre — beinahe ein Idealfall ist, aber er zeigt doch, mit wie wenig Zwischengliedern man eine Zeitspanne von rund 250 Jahren überbrücken kann. Dies zu der öfter aufgestellten Behauptung, es sei undenkbar, daß Berichte über Geschehnisse, die vor 200 bis 300 Jahren stattgefunden hätten, einigermaßen wahrheitsgemäß überliefert werden könnten. Mir scheint, es geht doch.

Aus der Geschichte vom sagakundigen Isländer erfahren wir auch, wie man Sagas lernen kann; jedenfalls so, wie man sich das auf Island um 1220 vorstellte, wie es aber wohl auch in der Wirklichkeit war. Man hörte zu, wenn andere Sagas vor einer Hörerschaft, hier auf dem Allding, vortrugen. Dies ist ein Faktum, das man überall finden kann, weil, wo immer mündliches Erzählgut tradiert wurde, dies vor allem durch Erzähler v o r einer Erzählgemeinschaft geschah. Sammler des vorigen Jahrhunderts erwähnen öfter die Schwierigkeiten, die ihnen entgegentraten, wenn sie einen Sänger oder Erzähler dazu bringen wollten, ihnen das vor Zuhörern Vorgetragene, sei es Epos, Lied oder Erzählung, zu diktieren. Radlov [32] berichtet von den kirgisischen Sängern, daß sie ihr Vortragstempo haben müssen. Wenn sie langsam diktieren müssen, verlieren sie den Faden, lassen Passagen aus, verwickeln sich dadurch in Widersprüche, und wenn man durch Fragen versucht, diese zu beseitigen, verwirrt das die Sänger noch mehr. Eine weitere Schwierigkeit sieht Radlov wohl mit Recht in dem Fehlen des Stimulus, den eine beifallspendende Menge dem Sänger gibt.

Natürlich hat das zuhörende Publikum eine Kontrollfunktion, da es sehr oft die Handlung einer Geschichte kennt und, wie beim Aufsagen des Gesetzes durch den Gesetzessprecher auf Island, Einspruch erhebt, wenn etwas nicht richtig gesagt und dargestellt wird. Daß die Zuhörer sich auch kritisch über die Art des Vortrags auslassen, erfahren wir aus unserer Geschichte. Die Gefolgsleute finden das Vorhaben ja kühn, einige meinen, der Isländer erzähle gut, andere finden weniger dabei. O'Duilearga berichtet: "Während die Frauen am Geschichtenerzählen nicht teilnehmen, entgeht ihnen doch kein Wort der Geschichte, und wenn ihre Verwandten oder nahen Freunde auch nur einen kleinen Fehler machen oder in ihrem

---

32 V.V. Radlov, Proben der Volksliteratur der türkischen Stämme Südsibiriens und der Dsungarischen Steppe. I—X, St.Petersburg 1866—1904. Bd. V S. XV, nach Zitat bei Chadwick, a.a.O., S. 220.

Vortrag nicht recht vorankommen, dann unterbricht, wie ich es öfter erfahren habe, die zuhörende Frau den Erzähler und verbessert ihn[33]."

Für die Zeit um 1800 beschreibt ein Beobachter, wie die irischen Erzähler in Dungiven, County Derry, in Nordirland sich gegenseitig kontrollieren[34]: "Die Art und Weise, wie die Genauigkeit der Überlieferung bewahrt wird, ist einzigartig und der Beachtung wert. An Winterabenden trifft sich häufig eine Anzahl von shanachies, um abwechselnd ihre überlieferten Geschichten vorzutragen. Wenn einer eine Stelle vorträgt, die einem andern als unrichtig erscheint, so wird jener sofort unterbrochen, und jeder der beiden gibt einen Grund an für seine Art, die Stelle zu rezitieren. Der Streit wird dann der Abstimmung der Versammlung unterbreitet, und die Entscheidung der Mehrheit wird in der Sache bindend für die Zukunft." Und mein Freund O'Duilearga sagt hierüber[35]: "Gute Geschichtenerzähler, stolz auf ihre Kunst, duldeten es nicht, daß Geschichten schlecht erzählt wurden, und unterbrachen manchmal den ungeschickten Erzähler mitten in seiner Geschichte und sagten, solcher Unsinn dürfe nicht an die Stelle der echten, alten Erzählung treten."

Ähnliches bringt auch Reidar Th. Christiansen[36] nach Alexander Carmichael. Ein Geschichtenerzähler aus Barras erzählte ihm: "Ich ging eines Abends zu einem c e i l i d h (das ist eine unformelle, abendliche Versammlung von Geschichtenerzählern) im Hause von John. Er erzählte gerade eine Geschichte den Leuten, die schon da waren, als ich kam. Ich hörte ihm so lange und so geduldig zu, wie ich konnte, und, Maria Mutter Gottes, es war nicht leicht für mich, meinem eigenen Bruder zuzuhören, wie er eine gute Geschichte kaputt machte! Ich ärgerte mich zu Tode über die schlechte Behandlung der guten Geschichte, aber ich beherrschte mich, aber zuletzt konnte ich mich nicht länger beherrschen, ich stand auf, leise und schweigend, und verließ das Haus und ging nach Hause."

Von arabischen Beduinen berichtet Alois Musil[37], daß "alle mit größter Spannung zuhören, wenn alte Traditionen des Stammes oder Geschlechts, Heldentaten einzelner Stammesgenossen, Genealogie und allerlei Gedichte vorgetragen werden, obwohl sie es schon oft gehört haben. Wenn der Erzähler etwas ausläßt oder hinzufügt, verbessern sie ihn sogleich." Auch bei den zentralasiatischen Zuhörern herrscht das gleiche Verständnis und die gleiche kritische Einstellung wie bei den eben erwähnten[38].

33 J.H. Delargy, a.a.O., p. 7.
34 Gaechter, a.a.O., S. 45.
35 J.H. Delargy, a.a.O., p. 24.
36 Reidar Th. Christiansen, Studies in Irish and Scandinavian Folktales. Copenhagen-Dublin 1959, S. 10.
37 Alois Musil, Arabia Petraea, Vol. I–III, Wien 1907–1908, Vol. II, S. 232 f., zitiert nach Gaechter, a.a.O., S. 45.
38 N. Chadwick, a.a.O., S. 221.

Es ist einsichtig, daß dieses kritische Verhältnis zwischen Erzähler und Publikum Änderungen, zumindest inhaltlicher Art, erschwert, was natürlich nicht bedeutet, daß so etwas nicht doch eintreten kann. Unsere kleine Geschichte bezeugt, daß das altnordische Publikum diese Einstellung und auch die Voraussetzungen dazu hatte. Man kann fragen, wie lange sich eine solche Tradition halten kann. Das ist sicher sehr unterschiedlich. Einmal hängt es von der Form ab, da etwa skaldische Dichtung, überhaupt gebundene Dichtung, eben wegen dieser Formgebundenheit besser tradiert werden kann als Prosa. Wichtiger ist aber doch wohl der Inhalt. Das, was tradiert wird, muß wichtig sein für Stamm, Familie und den Einzelnen. Das können religiöse Mythen sein, kultische Texte, Gesetzestexte, wichtige historische Fakten, aus denen sich bestimmte Rechte etwa für die Gruppe oder den Einzelnen herleiten lassen, Genealogien, die für das Erbrecht ebenso wichtig sein können wie für die Blutrache, etwa bei der Bestimmung des Wergeldes, weil hier die Frage, wer wem gleich ist, über die Höhe der zu zahlenden Summe entscheidet.

Die Tradition kann auch normativen Charakter haben. Bestimmte Geschehnisse, Taten oder Verhaltensweisen werden auch tradiert, um beispielhaft zu wirken, um Vorbilder aufzurichten. A. Vambéry[39] beschreibt die erregende Wirkung, die ein von einem Sänger vorgetragenes Heldenlied auf die jungen Turkmenen ausübt: "Je heißer der Kampf (im Epos, HMH), desto wilder wuchs der Eifer des Sängers und der Enthusiasmus seiner jungen Zuhörer. Und tatsächlich erhielt die Szene selbst den Widerschein einer romantischen Erzählung, als die jungen Nomaden unter Schreien und Stöhnen ihre Mützen auf die Erde schleuderten und sich leidenschaftlich mit den Händen durch ihre lockigen Haare fuhren, gerade so, als ob sie wild darauf wären, selbst mitzukämpfen."

Eines darf man natürlich n i e vergessen: daß Erzählungen, Heldenlieder und andere Gedichte auch wieder darauf zielen, den Zuhörern durch die Art des Vortrags, durch den Wohllaut der Verse, durch die Schönheit der Bilder und vor allem auch durch den schönen und erhabenen Inhalt Vergnügen zu bereiten. Das gilt auch für lange Genealogien oder Aufreihungen von Wörtern, Synonymen für Kampf, für Pferd, für Waffen, für Krieger und Frauen, die uns eher langweilig dünken, die aber für bestimmte Kulturen wichtig, nützlich und interessant sind und daher leicht auch als schön empfunden werden.

Ich glaube, oben gezeigt zu haben, daß eine Tradition über mehrere Jahrhunderte durchaus vorstellbar ist. Bestimmte eddische Heldenlieder und die älteste erhaltene Skaldendichtung lebten mindestens 300 Jahre in der

---

39 A. Vambéry, Travels in Central Asia. London 1864, zit. nach N. Chadwick, a.a.O., S. 215.

Mündlichkeit, ehe sie im 13. Jahrhundert niedergeschrieben wurden. Snorri Sturluson, der Verfasser der jüngeren Edda, hatte sicher die meisten Strophen eddischer oder skaldischer Art, die er als Beispiele zitiert, im Kopf und nur wenige, wenn überhaupt, schriftlich vor sich. Wir müssen wohl auch annehmen, daß Berichte über Geschehnisse des 10. oder 11. Jahrhunderts auf Island tradiert worden sind, wenn sie für bestimmte Menschen aus bestimmten Gründen wichtig oder interessant waren. Ich verweise auf das oben über Ari und seine Gewährsleute Gesagte. Daß Gesetztestexte überliefert wurden, ist allgemein bekannt [40]. Nicht unwichtig scheint es zu sein, daß viele Skaldenstrophen aus sich heraus nicht oder nur schlecht zu verstehen sind. Das bedeutet, daß der Zuhörer die Begleitumstände, in denen eine lausavisa, eine lose Strophe gesprochen wurde, kennen muß. Auch für das Heldenlied gilt, daß die zugrundeliegende Heldensage dem Zuhörer bekannt sein muß. Über diese Begleitprosa haben Siegfried Beyschlag, Hans Kuhn und andere gehandelt [41]. Man muß wohl davon ausgehen, daß Skaldenstrophen in der Regel mit einer Begleitprosa überliefert wurden, die angab, wann, wo und bei welcher Gelegenheit der Dichter die Strophe gemacht und vorgetragen hatte. Hat ein Dichter sein Leben lang bei allen erdenklichen Anlässen derartige Strophen gesprochen und sind sie mit Begleitprosa überliefert, dann kann man u.U. durch Zusammenstellen dieser Prosastücke zu einer, wenn auch nur knappen Dichtersaga kommen. Die Saga des Dichters Kormak macht den Eindruck, wenigstens auf weite Strecken, als sei sie so entstanden. Die Geschichten um den Helden Köroglu sind uns in Aserbeidschan "in einer Form überkommen, die bei den Ashugs, den Volkssängern, gewöhnlich ist, nämlich als Kurzerzählungen mit eingeflochtenen lyrischen, strophischen Liedern". Die Tradition schrieb Köroglu selbst diese Lieder zu, der, Krieger und Sänger in einem, nach der Sage seine eigenen Heldentaten besang [42]. Genaueres hierüber berichtet A. Chodzko in seinen *Specimens of the Popular Poetry of Persia* (London 1842). Beim Vortrag der Lieder, die Köroglu verfaßt haben

---

40 Bernhard Rehfeld, Saga und Lagsaga. In: Zeitschrift der Savigny-Stiftung für Rechtsgeschichte, 72. Bd., Germanistische Abteilung, Weimar 1955, S. 34 ff. Rehfeld spricht hinsichtlich der Rechtssitten, die nach den Sagas für die Sagazeit gelten sollen, von einer "zwar nicht eigentlich historische(n), wohl aber zuständliche(n) Wahrheit", d.h., daß "das Kulturbild einer uns sonst unzugänglichen Vorzeit an diesen Erzählungen abzulesen wäre" (a.a.O., S. 37).

41 Siegfried Beyschlag, Konungasǫgur, Untersuchungen zur Königssaga bis Snorri. Die älteren Übersichtswerke samt Ynglingsaga. Bibliotheca Arnamagnaeana Jón Helgason editionem curavit. Vol. VIII, Hafniae 1950, S. 43 ff., 95 ff., 379 u.ö.; ders., Möglichkeiten mündlicher Überlieferung in der Königssaga. Arkiv för Nordisk Filologi, Bd. 68, 1953, S. 109 ff.; Hans Kuhn, Heldensage vor und außerhalb der Dichtung. In: Edda, Skalden, Saga. Festschrift für Felix Genzmer. Heidelberg 1952, S. 262 ff., jetzt auch: Kleine Schriften, Bd. 2, Berlin 1971, S. 102 ff.; G. Turville-Petre, a.a.O., S. 112 f.; D. Hofmann a.a.O., S. 172.

42 Zhirmunsky, a.a.O., S. 336.

soll, "müssen die privilegierten Rhapsoden Köroglus das Bild durch eine Erzählung in Prosa auffüllen, die angibt, wo, wann und bei welcher Gelegenheit Köroglu diese oder jene Strophe improvisiert hat[43]." Das wäre eine klare Parallele zu dem oben vom Norden Gesagten.

Aus unserer kleinen Geschichte vom sagakundigen Isländer lernen wir außerdem, daß es schon bald nach den Ereignissen eine Saga darüber geben kann, wie ausgeformt sie auch immer sein mag. Hier ist es Halldórr Snorrason, der die Geschichte von der Auslandsfahrt Haralds des Harten nach Island bringt, was auch Snorri Sturluson (nach dieser Geschichte?) in seiner Heimskringla bezeugt[44]. Für eine etwas spätere Zeit sei hingewiesen auf die Sverrissaga, die noch zu Lebzeiten des Königs Sverrir (1184—1202) und unter seiner Mitwirkung und natürlich in seinem Sinne z.T. vom Abt Karl Jónsson von Þingeyrar geschrieben wurde[45]. Hierher gehört auch die Islendingasaga des Sturla Þórðarson (1214—1288), die den Hauptteil der Sturlungasaga bildet und die Zeit von 1186—1262, dem Jahr der Unterwerfung Islands, umfaßt. Sturla schreibt hier die Geschichte seiner eigenen Zeit, an der er kräftig mitgewirkt hat[46].

Auch nach den Vorstellungen türkischer Stämme können Ereignisse unmittelbar nachher gestaltet werden. Wir erwähnten soeben den Recken Köroglu, der um 1600 lebte und Führer eines Aufstands gegen den türkischen Sultan war und der selbst, wie schon ein armenischer Geschichtsschreiber im 17. Jahrhundert erwähnt, viele Lieder gemacht habe, die von den Volkssängern gesungen würden[47], in der oben aufgezeigten Art. Auch das aus dem 15. Jahrhundert stammende, in zwei Handschriften aus dem letzten Viertel des 16. Jahrhunderts überlieferte oghusische Epos 'Das Buch des Dede Korkut' geht von der Vorstellung aus, daß Dede (Großvater) Korkut an den Handlungen der Erzählungen, im ganzen sind es zwölf, teilnimmt, er aber auch Autor und Erzähler ist, der die Taten des Khans Bajundur und seines Gefolges besingt[48].

Diese Beispiele, die sich noch leicht vermehren ließen, lassen es als möglich erscheinen, daß auch auf Island Geschehnisse, die überlieferungswürdig, sǫguleg, sagamäßig waren, schon bald nachher nach den Regeln mündlicher Tradition geformt und weitergegeben wurden. Daß bei aller

---

43 Zitiert nach N. Chadwick, S. 217.
44 Snorri Sturluson, Heimskringla III. (= Íslenzk Fornrit XXVIII), Reykjavik 1951, S. 79. Halldórr, sonr Snorra goða —hann hafði þessa frásǫgn hingat til lands — Halldórr, der Sohn des Goden Snorri, brachte diese Geschichte hierher ins Land.
45 Jan de Vries, Altnordische Literaturgeschichte, Bd. II, Berlin 1967², S. 235 ff.
46 Ebda., S. 304 ff.
47 Zhirmunsky, a.a.O., S. 300 f.
48 Ebda., S. 307 ff. Es gibt eine deutsche Übersetzung: Das Buch des Dede Korkut. Ein Nomadenepos aus türkischer Frühzeit. Aus dem Oghusischen übersetzt und erläutert von Joachim Hein. Zürich 1958.

äußerer Objektivität – Sagakunst ist "eine völlig objektive Kunst", wie Dietrich Hofmann mit Recht sagt[49] – ihr Erzähler doch seine Meinung durch Auswahl und Auslassung, wenn auch gut kaschiert, den Zuhörern nahebringen kann, ist nicht von der Hand zu weisen. Hofmann meint sogar, und es ist gar nicht unwahrscheinlich, daß diese hohe Erzählkunst auch für "die aktuelle Berichterstattung" genutzt worden ist, ja daß man Sagas, etwa die Sverrissaga, als politische Agitationsschrift ansehen kann und es auch getan hat[50]. Für die Útferðar saga Haralds harðráða habe ich ähnliche Vermutungen in meinem Aufsatz in der Emrich-Festschrift angestellt.

In vielen Sagas finden wir Verse, lausavísur, lose Strophen, die von Personen der Saga gesprochen worden sind oder sein sollen. Solche Mischungen von Vers und Prosa gibt es auch anderwärts. Wir müssen hierbei verschiedene Arten unterscheiden: 1) In den Isländersagas dienen die Verse mit dazu, die Objektivität, die Darstellung der Wirklichkeit zu sichern; denn diese Strophen sind von den Sagapersonen bei bestimmten Gelegenheiten gesprochen worden, müssen also in der Saga zitiert werden. 2) In den Heldenepen der türkischen Stämme, aber auch der Mongolen, wechselt ebenfalls häufig Prosa mit Vers, aber es ist dann meistens so, daß Reden in Versen, Berichte aber in Prosa gegeben werden, wie etwa im 'Dede Korkut'. Es kommt aber gleichwohl nicht selten vor, daß auch in Versen erzählt wird, wobei allerdings oft nur das wiederholt wird, was vorher in Prosa berichtet worden war. Oft gewinnt man auch den Eindruck, daß die Prosa nur paraphrasiert, was im Heldenepos in Versen dargestellt war[51]. 3) Man gewinnt den Eindruck, daß bei einigen jüngeren Aufzeichnungen Verspartien vergessen oder ausgelassen wurden, die der Sänger dann in Prosa wiedergibt. Das würde auf Verfall hindeuten.

Die eigentliche Frage, welche der beiden Arten der Heldenepen die ältere ist, das reine Versepos, wie wir es vor allem von den Kirgisen kennen, oder das mit Prosa gemischte, ist damit noch nicht entschieden. Das Buch von Dede Korkut aus dem 15. Jahrhundert zeigt jedenfalls, daß diese Mischform ein ehrwürdiges Alter hat. Auf ähnliche Fragen über das Verhältnis von Prosa und Vers im Norden geht D. Hofmann[52] ein. Es ist wohl notwendig, dieser Frage des Verhältnisses von Vers und Prosa in Erzählungen einmal in einem weiteren Rahmen nachzugehen; denn auch in den Märchen und Geschichten Europas und weiter Teile des Orients finden wir Verse in Prosatexte eingestreut. Möglicherweise können solche Untersuchungen auch etwas für die isländischen Sagas ergeben; denn daß Verse zum Stil der Saga

49 D. Hofmann, a.a.O., S. 169.
50 Ebda.
51 Chadwick – Zhirmunsky, a.a.O., S. 50 ff., S. 335 ff.
52 D. Hofmann, a.a.O., S. 157 ff.

gehören, daß die Zuhörer so etwas erwarteten, ersieht man daraus, daß nicht wenige der Verse in den Sagas offensichtlich jünger sind, als sie zu sein vorgeben, daß sie nicht selten, wie es scheint, sogar eigens für die Saga im 13. Jahrhundert geschaffen worden sind.

Viel ist bisher von Mündlichkeit die Rede gewesen, wenig von Schriftlichkeit. Ich möchte hier zuvor einige Sätze über das Verhältnis von Mündlichkeit und Schriftlichkeit allgemein sagen.

Man gewinnt den Eindruck, daß oft von Literaturwissenschaftlern, die sich mit wirklich vorhandener oder erschlossener mündlicher Erzählkunst befassen, mit einer gewissen Geringschätzung auf solche "Literatur" geschaut wird. Ausdrücke wie "vorliterarisch" oder gar "unterliterarisch" für solche Dichtungen lassen das anklingen. Ich gebe ein Zitat: "Die Gattungen der Rede werden von den Exegeten meist v o r l i t e r a r i s c h genannt. In diesem Begriff schwingt nun, eingestanden oder uneingestanden, ein Werturteil mit, die Überzeugung nämlich, daß das, was Literatur geworden ist, gleichsam eine höhere 'Seinsweise' erreicht hat als das, was nur mündlich umläuft. Die Bezeichnung vorliterarisch wird also nicht nur zeitlich verstanden als die schriftlichen Texten vorangehende mündliche Überlieferungsstufe, sondern auch im 'Sinne des Unterliterarischen', das 'aus dem Untergrund des Volks- und Kultlebens' immer wieder 'in die Sphäre der Kultur empor' sich bewegt; als sei es das höchste Ziel des Gedankens, papieren zu werden. Warum soll aber das Sagen und Sprechen nicht sein Eigenrecht neben (nicht nur vor!) allem Geschriebenen haben? Die frühen Gattungen der hebräischen Sprache und die in den neutestamentlichen Evangelien belegten Gattungen sind fast alle v o r l i t e r a r i s c h im Blick auf unsere Erkenntnis. Wir können uns nur vom vorliegenden Schrifttum aus zu jenen mündlichen Gattungen vortasten. Aber man sollte die methodische Vorordnung des Schriftlichen nicht zu einer grundsätzlichen machen. Vielleicht ist es ratsam, den Begriff 'vorliterarisch' tunlichst zu vermeiden."

So der Hamburger Theologe Klaus Koch[53]. Ähnliche Äußerungen ließen sich häufen[54]. Milman Parry meint hierzu: "Literatur zerfällt in zwei große Teile, nicht so sehr, weil es zwei Arten von Kultur gibt, sondern weil es zwei Arten von F o r m gibt: Der eine Teil der Literatur ist mündlich, der andere schriftlich[55]." Scholes-Kelloggs warnen davor, "es als bewiesen an-

---

53 Klaus Koch, Was ist Formgeschichte? Neue Wege der Bibelexegese. Neukirchen 1964, S. 85.
54 Edward Haymes, a.a.O., S. 5, 35; Gaechter, a.a.O., S. 10.
55 Milman Parry, Whole Formulaic Verses in Greek and Southslavic Heroic Song. In: Transactions and Proceedings of the American Philological Association LXVI, 1933, p. 180.

zusehen, daß eine epische Tradition charakteristisch für ein p r i m i - t i v e s Volk ist, denn dies ist weit von der Wahrheit entfernt". Sie meinen, die germanische Kultur der Zeit um 400 n.Chr. sei der der Griechen im 8. Jahrhundert v.Chr. ähnlich[56].

Nun, dem sei, wie ihm wolle. Aber sie haben recht, wenn sie die mündliche Tradition in Schutz nehmen wollen. Denn in der Mündlichkeit kann es geben und gibt es Dichtungen in Vers und Prosa von hohem künstlerischem Wert. Wenn man sich aber die Arbeiten mancher Gelehrter, die sich mit der Entstehung der Saga befassen, ansieht, gewinnt man den Eindruck, daß mündlich tradierte Erzählstücke, die man doch immer wieder beim Werden einer bestimmten Saga annehmen muß, minderwertig seien, zumindest was die Form angeht. Das ist m.E. nicht richtig. Vieles von dem, was im Island des 11. und 12. Jahrhunderts an Erzählungen über Geschehnisse innerhalb des isländischen Gemeinwesens umlief, war schon durch eine nicht geringe Prosaerzählkunst geformt, war Kunst geworden. Die Existenz einer solchen mündlichen Erzählkunst hat Hofmann m.E. schön an übersetzten christlichen Texten nachweisen können, die durch die Art der Übersetzung, besser Umsetzung, eine einheimische Prosaerzählkunst voraussetzen. Das beweisen m.E. aber auch die isländischen Sagas, so wie sie uns vorliegen, selbst. Jeder unvoreingenommene Leser einer isländischen Saga ist beeindruckt von ihrer Sprache, die so von der Alltagssprache geprägt ist, daß man etwa bei den Gesprächen an die genaue Wiedergabe einer wirklich geführten Unterhaltung glauben kann. Hier muß man allerdings vorsichtig sein, denn wenn es sich – auf welche Weise auch immer – herausgebildet hat, daß Alltagssprache zum Sagastil gehört, dann wird dieses Stilmittel natürlich von begabten Sagaerzählern oder Sagaverfassern angewandt. Aber gerade der Umstand, daß Alltagssprache zur Sagakunst gehört, gibt m.E. zu erkennen, daß der Verfasser, auch der am Schreibpult, bestrebt war, sein Kunstwerk so zu gestalten, als wäre es ein Produkt der mündlichen Erzählkunst. Mündliche Erzählkunst kann aber doch nur Vorbild oder Ideal sein, wenn es sie wirklich als Prosaerzähl k u n s t gegeben hat. Das hat Hofmann m.E. aber eindeutig nachgewiesen[57].

Da Sagas uns aber nur in schriftlicher Form überkommen sind, müssen sie zunächst als Literatur im engeren Sinne betrachtet werden. Eine Reihe von Sagas hat ohne Zweifel auch am Schreibpult erst die Gestalt bekommen, in der wir sie kennen. Aber es scheint mir sicher, daß es schon in der Mündlichkeit gut erzählte und durchgeformte Stücke, Erzähleinheiten,

---

56 Scholes – Kellog, a.a.O., S. 35 (Sperrung von mir).
57 D. Hofmann, a.a.O., S. 160 ff.

gegeben hat, die von den Sagaverfassern übernommen werden konnten und übernommen wurden. Für die Existenz einer mündlichen Erzählkunst in Norwegen im ersten Viertel des 13. Jahrhunderts sprechen die Übersetzungen französischer höfischer Romane, von denen als erster 1226 der 'Tristan' des Thomas von einem Bruder Robert, wohl einem Anglo-Normannen, übersetzt wurde. Charakteristisch ist es nun, daß diese Versromane bei der Umsetzung ins Norwegische zu Prosaromanen wurden. Man kann das wohl nicht mit der mangelnden Fähigkeit, norwegische Verse zu schmieden, erklären, sondern eher damit, daß als gemäße Form für Erzählungen in Norwegen offensichtlich die schon ausgebildete Prosaform galt.

Ein weiteres Zeichen für mündliche Erzählkunst in der Schriftlichkeit sind die sogenannten svá er sagt-Formeln, über die Th. Andersson klug gehandelt hat[58]. Auch wenn viele dieser Formeln nicht auf eine wirkliche Tradition verweisen, sondern schon zu einem stilistischen Mittel geworden sind, so beweist dies doch, daß der Verfasser die Illusion mündlicher Erzählkunst bewußt oder unbewußt hervorrufen wollte. Eine solche Formel ist Ausdruck der Mündlichkeit, ob die Berufung stimmt oder nicht. Es ließen sich in den schriftlich überlieferten Sagas noch viele Dinge anführen, die für die Übernahme von Formen mündlicher Erzählkunst sprechen, z.B. Tempuswechsel von Präsens zu Präteritum und umgekehrt, den wir vor allem auch aus echten, unverfälscht aufgenommenen Volkserzählungen (Märchen, Sagen usw.) kennen, aber etwa auch aus den Chansons de Geste. Weiterhin der Übergang von indirekter Rede in direkte, der auch im 'Heliand' anzutreffen ist. Genug hiervon!

Sie werden sich gefragt haben, was das alles soll, wie diese disjecta membra zusammengehören. Nun, ich wollte durch die Herbeiführung verschiedenartiger volkskundlicher und ethnologischer Fakten dartun, daß manche Dinge, die Erforscher der isländischen Saga für ungewöhnlich, ja unmöglich halten, eben doch möglich sind. Das gilt z.B. für den Umfang und das Alter des Traditionsguts, für die Möglichkeiten der Tradierung über längere Zeit, für die Art und Weise des Vortrags, für das Verhalten der Zuhörer, für den Inhalt des Tradierten u.a.m.

Wenn man all diese Möglichkeiten mitbedenkt, wird es einem nicht unmöglich erscheinen, daß es auf Island schon im 11. und 12. Jahrhundert und vorher eine in der Mündlichkeit hoch entwickelte Prosaerzählkunst gegeben hat und daß diese Erzählkunst Voraussetzung für die Entstehung der isländischen Saga war; sicher nicht die einzige Voraussetzung, aber eine der wichtigsten.

---

58 Theodore M. Andersson, The Textual Evidence for an Oral Family Saga. Arkiv för Nordisk Filologi, Bd. 81, 1966, S. 1 ff.

Es hat den Anschein, als ob in der Sagaforschung das Pendel der wissenschaftlichen "Wahrheit", nachdem es zuerst kräftig für die Freiprosalehre ausschlug, dann aber entschieden auf die Seite der Buchprosalehre sich verfügte, jetzt eine mittlere Lage einzunehmen gewillt ist. Man ist heute wieder eher geneigt, der mündlichen Tradition mehr Gewicht zu geben, nicht nur im rein Inhaltlichen, das man nie ganz außer acht gelassen hat, sondern auch im Formalen. Und das scheint gut so.

Was ist zu tun? Man sollte durch folkloristische und ethnologische Vergleiche, immer im Hinblick auf die Saga, Charakteristika der Mündlichkeit, der mündlichen Tradition, der Gedächtniskultur sowohl inhaltlicher wie formaler Art feststellen und sammeln, um dadurch einen besseren Einblick in das Leben und Werden mündlicher Erzählkunst zu bekommen. Dabei ist es durchaus richtig, von noch heute lebenden Sängern und Erzählgemeinschaften auszugehen. Vorsicht ist dabei immer geboten! Man sollte ferner etwa die Schemata, etwa gleich den Themen Lords, untersuchen, die es wie im mündlichen Heldenepos der Vergangenheit und Gegenwart auch in der Saga gibt, wenn sie dort auch wegen der vielen Varianten nicht immer so leicht und eindeutig festzustellen sind. Die beinahe 100 Jahre alten Forschungen Heinzels[59] in seiner "Beschreibung der isländischen Saga" können hierfür eine gute Ausgangsbasis bilden. Auch die literarischen Motive müssen einer genaueren und umfassenderen Untersuchung unterworfen werden, wobei man aber den Gedanken der Polygenese eines Motivs, wie ihn etwa auch Schirmunski vertritt[60], stärker beachten sollte. Nicht jedes in einer isländischen Saga vorkommende Dreiecksverhältnis muß aus der Kenntnis der Tristramssaga erklärt werden. So etwas kommt ja auch in der Wirklichkeit vor, jedenfalls gelegentlich.

Ich komme zum Schluß. Ich hoffe, daß meine Ausführungen, wie verschlungene Wege sie auch manchmal gegangen sind, Ihnen doch nahegebracht haben, daß Isländer auch in der Mündlichkeit schon gute Erzähler sein konnten. Ich will keineswegs den Einfluß der durch die Kirche vermittelten mittelalterlichen Buchkultur herabsetzen. Man kann durchaus sagen: Sagaschreiben haben die Isländer von der Kirche gelernt, aber Sagaerzählen konnten sie schon.

---

59 Richard Heinzel, Beschreibung der isländischen Saga. In: Sitzungsberichte der phil.-hist. Classe der Kais. Akademie der Wissenschaften, Bd. XCVII, Heft 1, Wien 1880, S. 107 ff. (Auch separat Wien 1880). Nach Fertigstellung des Vortrags erhielt ich die Festschrift für Séamus O'Duilearga. In dieser befindet sich ein Aufsatz, der in diesem Zusammenhang wichtig ist: Kevin O'Nolan, The Use of Formula in Storytelling. In: Hereditas, Essays and Studies presented to Professor Séamus O'Duilearga. Edited by Bo Almqvist, Breandán Mac Aodha, Gearóid Mac Eoin. Dublin 1975, S. 233 ff: dort weitere Literaturangaben.
60 Viktor Schirmunski, Vergleichende Epenforschung I, Berlin 1961.

Latein und Deutsch in der Barockliteratur

Von Max Wehrli, Zürich

Was ich Ihnen vorlegen möchte, ist nicht ein Stück Forschung, sondern eine kleine Meditation über eine längst bekannte, aber grundsätzlich immer noch problematische Tatsache: die Mehrsprachigkeit der Literatur in Deutschland bis ins 18. Jahrhundert hinein. Die Wahl des Themas verstehe ich aber auch als eine Verbeugung vor unserem Präsidenten Leonard Forster, dessen Buch über Dichten in fremden Sprachen zu den souveränsten und zugleich liebenswürdigsten Äußerungen zum Thema des polyglotten Dichtens und Denkens gehört, ja vielleicht das Phänomen und das Problem erst im Zusammenhang aufgedeckt hat[1]. Wenn ich mich beschränke auf das Zusammenspiel von Latein und Deutsch im 17. Jahrhundert und in Deutschland, so geht es mir weniger um die Vielsprachigkeit des europäischen Gebildeten überhaupt und seine Freude am Gebrauch verschiedener Sprachen, Stile und Formen als um das Zusammenspiel und die Auseinandersetzung zweier in Deutschland kontinuierlicher *Literaturen*, ihre Konkurrenz und ihre Rollenverteilung, und dahinter steht die Frage des germanistischen Literaturhistorikers, ob es unter diesen Umständen überhaupt eine deutsche Literatur und Literaturgeschichte gibt und wie diese zu schreiben wäre.

Die heute trotz allem immer noch geltende Einteilung der Literaturwissenschaft in nationale Philologien stammt von Herder und der Romantik. Das Programm einer Wissenschaft von deutscher Art und Kunst, der Gedanke eines Volks- oder Nationalgeistes waren aber keineswegs so exklusiv gedacht, wie es eine nationale, ja nationalistische Wissenschaft schließlich verstand – die nationale Differenzierung bezog sich ja ursprünglich auf den unbezweifelten Hintergrund einer antik-klassischen Tradition, auf ein gemeinsames Erbe und eine umfassende Humanität als Ursprung zum Ziel. Dem Humanismus und seiner wiedererweckten Latinität warf Herder nur vor, daß er "bei der äußeren Schale stehen blieb", wogegen man "die Alten hätte erwecken sollen, um sich nach ihnen zu bilden[2]." Heute weiß man nun wieder, wie eng die Abhängigkeit auch der

---

1 Leonard Forster, Dichten in fremden Sprachen, Bern 1974 (Uni-Taschenbücher 257). Originalausgabe: The Poet's Tongues. Multilingualism in Literature. Cambridge 1970; ders., Fremdsprache und Muttersprache. In: Neophilologus 45 (1961), S. 177–195; ders., Deutsche und europäische Barockliteratur. In: Wolfenbütteler Beiträge 2 (1973), S. 64–84.
2 J.G. Herder, ed. Suphan, 1, S. 370.

deutschen Sprache und Literatur von der lateinischen Tradition im Mittelalter und in der Neuzeit war. Ernst Robert Curtius hat hier sogar das Kind
mit dem Bad ausgeschüttet. Was für Wortschatz und Syntax nie ein Ge-
heimnis war, das ist inzwischen auch für die literarischen Ausdrucksmittel,
vor allem für das Instrumentarium der rhetorischen Formen, in reichem
Maß nachgewiesen (Conrady, Barner)[3], ganz abgesehen vom vermehrten
Verständnis für die Wirkung bedeutender alt-, mittel- und neulateinischer
Werke. Aber was den Spezialisten bewußt ist, das ist es noch lange nicht
einem weiteren Publikum, und der Germanist steht immer wieder mit
schlechtem Gewissen vor dem Tatbestand, daß er sich mit literarischen
Texten beschäftigt, die nur in lateinischem Zusammenhang begreiflich
wären, für welchen er sich aber nicht für zuständig hält oder nicht kompe-
tent fühlt.

Gewiß kann man sagen, daß, aufs Ganze gesehen, seit Opitz eine neue
deutsche Literatur die lateinische Literatur, wenigstens die Dichtung, ablöst
und daß die Gesamtrichtung zu einer selbständigen deutschen Literatur
führt. Auch wenn dies wirklich so einfach wäre, müßte diese Ablösung,
dieser Übergang genauer verfolgt werden. Statt dessen nimmt man gleichsam mit einem Seufzer der Erleichterung von der lateinischen Tradition
Abschied; man spricht von der "Überwindung der lateinischen Tradition" — so steht es paradoxerweise gerade in einer Pionierarbeit zum
lateinischen Werk des Andreas Gryphius[4]; oder man braucht mit bedauern-
dem Unterton das Bild vom lateinischen Gewande deutscher Dichtung. So
haben schon Herder und Goethe den neu entdeckten Balde als einen
deutschen Dichter gepriesen, der sich auch im lateinischen Gewande treu
bleibe[5]; und noch Richard Newald, der so viel für die neulateinische Literatur getan und sie auch in seiner Literaturgeschichte sehr stark berücksichtigt
hat, huldigt der Lehre vom Volksgeist, wenn er davon spricht, daß "die
künstlerische lateinische Ausdrucksform noch das edlere Gefäß deutschen
Denkens und Dichtens war[6]." Schon gar nicht mehr nachvollziehbar ist das
Pathos, mit dem ein Paul Hankamer den Übergang des Andreas Gryphius
zur deutschen Sprache als Durchbruch zum Eigensten gefeiert hat: "als

3 Karl Otto Conrady, Lateinische Dichtungstradition und deutsche Lyrik des
   17. Jahrhunderts. Bonn 1962; Wilfried Barner, Barockrhetorik. Tübingen 1970.
4 F.W. Wentzlaff-Eggebert, Dichtung und Sprache des jungen Gryphius. Berlin 1936;
   1966[2], S. 12. Hier auch der Begriff "Befreiung".
5 Goethe, Weimarer Ausgabe I Bd.41[1], S. 113: "daß der Deutsche sich treu bleibt,
   und wenn er auch mit fremden Zungen spricht". Später heißt das: "Freilich
   schrieb er Latein und maß horazische Strophen, doch das lateinische Kleid deckte
   das deutscheste Herz" (Adolf Pichler, zitiert bei Kosch, Deutsches Literatur-
   lexikon, 2. Auflage, s.v. Balde).
6 Richard Newald, Die deutsche Literatur vom Späthumanismus zur Empfindsam-
   keit. München 1951, S. 435.

Sprache der Sehnsucht von Hirn und Herz quoll sie um so glühender, maßloser über die Lippen[7]."

Im Grunde nicht viel anders als solche nationalen Töne, die heute selten geworden sind, lauten die modischeren sozialen Hornstöße. "Die deutsche Sprache wurde zur scharfen Waffe im Kampf gegen die latinisierte Kultur der herrschenden Klassen[8]," so heißt das heute; vorsichtiger wird von der "mittelständischen", aber "herrschaftsorientierten" humanistischen Kultur gesprochen[9]; aber ganz brutal nennen die Studenten von heute das Latein die Sprache der Repression. Die "latinisierte Kultur der herrschenden Klassen" ist insofern höchstens eine Halbwahrheit, als die gelehrten neu-lateinischen Poeten und Schulmeister kaum als herrschende Klasse auftraten und umgekehrt die herrschenden Klassen eher Französisch und Italienisch als Latein konnten oder, wie in der Fruchtbringenden Gesellschaft, gerade die Pflege der deutschen Nationalsprache zum Mittel der "Herrschaft" oder wenigstens ihres sozialen Prestiges machten.

Dies nur, um die Verlegenheit anzudeuten, die dem lateinischen Teil der deutschen Barockliteratur gegenüber herrscht. Nun ist selbstverständlich — es wurde schon bemerkt — dieses deutsch-lateinische Miteinander und Gegeneinander nur der wichtigste Aspekt der allgemeinen Polyglossie; die andern europäischen Sprachen waren ihrerseits schon länger in der Aus-einandersetzung mit dem Latein begriffen und halfen nun als Vorbilder bei der Suche nach einer eigenen volkssprachlichen Literatur mit. Der Ge-bildete, insbesondere auch der Literat, ist in ungewöhnlichem Maß viel-sprachig, wobei der Gebrauch der verschiedenen Sprachen nach schicht-, funktions- und gattungsspezifischen Gesichtspunkten erfolgte, wenigstens in der Theorie. Gemäß der bekannten Anekdote[10] über den Sprachgebrauch Karls V. ist es wohl europäisch unbestritten gewesen, daß sich für die Sprache der Pferde und Stallknechte das Deutsche besonders eignete, aber das Italienische ist nicht nur die Sprache der Liebe gewesen, sondern auch die des Bankwesens und des Militärs. Das Umsetzen vor allem lyrischer Gedichte in andere Sprachen durch den Autor selbst, wie es Leonard Forster beschrieben hat, entspricht alter Übung; schon mittelalterlich be-gegnet die Freude, denselben Text lateinisch und volkssprachlich in Vers-

---

7 Zustimmend zitiert bei Wentzlaff-Eggebert (vgl. Anm. 4).
8 Marian Szyrocki, Martin Opitz, 1974[2], S. 13. "Diese Dichtung erwuchs aus der sozialen Gärungswelle" – die These wird dann allerdings sofort relativiert: "sie blieb jedoch ihrem ursprünglichen Wesen nicht treu."
9 Conrad Wiedemann, Barocksprache, Systemdenken, Staatsmentalität. In: Doku-mente des Internationalen Arbeitskreises für deutsche Barockliteratur, Band 1, Wolfenbüttel 1973, S. 40 (vgl. Anm. 33).
10 L. Forster, Dichten in fremden Sprachen, S. 32.

oder Prosaparaphrase wiederzugeben [11]. Ein anderes ist die völlige Mischung der Sprachen, also die stilsprengende Fremdspracherei und Fremdwörterei, die ja ein überaus beliebtes Thema der Satire und des Lustspiels ist, freilich so, daß der Satiriker, etwa Moscherosch oder Grimmelshausen, selbst sich nicht ungern mit seiner Sprachenkenntnis zur Schau stellt. Die Lustspiele des Andreas Gryphius, vor allem der "Horribilicribrifax", leben geradezu von der Entfaltung dieses Durcheinanders und Gegeneinanders der verschiedenen Sprachwelten – und vom Stolz des Dichters, sie alle besser zu beherrschen als seine Figuren. Zu den nationalen oder regionalen Verschiedenheiten kommt noch die soziale Stufung, sei es, daß diese durch mehr oder weniger fehlerhaften Gebrauch der Bildungssprachen markiert wird, sei es durch ein Gegeneinander von Mundart und Schriftsprache. Es macht dann allerdings gelegentlich Schwierigkeiten, die moralisch-soziale Dignität mit der schichtspezifischen Sprache in Einklang zu bringen; so darf die "geliebte Dornrose" nicht wie ihre Familie schlesische Mundart sprechen, sondern sie muß Hochdeutsch reden (wozu der Dichter eine eigene Motivation erfinden muß). Ähnlich kann, auch bei Gryphius, eine vornehme Dame plötzlich aus der Rolle fallen und wie ein Fuhrmann reden, wenn es von der Situation her nahegelegt wird [12]. Sprechen heißt, eine Rolle zu spielen, und diese Sprachrollen sitzen locker. Nicht die individuelle, psychologische Schlüssigkeit, sondern die jeweilige Funktion bestimmen die Rede.

Damit sei nur angedeutet, wie die faktische und literarische Mehrsprachigkeit des gebildeten 17. Jahrhunderts eine einzigartige Sprachbewußtheit, ja Sprachbesessenheit voraussetzt und zur Folge hat. Sie reicht von der Sprachnot der Mystiker über den Glauben an die Formkraft rhetorischer Regeln bis zur Spielerei der Artisten. Dazu gehört ebenso der Gelehrtenstolz auf die Polyglossie wie die Pedanterie des Sprachpuristen oder die Suche der Ursprache. Nun sagt Forster mit Recht, auch wir seien polyglotter, als wir glauben, da jeder an verschiedensten Sondersprachen, Stilebenen und Funktionen teilhat. Im Grunde ist jede Literatursprache eine fremde Sprache, eine Rolle.

Der Sonderfall des 16. und 17. Jahrhunderts besteht nun allerdings darin, daß eine solche Rolle für den deutschen Schriftsteller, abgesehen vom Latein, noch kaum bereit liegt. Eine deutsche Schrift- und Hochsprache soll sich erst bilden im Rahmen einer deutschen Sprachlandschaft, die regional,

---

11 E.R. Curtius, Europäische Literatur und lateinisches Mittelalter. Bern 1948, S. 155 (Fassungen in Vers und Prosa). Neben das rhetorisch-formale Motiv tritt aber auch ein religiöses, so vor allem in der Bibeldichtung und -kommentierung, vgl. M. Wehrli, Bibeldichtung. In: Formen mittelalterlicher Erzählung. Zürich 1969.

12 Armin Schlienger, Das Komische in den Komödien des Andreas Gryphius. Europäische Hochschulschriften, Reihe I, Bd. 28, Bern 1970. Hier ein Kapitel über "Sprache und Komik", S. 85 ff.

sozial, politisch und konfessionell völlig zerklüftet ist und den deutschen Schriftsteller zwingt, nicht nur Poet, sondern zugleich auch sein eigener Grammatiker und Sprachschöpfer zu sein. Die Stärke des Lateins und der letzte Grund seiner vorläufigen Unersetzlichkeit ist es aber, überregionale und überkonfessionelle Hochsprache zu sein, ja darüber hinaus den Zugang zum europäischen Gespräch auf gleicher Ebene zu ermöglichen. Trotz allem Patriotismus bleibt auch nach der Entfaltung einer deutschen Literatur dieser lateinische Horizont erhalten und bleibt darum die deutsche Literatur auf diesen Horizont bezogen. Auch in den deutschen Büchern, um nur ein Äußerliches zu nennen, bleiben Autorennamen, Titel, Widmungsgedichte, Zitate usw. meistens lateinisch, wenn nicht, wie oft bei Opitz, der deutsche Text überhaupt zuerst lateinisch signalisiert wird: als *poema germanicum*. Fast jedes barocke Buch zeigt mit seinem Neben- und Durcheinander der beiden Schriftarten Antiqua und Fraktur geradezu die Zweisprachigkeit an, mindestens im Bereich der Gelehrtendichtung.

Doch skizzieren wir zunächst die Ausgangslage dieser barocken Bilinguität. Das Mittelalter hatte ein im großen ganzen unproblematisches Verhältnis zum Latein als der unangefochtenen Kirchen- und Gelehrtensprache, ja, es vermochte sogar in seiner rhythmischen Dichtung eine originale Latinität zu entwickeln. Und die deutsche Literatur, mengenmäßig bescheiden, wandte sich an die Illitterati, d.h. aber eben zugleich die führende weltliche Schicht, und im allgemeinen mit einem bemerkenswerten Gefühl für reinen Stil. Der Humanismus bringt eine recht paradoxe Wende. Mit dem Willen, zu reiner Klassizität zurückzukehren, wird gerade jene Tradition einer selbstverständlichen Latinität abgebrochen, die man erneuern will. Erst durch die Humanisten wird das Latein zur sogenannten toten Sprache, die sich nicht mehr so leicht handhaben ließ, wie es die Dunkelmänner mit ihrem Küchen- und Kirchenlatein angeblich taten. Gleichzeitig gerät das Deutsche entweder in den Bereich des Irrelevanten, oder es wird unerbittlich dem Vorbild des Lateins unterstellt, wie das schon Johann von Tepl oder Niklas von Wyle großartig und gewalttätig, aber ohne anhaltenden Erfolg getan hatten. Man kann sich allerdings post festum keine andere Entwicklung denken. Das ändert nichts daran, daß mindestens der deutsche Humanismus sich in die merkwürdige Situation manövriert, daß er seinen *amor patriae et litterarum*, seinen programmatischen Nationalstolz, sein Pochen auf die Größe und das Uraltertum seiner deutschen Sprache und Dichtung fast ausschließlich in klassischem Latein formulieren muß, als Germane in römischem Gewande. Noch Martin Opitz schreibt seinen pompösen Traktat gegen die Mißachtung der deutschen Sprache [13]

13 Opitz, Aristarchus, Gesammelte Werke, hrsg. v. G. Schulz-Behrend, Bd. I, S. 51—75.

lateinisch, auf lateinisch macht sich der kluge und fromme Johann Valentin Andreae über das lateinische Gebaren seiner Zeitgenossen lustig[14], auf lateinisch verkündet noch Klopstock in seiner Declamatio das Programm einer erhabenen deutschen Epik[15]. Damit ist sozusagen das Grundthema der deutschen Literaturgeschichte zwischen dem 16. und dem 19. Jahrhundert angegeben: deutsche Literatur gegenüber der lateinischen und zu ihrem Ersatz, aber zugleich nach ihrem Vorbild zu entwickeln und autonom zu machen. So weit der humanistische Aspekt des deutsch-lateinischen Problems. Tiefer ist es im religiösen Aspekt erfaßt.

Die Reformation hat, als religiöses Geschehen mit auch politischen Folgen, der Volkssprache neuen Impuls gegeben und damit deren Opposition zum Latein vertieft, im Gegensatz zu den romanischen Ländern, wo Volkssprache und Kirchensprache zum selben Stamm gehörten und die Reformation zurückgedrängt wurde. Was die reformatorische Verkündigung in deutscher Sprache rein praktisch bedeutete, ist hier nicht auszuführen. Die mindestens zunächst revolutionäre, dem gemeinen Mann, dem Volk, auch dem Ungebildeten geltende Glaubenserneuerung bedient sich der Volkssprache keineswegs nur aus Gründen der missionarischen Notwendigkeit. Vielmehr lebt hier ein Motiv auf, das seit Otfried von Weißenburg und seit der Mystik wirksam war: das Gnadenereignis ist im Sinn der johanneischen Logoslehre ein Sprachereignis; die menschliche Sprache ist, gerade in ihrer volkssprachlichen Knechtsgestalt, bezogen auf die Wortwerdung Gottes im Sohn[16]; der Gläubige wird, mit Eckhart, *widersprechende*[17] im ewigen Wort, und er wird es in seiner angeborenen, gerade in und aus ihrer Verächtlichkeit erlösten Sprache. Die volkssprachliche Bibeldichtung hat sich stets in diesem Sinne nicht als Form der Popularisierung empfunden, sondern als demütige, aber autorisierte Antwort auf das Evangelium aus innerster Berufung. Zum mindesten ist es die Rechtfertigung aller deutschen geistlichen Dichtung von Otfried bis zur Autodidaktin Catharina Regina von Greiffenberg, daß, wie es Friedrich von Spee sagt, "Gott auch in teutscher Sprach seine Poeten hette, die sein Lob vnd Namen eben so künstlich als andere in jhren Sprachen singen vnd verkünden könten[18]." Von dieser spiritualistischen Rechtfertigung der Muttersprache und des

---

14 J.V. Andreae, Turbo (1616). Über dessen Sprach- und Bildungskritik Günter Hess, Deutsch-lateinische Narrenzunft. Münchener Texte und Untersuchungen, Bd. 41, München 1971, S. 320 ff.

15 Klopstock, Abschiedsrede zu Pforta, 21. September 1745. Erstdruck Karl Friedrich Cramer, Klopstock I, Hamburg 1780.

16 Vgl. Raphaela Gasser, Propter lamentabilem vocem hominis. Zur Theorie der Volkssprache in althochdeutscher Zeit. In: Freiburger Zeitschrift für Philosophie und Theologie, Bd. 17 (1970), H. 1 und 2.

17 Predigt 18 Quint.

18 Friedrich von Spee, Trutznachtigall, Vorred.

gemeinen Mannes her wird nun umgekehrt das Latein als Sprache der
römischen Kirche, der Hoffart, der Buchstabengelehrten ("Buch-
stabilisten"), Babels denunziert. Die Abschaffung der römisch-lateinischen
Liturgie ist die Folge wie auch wieder die Ursache einer seit Luther
radikalen Aufwertung der Volkssprache und damit vielleicht der entscheidende Grund, daß im protestantischen Teil Deutschlands trotz dessen
Humanismus das Latein zuerst obsolet wurde.

Um diese theologische Begründung lagern sich oft ununterscheidbare
andere Motive. Politische, soziale, geistige, wirtschaftliche Nöte führen zu
einer mit größtem Pathos vorgetragenen Prosa des einfachen Mannes, die
sich auch der anspruchsvollsten Gegenstände bemächtigt: Ich erinnere an
die großartig sich entfaltende volkstümliche Chronistik und Autobiographie,
an die religiöse, politische und wissenschaftliche Prosa der Thomas Münzer,
Sebastian Franck, Paracelsus, Weigel, Böhme. Es ist eine Sprache, die sich
gleichsam selbst erst im Reden und Erkennen findet, ja sich weithin als
Suchen und als Vollzug der Wahrheit im Suchen empfindet. Das gibt ihr,
langfristig, eine große Zukunft. Auf einem andern Blatt steht die gegen-
reformatorische Prosa in Traktat und Predigt von Albertinus bis zu
Abraham a Sancta Clara: So großartig sie aus dem Impetus der Volkssprache
lebt, ist sie doch nicht *vom* gemeinen Mann geschrieben und gedacht,
sondern *für* ihn, aus kirchlich-pädagogischer Absicht.

Das zunächst sehr elementare Postulat der Würde und Gottunmittelbar-
keit der Volkssprache führt natürlich auch jetzt, wie schon im Mittelalter,
sofort zum Konflikt mit der Vorstellung von den drei heiligen Sprachen
und damit auch der besonderen Qualität des Lateins[19]. Hier begegnen sich die
Legitimationsprobleme der Theologen mit denen der patriotischen Humanisten. Diese müssen ja die "grundrichtige, uralte teutsche Haupt- und Helden-
sprache" gegenüber dem Latein ebenfalls rechtfertigen und, theologisch
gesprochen, irgendwie von der babylonischen Sprachverwirrung dispen-
sieren. Die Lösung des elsässischen Anonymus aus dem frühen 16. Jahrhundert[20]: "Adam ist ein tusch man gewesen" weicht allerdings dann bei
Schottel und noch Leibniz differenzierteren Verfahren; doch geht es auch
ihnen darum, eine ursprüngliche, naturhafte Aussagekraft festzustellen oder
nötigenfalls wiederherzustellen. Dem kommt es entgegen, wenn im Protestantismus das religiöse Pathos volkssprachlicher Verkündigung seinerseits
nationale, antirömische Züge annimmt. Einer der ältesten deutschen
Grammatiker, Johann Claj, 1578, begründet sein Unternehmen einer auf
dem Lutherdeutsch beruhenden Grammatik damit, daß es nicht nur eine
translatio imperii von den Römern zu den Deutschen gegeben habe,

---

19 Arno Borst, Der Turmbau von Babel. Stuttgart 1957 ff., passim.
20 Ebd., S. 1051.

sondern jetzt auch eine *translatio sacerdotii*, so daß man bei Luther die *perfecta et absoluta linguae germanicae cognitio* finden könne[21]. Das Deutsch der Lutherbibel wird sozusagen zur vierten oder allerersten heiligen Sprache. Die Ursprachenlehre wie die Kanonisierung des Lutherdeutschen lassen die religiöse Begründung der Muttersprache in den Hintergrund treten. Es kommt ein folgenschweres Bündnis von Humanismus und Protestantismus zustande. Luther wird – so bei Schottelius, Harsdörffer und Balthasar Schupp[22] – zum "deutschen Cicero" gemacht. Georg Neumark weist darauf hin, die Fruchtbringende Gesellschaft sei nicht zufällig genau hundert Jahre nach dem Auftreten Luthers gegründet worden[23]. Auch Schottel beruft sich auf Luther; Harsdörffer behauptet sogar, die lateinische Sprache sei aus Rom verjagt worden und in Deutschland genesen[24]. Die Folgen sind bekannt: das Obersächsisch-Meißnische, dem sich auch die Opitzschule anschloß, bleibt bis tief ins 18. Jahrhundert hinein konfessionell belastet.

Doch nun das Schicksal einer deutschen volkssprachlichen Literatur selbst. Bei aller Bedeutung der volkssprachlichen Prosa läßt sich doch nicht sagen, daß sich im 16. Jahrhundert eine deutsche Literatur als ein in sich ruhender Zusammenhang durchgesetzt habe. Im formalen und sozialen Anspruch bleibt die lateinische Humanistenliteratur letzten Endes unbestritten. Man kann nun bei Günter Hess[25] nachlesen, in welchen komisch-ironischen Brechungen und wie vielfältig die Auseinandersetzung der beiden Literaturen mindestens im Bereich der Satire erfolgt. Ganz abgesehen von der frühneuhochdeutschen Labilität und Zersplitterung der Sprache, trotz Buchdruck, Lutherbibel und Kanzleihochdeutsch, gibt es keine deutsche Literatur im Sinne einer maßgebenden, national verbindenden und verbindlichen Sprach- und Formenwelt. Man kommt denn auch aus den literarischen Sackgassen des Hans Sachs oder Johann Fischart nicht mehr heraus, und jedenfalls haben die Pioniere einer deutschen Literatur bis tief ins 17. Jahrhundert hinein die subjektive Überzeugung, etwas Neues und Unerhörtes zu versuchen, ob sie nun Zinkgref, Weckherlin, Hock, von dem Werder, Opitz oder Spee heißen. Bei dem allgemeinen Programmieren, Experimentieren und poetischen Basteln weiß man nicht einmal mehr, wie ein deutscher Vers zustande kommt – ein Sündenfall des metrischen

---

21 Iohannis Claij Grammatica Germanicae linguae, Vorrede. In: Ältere deutsche Grammatiken in Neudrucken, II, Straßburg 1894.
22 Balthasar Schupp, Teutscher Lehrmeister (vgl. Klaus Schaller, Anm. 29); Georg Philipp Harsdörffer, Poetischer Trichter, III. Teil, S. 52; Justus Georg Schottelius, Ausführliche Arbeit von der Teutschen Haubt Sprache, S. 1228 f.
23 Georg Neumark, Der Neu-Sprossende Teutsche Palmbaum, 1668, S. 19.
24 "Die lateinische Sprache: Rom ist mein Vatterland/da bin ich reich gewesen/Vnd nun von dar verjagt/im Teutschenland genesen." Gesprächspiele S. 443.
25 S. Anm. 14.

Bewußtseins, der noch heute nicht ganz geklärt ist[26]. Es ist selbstverständlich, daß diese Krise eng zusammenhängt mit sozialen, politischen und wirtschaftlichen Vorgängen. Weder das städtische Bürgertum, noch der Adel oder die Fürsten sind offenbar in der Lage, eine deutsche Literatur im vollen Sinn hervorzubringen und zu tragen. Die Sprachgesellschaften, vor allem die Fruchtbringende, unternehmen zwar den Versuch, die Kräfte zu sammeln, Sprachregelungen durchzuführen, Muster bereitzustellen, und zwar in einem allgemein patriotischen Sinne. Doch überwiegt in der Fruchtbringenden, gegründet, wie Neumark sagt, "durch göttliche Gnadenführung und fürstliche Gedanken[27]," der Charakter eines Adelsklubs, zu dem notwendigerweise einige arrivierte bürgerliche Experten zugezogen werden; ihr Ziel ist zudem vielleicht mehr auf die Kanzleisprache als auf Literatur gerichtet[28] und ihr Einfluß konfessionell begrenzt.

Unterdessen ist die Bildung des jungen Bürgers oder Adligen erst recht lateinisch. Es ist die Epoche der lateinischen Gelehrtenpoesie, womit nicht nur an die unabsehbaren Scharen von Theologen und Pädagogen gedacht ist, sondern nicht zuletzt auch an die Mediziner und vor allem Juristen, welche als Hof- und Verwaltungsbeamte in städtischen und ständischen Organisationen zunehmend ein wesentliches Element der Gesellschaft werden[29]. Eine Leseliste für die Gymnasiasten der Stadt Beuthen (Oberschlesien) von 1616 enthält 430 Titel, davon 328 lateinische und nur 5 deutsche (nämlich Unterhaltungsliteratur des 16. Jahrhunderts wie Reinhart Fuchs und Froschmäuseler[30]). Erst recht ist natürlich der Hochschulunterricht bis gegen Ende des Jahrhunderts lateinisch. Diese Lehrer, Gelehrten und beruflich wirkenden Akademiker sind mit ihrer Produktion

---

26 Jetzt: Christian Wagenknecht, Weckherlin und Opitz. Zur Metrik der deutschen Renaissance. München 1971.

27 Neumark, a.a.O., S. 4.

28 L. Forster, Deutsche und europäische Barockliteratur (vgl. Anm. 1), S. 76 ff.

29 Zum Thema der Gelehrtenpoesie und ihrer ständischen und bildungsmäßigen Funktion enthalten die Referate zum Barocksymposion der Deutschen Forschungsgemeinschaft 1974 in Wolfenbüttel — sie werden demnächst im Druck erscheinen — reichhaltiges und wichtiges Material. Genannt seien: Volker Sinemus (Stilordnung, Kleiderordnung und Gesellschaftsordnung im 17. Jahrhundert), Gerhard Michel (Wolfgang Ratke — Die Muttersprache in Schule, Staat und Wissenschaft), Klaus Schaller (J.B. Schupp: Muttersprache und realistische Bildung), Jörg Jochen Müller (Fürstenerziehung im 17. Jahrhundert), Jörg-Ulrich Fechner (Der Lehr- und Lektüreplan des Schönaichianums in Beuthen als bildungsgeschichtliche Voraussetzung der Literatur), Joachim Dyck (Zum Funktionswandel der Universitäten vom 17. zum 18. Jahrhundert am Beispiel Halle), Wulf Segebrecht (Zur Produktion und Distribution von Casualcarmina). — Grundlegend im übrigen immer noch Erich Trunz, Der deutsche Späthumanismus um 1600 als Standeskultur (1931), jetzt in: Deutsche Barockforschung, hrsg. v. Richard Alewyn, Köln-Berlin 1965, S. 147—181.

30 Jörg-Ulrich Fechner (s. Anm. 29).

an wissenschaftlichen Werken, Liebes- und Freundschaftsgedichten, Epigrammen, Briefwechseln und Reden die Träger einer späthumanistischen Kultur, die mit Conrad Wiedemanns Formel "mittelständisch, aber herrschaftsorientiert" ist[31]. Diese Gelehrtendichtung und speziell die Kasualpoesie erscheint später, mit und nach Opitz, ebenso auf deutsch. Hier wird durch selbstverfaßte oder bestellte Lyrik das ganze Leben in sagbare und überlieferbare Ordnungen gefaßt; Literatur gewinnt unmittelbare Funktion für den Einzelnen wie für das Gesellschaftsganze. Man nennt das heute etwas kaltschnäuzig "systemstabilisierende" Funktion[32], und die junge Barockforschung verfolgt argwöhnisch die Analogien zwischen Herrschaftsstrukturen und literarischen Stilformen, die gemeinsame "Demonstration von Ordnungsvermögen[33]."

Man kann wohl sagen, daß die großen Zeiten der Gelehrtendichtung nach der Jahrhundertmitte vorbei sind. Neben die lateinische tritt gerade auch im bürgerlichen und höfischen Literaturverkehr die deutsche Dichtung. Und vor allem verlieren die deutschen Universitäten sukzessive ihre sozial und bildungsmäßig bestimmende Rolle. Ein Zeichen dafür ist die Gründung der sogenannten Ritterakademien, eigener Standesschulen für den adligen, später auch bürgerlichen Nachwuchs des höfischen Beamtenapparats[34]. Im Bürgertum selbst fehlt nicht die Kritik an einer exklusiven Lateinpflege und damit am Ideal humanistischen Gelehrtentums. Schon früh tritt Wolfgang Ratke für die Verwendung einer veredelten deutschen Muttersprache im Unterricht ein, ähnlich auch Comenius. Unter nationalen, erzieherischen und bildungsökonomischen Gesichtspunkten wird das Lateinlernen als Quälerei empfunden und das gespreizte Gelehrtentum verspottet. Später entwickelt Balthasar Schupp ein neues Programm des Deutschunterrichts und erklärt das Lateinlernen als Zeitverschwendung[35]. Schließlich hält Thomasius seine Vorlesungen deutsch, fordert das Deutsche als Sprache der Wissenschaft und das Französische als erste Fremdsprache.

Auf diesem Hintergrund vollzieht sich in der schönen Literatur, aber noch lange nicht in der Wissenschaft[36], die Gewichtsverlagerung vom

---

31 Wiedemann (Anm. 9).

32 So Segebrecht (Anm. 9).

33 Conrad Wiedemann, Barockdichtung in Deutschland. In: Neues Handbuch der Literaturwissenschaft, Renaissance und Barock, hrsg. v. August Buck, II, Frankfurt a.M. 1972, S. 180. Über Systemdenken, Ordnungserwartung, Analogie zwischen politischem Prozeß und literarischem System vgl. Anm. 9, über "grobe Orientierung der Stillagen an der gesellschaftlichen Wertordnung" Volker Sinemus (Anm. 29).

34 Vgl. J. Dyck (Anm. 29).

35 Zu Ratke vgl. Gerhard Michel, zu Schupp vgl. Klaus Schaller (Anm. 29).

36 Ein reizvolles, ausgeglichenes Zusammenspiel von Latein und Deutsch zeigt etwa Schottel in seiner "Ausführlichen Arbeit": *germanice quidem, ita tamen ut in toto opere lingua latina sit simul explicatrix* (Titelblatt).

Latein auf eine neue deutsche Dichtung. Bei den Pionieren der schlesischen und sächsischen Schule kann diese Wendung zu einer verbindlichen, gesellschaftsfähigen deutschen Poesie genau verfolgt werden. Das Latein wird dabei nicht "überwunden" und verdrängt, sondern sozusagen im neuen Medium fortgeführt: Im protestantischen Bereich behält die Dichtung die Zeichen ihrer humanistischen Herkunft. Ein paar Beispiele: Opitz begründet mit seiner Übersetzung der Argenis den höfischen Roman und einen strengen, getragenen Erzählstil im Deutschen. Neben Opitzens feierlich-petrarkistischer Lyrik bringt Fleming die anakreontischen Töne, nach Johannes Secundus. Das neue deutsche Kunstdrama des Andreas Gryphius ist nicht denkbar ohne die neulateinische Dramatik der Jesuiten, natürlich neben Seneca[37]. Um schließlich noch ein weniger bekanntes Beispiel zu nennen: Daniel Czepkos *Sexcenta Monodisticha sapientum*, von denen Schefflers Cherubinischer Wandersmann herkommt, sind nach Formidee und vielen Formulierungen, zum Teil auch im Gehalt einer lateinischen Sammlung von 1200 Distichen des Johann Theodor von Tschesch nachgebildet: *Vitae cum Christo sive epigrammatum centuriae duodecim*, ein Werk leidenschaftlicher Christusmystik aus dem Kreis Franckenbergs, 1644[38].

Dieser Übergang zu vorwiegend deutscher Dichtung im Gefolge der Opitzschule folgt einem Streben humanistisch-nationaler Art und entsprechenden Stilidealen. Wie vor allem Conrady gezeigt hat, übernimmt die neue Poesie die Kategorien und rhetorischen Figuren und die ganze Sprachinszenierung der lateinischen Humanistendichtung, und man kann sagen, damit werde diese in der Volkssprache inkorporiert. Die lateinische Dichtung wird damit, auch wenn sie von den deutschen Autoren durchaus nicht endgültig preisgegeben wird, im Grunde gegenstandslos. Dies um so mehr, als die neue deutsche Poesie einen rangmäßig höheren Anspruch erhebt, sozusagen eine translatio poeseos in die deutsche Ur- und Hauptsprache vollzieht, die von Schottel als "Kunstgebäu", als ursprunghaftes und zugleich artifiziell zu vervollkommnendes Wunderwerk bezeichnet wird.

Die Feststellung scheint mir nun wichtig, daß sich eine genau umgekehrte Entwicklung im katholischen Süden und Westen, d.h. in Bayern, Österreich, den Rheinlanden und der Innerschweiz vollzieht. Hier behauptet nicht nur das Humanistenlatein seinen Platz, vielmehr kommt es unter jesuitischer Führung und benediktinischer Unterstützung zu einem neuen *Regnum humanitatis*, um den Titel eines programmatischen Schuldramas

37 M. Wehrli, Andreas Gryphius und die Dichtung der Jesuiten. In: Stimmen der Zeit, Bd. 90 (1964/65), S. 25—39.
38 Annemarie Meier, Daniel Czepko als geistlicher Dichter (Studien zur Germanistik, Anglistik und Komparatistik, Bd. 33). Bonn 1975, S. 61 ff.

von Jakob Gretser zu zitieren. *Humani fiunt homines, barbari / tolluntur mores et libri* [39] — so heißt es im Vollgefühl einer neuen, christlichen Latinität. Die zentralistisch und hierarchisch denkende katholische Reform setzt das dermaßen gereinigte Latein mehr als je in seine Rechte, als ein überregionales, ja internationales, imperiales und katholisches Medium, ohne daß darunter — man denke an Balde — der deutsche Patriotismus leidet. Die enge Verbindung, ja Personalunion von Kirche, Schule, Hof und Verwaltung gibt dem Latein Ubiquität und Unentbehrlichkeit, und es ist nun auch in Lyrik und Drama eine neulateinische Literatur im vollsten und großartigsten Sinne möglich. Sie darf sich, in ihren stolzesten Momenten, als Literatur des christlich-römischen Reichs verstehen. Der deutsche Horaz, Jakob Balde, hat sein bedeutendstes Vorbild im Werk des Polen Sarbiewski; der "weltberühmte Poet" Balde wird in Holland und Frankreich gelesen. Jakob Bidermanns Epigramme erscheinen in Dillingen, Antwerpen, Douai, Köln, Mailand, Paris, Rom, Venedig, Augsburg, zum Teil je mit verschiedenen Auflagen [40]. Hier wird ein literarisches Weltbürgertum sichtbar, wie es nur das Latein ermöglicht. Auch zwischen den Konfessionen in Deutschland kann am ehesten das Latein Brücken schlagen. Gryphius hat Jesuitenstücke aus Deutschland, Frankreich, England gekannt, benützt oder übersetzt. Der protestantische Nürnberger Oratoriendichter Johann Klaj hat Balde geradezu geplündert [41], wie überhaupt Balde in Nürnberg in großen Ehren stand. Für die Beurteilung der Situation gibt es kaum ein instruktiveres Mittel, als Baldes Kirchhofsode mit der Übersetzung durch Gryphius zu vergleichen. Balde verfügt über eine reife Tradition, mit der er ebenso souverän wie präzis und tiefsinnig spielt — Gryphius wirkt mit seinen schwer stampfenden Versen und seiner sperrigen Sprache barbarisch und kann für sich nur seinen harten Ernst ins Feld führen.

Reichtum und Größe von Baldes Dichtung sind immer wieder einmal entdeckt und gepriesen worden, aber ohne viel Folgen für unser literarisches Bewußtsein. Gewiß: *Latina non leguntur.* Vielleicht aber beruht diese Echolosigkeit heute doch auch darauf, daß die so hochentwickelte, hochgelehrte Kunst Baldes ein inneres Ende der neulateinischen Dichtung anzeigt. Balde selbst ist der erste gewesen, der wußte und es aussprach: *vana, vana est etiam poesis* [42]. So triumphal das Spiel mit Andeutungen und Reminiszenzen, mit Verrätselungen des Ausdrucks und unerwarteten Durchblicken und Kontrasten ist: es bewegt sich gleichsam im goldenen Gefängnis der

---

39 Anton Dürrwächter, Jakob Gretser und seine Dramen. Freiburg i.B. 1912, S. 150.
40 Nachweise bei C. Sommervogel/A. de Backer, Bibliothèque de la Compagnie de Jésus, Bd. 1, und K. von Faber du Faur, German Baroque Literature.
41 Martin Keller, Johann Klajs Weihnachtsdichtung. In: Philologische Studien und Quellen 53, Berlin 1971, passim.
42 Silvae VIII, 26.

humanistischen Tradition; jede Aussage wird dadurch zum Zitat, zur Rolle, wird uneigentlich oder spielerisch. Wenn sich diese Dichtung selbst, Horaz und der Antike gegenüber, als Parodia christiana versteht, so ist sie im Grunde überhaupt Par-Odie, uneigentliche Kunst. Der große Marienlyriker hat sich tiefsinnig-scherzhaft darüber beklagt, daß er den aus drei metrischen Kürzen bestehenden Namen Maria nicht ins Odenmaß bringe oder daß dann, wenn er ihn mit metrischem Kniff in den Hiat setze, nur die Meeresgöttin Thetis erscheine; und so fährt er fort, die Gottesmutter mit allen Namen der klassischen Mythologie als Dea, Diva, Nympha, als Venus, Daphne, Diana und Kymodoke anzurufen[43]. Man kann von hier aus begreifen, daß Balde in seinem volkssprachlichen Marienpreis die schönsten deutschen Strophen fand.

Damit sind wir beim Problem der deutschen Dichtung dieses katholischen Bereichs. Im genauen Gegensatz zur deutschen Lyrik etwa der Opitzschule heißt hier volkssprachlich soviel wie volkstümlich, unmittelbar, unbekümmert. Und hier besteht noch die Geltung der Regionalsprachen oder doch die Unsicherheit, in welcher Weise eine dem katholischen Leser vertraute Hochsprache zu fassen sei. Der süddeutsche Jesuitenpater, Gelehrte und Diplomat Graf Albert Curtz hat seine *Davids-Zither*, d.i. eine deutsche Psalmenbereimung, "zu geistlichem Nutz und Trost des österreichischen, bayrisch- und schwäbischen Frawenzimmers" verfaßt[44]. Das bezeichnet genau die regionale wie soziale Einschränkung des Zielpublikums, wobei dieses "Frawenzimmer" immerhin so anspruchsvoll und vornehm sein kann wie die Kölner Dame, für die Spee sein "Güldenes Tugendbuch" geschrieben hat. Volkssprache – das heißt hier bewußte Pflege auch eines volkstümlichen Stils, in volks- und kirchenliedmäßigen Strophenformen, in der Anschaulichkeit, in kräftigen Bildern und Redensarten, betontem Mundartvokabular, in oft harter Rhythmik und unbekümmerter Grammatik. Auch das ist Stil. Genau wie die Opitzschule eine Stilebene der *dignitas*, der *elegantia* und der *compositio* errichtet und gleichsam nach oben stilisiert, so ist auch die Volkstümlichkeit in den Strophen Friedrich von Spees, bei Curtz, Balde, Khuen, Schnüffis durchaus nicht kunstlos-selbstverständlich, sondern sozusagen nach unten stilisiert. Dabei bieten sich verschiedene Möglichkeiten an: vom "Süßen und Lieblichen", der spielerischen und nur scheinbar naiven Innigkeit Spees bis zu den oft groben, sarkastischen, künstlich vulgären Tönen, die Balde in seinen

43 Martin Müller, Parodia christiana. Studien zu Jacob Baldes Odendichtung. Diss. Zürich 1964. Zur Stelle *Utque deprensum rear et canendi/Gloria plenus Maria alta clamem,/Exserit Tethys caput et vocari/Se mare credit* (Ode III, 38) S. 121 f.
44 Zum Sprachproblem vgl. Rudolf Berger, Jacob Balde. Die deutschen Dichtungen. In: Studien zur Germanistik, Anglistik und Komparatistik, Bd. 10, Bonn 1972. Das Zitat S. 81 f.

deutschen Vergänglichkeits- und Magerkeitsgedichten pflegt. Wenn Balde die Vergänglichkeit des Paradieses der Musen in Tod und Endzeit verkündet, so gibt er selbst ein Beispiel dafür:

> Der neun Musarum Paradeyß,/mit Rosen ziert und Lilgen;
> ist geben jetzt den Düstlen preiß./Sawblumen alls außtilgen[45].

In seinem *Poema de vanitate mundi* wie im *Agathyrsus* handelt es sich um massiv-humoristische Paraphrasen lateinischer Strophen, die freilich ihrerseits mit ihrer teilweise rhythmischen Form der humanistischen Sphäre bereits entrückt sind. Immerhin wird durch diese Mischung von Poesie und Antipoesie, durch das Neben- und Gegeneinander der Sprachen der artistische Charakter des einen wie des andern deutlich. In solcher Mischdichtung des Münchner Kreises wird aus der Polyglossie in ganz anderer Weise Kapital geschlagen als bei den Humanisten. Man könnte sich dabei allenfalls an mittelalterlich-vagantische Techniken erinnert fühlen, etwa in der Frühzeit des geistlichen Dramas.

Man hat die Reize der katholischen Ordenspoesie erst zum Teil entdeckt, vor allem natürlich den Typus von Spees Trutznachtigall mit ihrer, wie Spee sagt, "aufrichtig poetischen" Art[46]. Bei Balde haben wir nun die Bestandesaufnahme und den vorsichtigen Rettungsversuch Rudolf Bergers[47]. Diese bayrische und österreichische Lyrik findet heute schon darum wenig Verständnis, weil sie sprachlich weitab liegt und in ihren stilistischen Absichten kaum verstanden wird. Schon Daniel Georg Morhof findet allgemein: "die Bayern, Tiroler und Österreicher haben keine sonderliche Art im Poetisieren. Denn ihre Sprache . . . ist unfreundlich, deshalben die Tichterey fremde und unlieblich[48]." Und er stellt fest, es gebe "gelehrte Leute, die in lateinischer Sprache die größten Poeten sein und in Teutscher ganz aussarten . . . ingenio maximi, arte rudes, wie Jakob Balde in seinen teutschen carminibus". Damit urteilt Morhof von der Opitzschule her, der ja dann auch über Günther, Klopstock zu Goethe die Zukunft gehört. Im Norden konnte man denn auch bald auf die Forderung des Lateins verzichten und mit Balthasar Schupp und Johann Rist sagen: "denn die lateinische Sprache machet keinen rechtgeschaffenen teutschen Poeten, sondern das Geist- und Sinnreiche Gemüthe, welches allerhand nutzbahre und lustige Erfindungen . . . auch in unser teutschen Helden- und Mutter-Sprache weiß herfür zu bringen[49]." Anderseits liegt die geschichtliche Schwäche der wesentlich von

---

45 Poema de vanitate mundi (München 1638), Nr. 42, S. 74.
46 Trutznachtigall, Vorred.
47 S. Anm. 44.
48 D.G. Morhof, Unterricht von der teutschen Sprache und Poesie, 1682, S. 218.
49 Johann Rist, Die Aller Edelste Belustigung Kunst- und Tugendliebender Gemühter, Vorbericht. Abgedruckt in: Albrecht Schöne, Barock, München 1968[2], S. 44.

den Orden getragenen süddeutschen Dichtung in Latein und Deutsch auf
der Hand. Es ist, roh gesagt, zölibatäre Dichtung; so erstaunlich breit ihre
Möglichkeiten und Interessen sind, so fehlt doch der ganze Bereich weltlicher Liebe, der in petrarkistischer oder ovidianischer Form für den
lateinischen und deutschen Humanismus unentbehrlich war. Wenn da, wie
ein Jesuit tadelnd sagt, der Parnaß hart an den Venusberg grenzt, gilt es
den Ordensleuten eher, den Kirchhof zum Parnaß zu machen, um den
Baldeübersetzer Gryphius zu zitieren[50]. Die literarische Bilinguität findet
im aufgeklärten 18. Jahrhundert ihr Ende, für die protestantische wie auch
die katholische Welt — unterirdische Nachwirkungen des Ordensdramas im
Wiener Volkstheater vorbehalten.

Für das 16. und 17. Jahrhundert bleibt es Aufgabe der Literarhistoriker,
die lateinische Literatur in ihr Bild zu integrieren und damit die Funktionen der deutschen Dichtung besser zu verstehen. Das heißt zunächst ganz
schlicht: die Neulateiner nicht ganz zu vergessen und den nichtopitzischen
Poeten etwas mehr Verständnis zu widmen. Das ist heute schwierig wie eh
und je. Es fehlen die neueren Editionen, Unabsehbares ist überhaupt nie
gedruckt worden. Auch in den Anthologien kommen die lateinischen Texte
zu kurz. Es fehlen die Darstellungen. Auch in August Bucks zweibändiger
Geschichte der Renaissance- und Barockliteratur fällt die Latinität des
17. Jahrhunderts unter den Tisch[51]. Allermindestens gälte es, jene Werke
gegenwärtiger zu halten, die unmittelbar in die deutsche Tradition herein-
wirken. Andreaes *Turbo*, die Dramen Bidermanns, die Centurien Tscheschs,
die *Sarcotis* des Jakob Masen, um nur deutsche Neulateiner zu nennen.

Ein zweites wäre das Problem, wie sich bei wirklichem Einbezug der
lateinischen Tradition das literaturgeschichtliche Gesamtbild gestalten
würde. Das ist nun in der Tat ein unabsehbares Feld, um so mehr, als der
Kanon dessen, was in einer deutschen Literaturgeschichte zu führen ist, von
allen Seiten her aufgesprengt wird: Komparatistisch sieht man die enge
Verflechtung der europäischen Literaturen untereinander, die nicht zuletzt
durch das Latein gegeben ist; soziologisch und linguistisch weitet sich der
Blick von der kanonisierten schönen Literatur in die Trivialliteratur und die
ganze Breite der angewandten Prosa, in deren Geschichte wir sowieso
ziemlich im Dunkeln tappen. Der Gedanke, das ganze literarische Erbe in
systematischer Organisation zu versammeln und zu überblicken, ist völlig
utopisch geworden — der stolze Bau von Goedekes "Grundriss" ist schon
längst eine Ruine. Anderseits wehrt sich unser Innerstes dagegen, dieses
Erbe nur als einen chaotischen Haufen zu verstehen und damit die Tiefen-

---

50 Balde, Agythyrsus, Vorred dess Auctors. Opera poetica omnia, 1729, Bd. 8,
   S. 211; Gryphius, Gesamtausgabe, hrsg. v. M. Szyrocki und H. Powell, Bd. 3, S. 32.
51 S. Anm. 33.

dimension der Geschichte als sinnvoll zusammenhängendes, gerichtetes Geschehen, als "unsere" Geschichte, aufzugeben. Literarhistorisch heißt das wohl nichts anderes, als in der Zeit und mit der Zeit zu denken und im Vollzug zu erkennen. Dazu brauchen wir kein komplettes Kompendium, sondern nur die angemessenen Kategorien. Es bleibt dabei wohl sinnvoll, auch die deutsche Sprache und Literatur als möglichen Aspekt des geschichtlichen Gesamtzusammenhangs gelten zu lassen – wir können ruhig Germanisten bleiben. Nicht um deutsche Art und Kunst zu zelebrieren, sondern um die vielfältigen Schicksale eines uns angehenden Sprach- und Literatursystems zu verfolgen. Das heißt aber immer, dieses System in Bewegung, im Austausch und in der Abhängigkeit zu andern bewegten Systemen zu sehen; denn keine Sprache ist absolut, jede weist über sich selbst hinaus.

Bericht über den V. Internationalen Germanisten-Kongreß

Erstattet durch den abtretenden Präsidenten

Leonard Forster, Cambridge

Der V. Internationale Germanisten-Kongreß fand vom 4.–9. August 1975 in Cambridge/England statt. Alle Veranstaltungen wurden auf dem Areal der Faculty of Modern Languages in der Sidgwick Avenue abgehalten. Die Kongreßteilnehmer wurden größtenteils in Studentenwohnungen in Colleges untergebracht, die sich in der Nähe des Kongreßareals befinden, so daß die meisten Gäste kaum mehr als 10 Minuten zu Fuß vom College bis zum Kongreß zu gehen hatten. Es handelte sich um Newnham College (ein Frauencollege, in dem trotzdem Ehepaare und sogar alleinstehende Herren untergebracht wurden); Queens' College (das College des Erasmus, ein Männercollege, das trotzdem Germanistinnen aufnahm); Clare College und King's College (beide gemischte Colleges). So konnten die Kongreß-teilnehmer auch das Leben im College selbst kennenlernen. Alle bisherigen IVG-Kongresse – in Rom, Kopenhagen, Amsterdam und Princeton – fanden bei fast tropischer Hitze statt. Die Tradition hat sich fortgesetzt; Temperaturen von $90^{\circ}F = 33^{\circ}C$ waren in dieser Woche nichts Ungewöhnliches.

Die offizielle Eröffnung des Kongresses erfolgte am Montag, dem 4. August, um 9.30 Uhr in der Lady Mitchell Hall. Der Präsident der IVG eröffnete den Kongreß; der Stellvertreter des Rektors der Universität Cambridge, Professor Dr. Lord Todd, begrüßte die Gäste in deutscher Sprache. Anschließend fand die erste Vollversammlung statt. Am Abend des ersten Kongreßtages fand ein offizieller Empfang der Universität für Teilnehmer und Begleitpersonen (einschließlich Kinder) statt, wo Lord und Lady Todd im Auftrag des Rektors die rund 600 Gäste willkommen hießen. Mittwoch, der 6. August, war ganztägigen Ausflügen für Teilnehmer und Begleitpersonen vorbehalten. Einige fuhren nach Coventry und anschließend nach der Shakespearestadt Stratford-on-Avon, wo ihnen eine neue Inszenierung der 'Lustigen Weiber von Windsor' geboten wurde; andere wählten die weniger strapaziöse Fahrt nach Norwich und der malerischen Tuchstadt Lavenham. Am Donnerstag abend fand in der großartigen Chapel von King's College ein Konzert deutscher, niederländischer und skandinavischer Musik auf der berühmten Orgel durch Roy Massey, den Domorganisten von Hereford, statt. Für Begleitpersonen gab es am Montag, Donnerstag und Freitag jeweils Ausflüge nach Ely (Kathedrale), Audley End (Herrschaftssitz aus dem 16. Jahrhundert) und Wicken Fen (Naturreservat). In der Universitätsbibliothek, im Trinity College und im Fitzwilliam Museum wurde für die Dauer des Kongresses eine germanistisch orientierte Auswahl von Handschriften, Frühdrucken und Originalbriefen deutscher Persönlichkeiten ausgestellt, darunter die 'Cambridge Lieder', Täglich ab 9.00 Uhr stand im Newnham College, gegenüber dem Kongreßgelände, ein Spielraum mit Helferinnen unter der Leitung von Frau Forster zur Verfügung, wo Kinder unter Aufsicht ruhig spielen konnten. Am Freitagabend, dem 8. August, fand ein Festliches Abendessen im King's College und im St. Catharine's College statt. Bei dieser Gelegenheit dankte der Präsident in einer kurzen Ansprache im King's College den auswärtigen Gästen, dem Schweizer Botschafter, dem bundesdeutschen Minister und dem Direktor des österreichischen Kulturinstitutes, für ihre großzügige Unterstützung des Kongresses; zu gleicher Zeit dankte im St. Catharine's College Roy Wisbey (London) in seiner Eigenschaft als Mitglied des Lenkungskomitees den Hiesigen, die den reibungslosen Ablauf des Kongresses durch ihre Mitarbeit und ihren selbstlosen Einsatz gewährleistet hatten, besonders der Sekretärin des German Department, Irmgard Kapner, die bei Entgegennahme eines Blumenstraußes einen wohlverdienten persönlichen Triumph feierte.

Die zweite Vollversammlung fand am 9. August um 9.25 Uhr statt. Das Protokoll führte in dankenswertester Weise Konrad Schaum (Notre Dame). Der Präsident sorgte zunächst dafür, daß eine deutliche Trennung von ordentlichen, abstimmungsberechtigten Mitgliedern und Gästen des Kongresses im Sitzungssaal beibehalten wurde.

Er brachte einleitend seine dankbare Anerkennung für die Arbeit der verschiedenen Ausschüsse und einiger anderer Mitglieder der Vereinigung zum Ausdruck, die sich um die IVG während seiner Amtszeit verdient gemacht hatten. Die produktive Zusammenarbeit vieler Mitglieder spiegelte sich vor allem in der Neufassung der Satzungen, deren Wortlaut zu Beginn der Sitzung an alle Mitglieder verteilt wurde. Dann folgte die Verlesung der Berichte der Finanzkommission, der Arbeitskommission und der Kongreßkommission.

Herr Rupp brachte den Bericht der Finanzkommission. Außer den laufenden Geschäften schlug die Kommission einige Satzungsänderungen vor, die sich auf die Höhe der Mitgliedsbeiträge, die zukünftige Zusammensetzung der Kommission und den Zeitpunkt der Übermittlung des Schlußberichtes bezogen. Es wurde beantragt, daß der Schatzmeister möglichst aus dem gleichen Land gewählt würde, aus dem der Präsident der Vereinigung stammt, um eine engere Zusammenarbeit zu ermöglichen. Die Neufassung der Satzung wurde entsprechend geändert, indem im Absatz 3,1 (S. 6) der letzte Satz gestrichen wurde. Weitere Diskussionen ergaben sich um den Artikel 9 der Satzung, der sich auf die Mitgliedsbeiträge bezieht. Der Vorschlag der Erhebung von Jahresbeiträgen fand keine allgemeine Zustimmung. Angenommen wurde, daß Präsidium und Finanzkommission die Höhe des Beitrages bestimmen. Es wurde vorgeschlagen, daß die Entscheidung darüber ungefähr in der Mitte der Amtszeit getroffen werden soll. Die Abstimmung ergab, daß der Bericht Herrn Rupps sowie alle Neufassungen der Satzung, die sich auf den finanziellen Bereich beziehen, mit überwiegender Mehrheit angenommen wurden.

Herr Roloff verlas den Bericht der Arbeitskommission. Es ging um zwei Punkte: Erstens wurde dem Präsidium empfohlen, frühzeitig zu beschließen, ob der nächste Kongreß ein Gesamtthema bzw. mehrere verwandte Themen behandeln oder, wie diesmal, die Wahl der Themen frei bleiben sollte. Zweitens ging es um die Publikation der Acta. Es wurde empfohlen, weiterhin die Acta als Sonderbände des Jahrbuchs für Internationale Germanistik erscheinen zu lassen, wobei die Annahme der schon vorher bekanntgemachten Pläne des Herbert Lang Verlags empfohlen wurde. Es sollte ein Band mit den Hauptreferaten allen Mitgliedern gratis zugehen; dieser Band würde mit österreichischer Subvention gedruckt werden. Die Sektionsreferate sollten in drei weiteren Bänden sinnvoll gebündelt erscheinen. Sie würden im Buchhandel erhältlich sein und könnten von Mitgliedern gegen Rabatt bezogen werden. Nach ausgiebiger Diskussion wurden die Vorschläge angenommen.

Herr Victor Lange gab dann einen zusätzlichen Bericht über den Stand und die Entwicklung des Jahrbuchs für Internationale Germanistik, in dem er die informatorische Bedeutung dieser Veröffentlichung für alle Zweige unserer Wissenschaft und daher auch für alle Mitglieder besonders hervorhob. Die Aufgabe des Jahrbuchs, Zentralprobleme und langfristige Arbeitspläne zu diskutieren und einen möglichst großen Kreis von Fachgelehrten in diese Arbeit einzubeziehen, ist in allgemein befriedigender Weise gelöst worden. Eine Erweiterung in neue Forschungsbereiche sei angestrebt, um engere Verbindungen mit den verschiedensten Arbeitsprojekten herzustellen. Der künftige Erfolg des Jahrbuchs wird weitgehend davon abhängen, daß möglichst viele Kollegen nicht nur mitarbeiten, sondern auch abonnieren, wozu Herr Lange die Teilnehmer dieses Kongresses besonders aufforderte.

Herr R. Taëni berichtete anschließend über die am 8. August 1975 abgehaltene Podiumsdiskussion zum Thema "Sinn und Unsinn der Kongresse". die Ergebnisse dieser Diskussion wurden von Herrn Taëni wie folgt zusammengefaßt: I. Zur Planung und Ausrichtung der Kongresse: 1) stärkere Berücksichtigung methodologischer Fragen; 2) starke Berücksichtigung der Didaktik; 3) stärkere Berücksichtigung praktischer linguistischer Probleme (Sprachinterferenz etc.); II. Zu den Referaten: 1) Reflexion über das Verhältnis von Haupt- und Sektionsreferaten;

2) nach Möglichkeit Konzentration auf wenige begrenzte Themen gemäß neuestem Forschungsstand; 3) Einladung von Fachleuten gemäß vorher ausgewählter Themen. III. Zum Technischen: 1) vorherige Verteilung von Thesen oder Kurzzusammenfassungen der Referate; 2) Gruppierung von je zwei Referaten in einem Diskussionszusammenhang; 3) gleiche Zeit für die Diskussion der Referate zur Verfügung stellen wie für ihr Verlesen. IV. Weitere Anregungen zur Möglichkeit von Erfahrungsaustausch: 1) Berichte über Veränderungen in Lehr- und Forschungsbedingungen in verschiedenen Ländern während der vergangenen Jahre; 2) Gespräche über unterschiedliche Arbeits-, Lehr- und Forschungsbedingungen im deutschen und nichtdeutschen Sprachraum; 3) Gespräche mit Vertretern anderer Literaturwissenschaften. Die anschließende Diskussion im Plenum konzentrierte sich vor allem auf administrative Probleme zukünftiger Kongresse. Der Vorschlag, daß alle Referate vor dem Kongreß eingereicht werden sollten, um sie im voraus vervielfältigen und an alle Teilnehmer verteilen zu lassen, wurde sowohl aus organisatorischen wie aus finanziellen Gründen abgelehnt. Ob dafür die Resumés der Referate an alle Teilnehmer oder nur an eine beschränkte Anzahl von Interessenten vor dem Kongreß verschickt werden sollen, wurde dem nächsten Präsidenten freigestellt. Eine starke Meinungsbildung hinsichtlich der Organisation zukünftiger Plenarsitzungen und Symposia, zu der verschiedene Vorschläge gemacht wurden, kam jedoch nicht zum Ausdruck. Manche standen den einzelnen Vorschlägen skeptisch gegenüber. Eine Reihe von Mitgliedern schienen davon überzeugt zu sein, daß die anberaumten Symposia sich weniger überschneiden sollten, vor allem in den Bereichen, die traditionell von einer größeren Zahl der Mitglieder besucht werden. Auch wurde der Wunsch nach einer verlängerten Diskussionszeit nach den Referaten von verschiedenen Seiten geäußert. Vorschläge zu spezifischer Planung und Ausrichtung des Kongresses nach begrenzten und sogenannten "aktuellen" Themen fanden wenig Anklang unter den Mitgliedern und wurden z.T. auch aus konstitutionellen Gründen zurückgewiesen.

Ein weiteres Problem ergab der Zeitpunkt der Geschäftssitzung innerhalb der Kongreßwoche, da viele Mitglieder des Vorstands und des Plenums häufig gezwungen sind, vor dem letzten Kongreßtag abzureisen. Der Präsident brachte zum Vorschlag, daß die Geschäftssitzung etwas früher in der Tagungswoche vorverlegt würde, betont jedoch, daß die Initiative einer solchen Änderung dem nächsten Präsidenten und dem Senat überlassen bleiben sollte. Dies wurde allgemein positiv aufgenommen.

Es folgte dann der Bericht der Kongreßkommission, der von Herrn Forster vorgetragen wurde. Die von der Kongreßkommission vorbereiteten Wahlen des Ausschusses für die Zeit von 1975–1980 hatten folgendes

Ergebnis: G. Brunet (Lyon), Jo Daan (Amsterdam), Ada Deprez (Gent), Raymond Immerwahr (London, Ontario), Alfred Kracher (Graz), L. Zagari (Neapel), S.A. Mironov (Moskau), W.G. Moulton (Princeton), N.A. Nielsen (Aarhus), O. Oberholzer (Kiel), Gerhard Schulz (Melbourne), Emil Skála (Prag), Elida Maria Szarota (Warschau), Masami Tobari (Tokio), Claus Träger (Leipzig). Zu Vizepräsidenten wurden gewählt: Richard Brinkmann (Tübingen) und Katharina Mommsen (Stanford). Zu den in der abgeänderten Satzung vorgesehenen Rechnungsprüfern wurden gewählt: G. Stix (Rom) und Karl Pestalozzi (Basel), als Ersatzmänner Roger Bauer (München) und John D. Lindberg (Las Vegas). Leonard Forster wurde Ehrenpräsident. Als Kandidaten für die Wahl des nächsten Präsidenten wurden von der Kongreßkommission Eberhard Lämmert (Heidelberg) und Heinz Rupp (Basel) vorgeschlagen. Herr Lämmert trat von der Kandidatur zurück, und Herr Rupp wurde einstimmig und durch allgemeinen Zuruf aller Mitglieder zum Präsidenten der IVG für die Jahre 1975 bis 1980 gewählt. In einer kurzen Ansprache nahm Herr Rupp die Wahl an, bedauerte jedoch, daß die IVG seit ihrem Bestehen noch nicht den Weg in die Bundesrepublik Deutschland gefunden habe. Er gab seiner Hoffnung Ausdruck, daß Basel durch seine zentrale Lage zum Tor für den allseitig erwünschten Eintritt in die BRD dienen möge. Auch betrachtete er seine Wahl in gewissem Sinne als kollektives Mandat an die Schweiz und hoffte, daß er bei der Vorbereitung des nächsten Kongresses mit der aktiven Unterstützung seiner Schweizer Kollegen rechnen könne.

Abschließend wurde noch der von W. Woesler (Münster) gestellte Antrag, daß "dem IVG-Präsidium empfohlen wird, weiterhin und unbeschadet der Einzelmitgliedschaft Wege zu suchen, die eine Teilnahme von DDR-Germanisten am nächsten Kongress ermöglichen", einstimmig angenommen.

Leonard Forster sprach allen Teilnehmern seinen Dank aus und schloß die Versammlung und den Kongreß, nachdem er alle Teilnehmer nochmals herzlichst zu einem Abschiedstrunk im Garten des Selwyn College eingeladen hatte.